Structuring Politics:
Historical Institutionalism in
Comparative Analysis

结构化的政治
比较分析中的历史制度主义

[美] 斯文·斯坦莫 (Sven Steinmo)
[美] 凯瑟琳·西伦 (Kathleen Thelen) 编
[英] 弗兰克·朗斯特雷思 (Frank Longstreth)

马雪松 译

中国人民大学出版社
·北京·

献给我们的孩子

西丽与伊恩

安迪

以及金伯、雷切尔、马修、埃玛与海伦

本书撰写者

科琳·A. 邓拉维（Colleen A. Dunlavy），威斯康星大学麦迪逊分校历史学助理教授。她于 1988 年获得麻省理工学院政治学博士学位。她的著作《政治与产业化：美国和普鲁士的早期铁路建设》由普林斯顿大学出版社出版。邓拉维教授目前在考察 19 世纪末产业主义的美国模式和德国模式的异同。

彼得·A. 霍尔（Peter A. Hall），哈佛大学政府学教授和哈佛大学欧洲研究中心高级研究员。他的著作包括《驾驭经济：英国和法国的国家干预政治》（牛津大学出版社，1986 年）、《经济思想的政治力量：跨越国家的凯恩斯主义》（普林斯顿大学出版社，1989 年）和《法国政治的发展》（圣马丁出版社，1990 年）。

维多利亚·C. 哈塔姆（Victoria C. Hattam），耶鲁大学政治学系助理教授。她的著作《劳工愿景与国家权力：美国商业工会主义的起源》将由普林斯顿大学出版社出版。哈塔姆于 1989 年因美国政府和政治领域的最佳论文而获得埃尔默·艾瑞克·沙特施奈德（E. E. Schattschneider）奖。她曾在《美国政治发展研究》和《政治与社会研究》上发表文章。哈塔姆的下一个项目聚集于 19 世纪中叶共和党的起源。

埃伦·M. 伊默古特（Ellen M. Immergut），麻省理工学院政治学副教授，她在该校担任福特国际职业发展教席。她写了《医疗政治：西欧的利益和制度》（剑桥大学出版社，即将出版），目前正在研究德国和瑞典福利国家分权的相关努力。

戴斯蒙德·S. 金（Desmond S. King），牛津大学圣约翰学院政治学研究员兼导师。他的著作包括《新右派：政治、市场和公民》（多尔西和麦克米伦出版社，1987 年）和［与特德·罗伯特·格尔（Ted Robert Gurr）合著的］《国家和城市》（芝加哥大学出版社，1987 年），以及《对地方政府的挑战》（圣智出版公司，1990 年）。

弗兰克·朗斯特雷思（Frank Longstreth），英国巴斯大学社会科学学院讲师。他的主要研究兴趣是英国的商业、劳工和政府。他在《政治研究》、《经济与社会》和《社会学》期刊发表了许多文章，他的《城市、产业和国家：20 世纪英国的商业与经济政策》即将出版。朗斯特雷思教授在哈佛大学获得社会学学士学位，在伦敦经济学院获得社会学博士学位。

博·罗思坦（Bo Rothstein），瑞典乌普萨拉大学政府系副教授。他的英文作品包括：《斯堪的纳维亚政治研究》第 14 卷（1991 年）中的《国家结构和社团主义的变化》；《欧洲政治研究杂志》第 13 卷（1985 年）中的《瑞典劳动力市场政策的成功：组织联系》；以及即将出版的《政治与社会》中的《社会正义与国家能力》。他曾是康奈尔大学和哈佛大学欧洲研究中心的访问学者。他目前在撰写他的两部瑞典语书籍的英文版，即《社会民主国家》和《社团主义国家》。

斯文·斯坦莫（Sven Steinmo），科罗拉多大学博尔德分校政治科学系助理教授。他在多种期刊上发表了关于医疗政策、税收政策、英国政治和斯堪的纳维亚社会主义的文章，包括《世界政治》和《政治与社会》。他最近完成了他的第一本书——《税收与民主：英国、瑞典和美国为现代国家融资的方法》，将由耶鲁大学出版社出版。斯坦莫教授在教学和研究方面都获得了许多荣誉和奖项，其中包括美国政治学协会为1987年或1988年完成的比较政治学最佳博士论文颁发的加布里埃尔·阿尔蒙德（Gabriel Almond）奖、社会科学研究委员会论文研究奖学金和富布赖特-海斯（Fulbright-Hays）论文研究奖学金。

凯瑟琳·西伦（Kathleen Thelen），普林斯顿大学政治学助理教授。她是《部分联合：战后德国的劳工政治》（康奈尔大学出版社，1991年）和多篇关于欧洲劳工政治的文章的作者。她目前在对瑞典、英国、德国和美国劳资关系的历史演变进行比较研究。她曾获得亚历山大·冯·洪堡（Alexander von Humboldt）基金会、美国斯堪的纳维亚基金会和德国学术交流项目的资助，并曾在柏林社会科学研究中心担任客座学者。

玛格丽特·韦尔（Margaret Weir），布鲁金斯学会政府研究项目的高级研究员。她是《政治与工作：美国就业政策的界限》（普林斯顿大学出版社，1992年）以及《全民教育：阶级、种族和民主理想的衰落》（贝斯克出版社，1985年）的作者。她目前在研究20世纪八九十年代美国国家政治中城市的孤立现象。

译者前言

制度概念和制度研究是社会科学各研究领域进行现实考察与理论探究的重要内容。新制度主义政治学，作为一种系统化的制度分析与政治分析的理论形式及研究方法，已逐步发展成为当代国外政治科学研究的主导范式。从宏观角度来看，新制度主义政治学反映了不同派别学者的自觉意识和研究倾向，他们将制度设定为政治分析的核心要素，不仅强调政治制度的内涵、本质、特征与类型，致力于探究制度理论的内在逻辑一致性，还积极从政治科学的本位立场出发，延展制度研究的适用领域，提升制度理论的建构质量。

20世纪八九十年代，关注宏观历史变革和社会问题的社会科学研究者，推动国家理论、制度分析与历史研究走向融合。政治学领域的新国家主义学者通过批判社会中心主义，将微观层面的政治行为和利益关系，以及宏观层面的制度架构和历史进程，整合到国家理论之中。新制度主义学者重视现代主义的历史比较法与经验主义的分析归纳法，在历史社会学、比较政治经济学、新制度经济学、组织社会学等领域，形成了富有启发意义的制度理论成果。20世纪80年代中期的政治学版图中，新古典经济学影响下的理性选择理论学者与历史社会学影响下的新国家主义学者，均意识到历史和制度的重要性，集中探讨了国家与社会革命、美国政治与法团主义等现实议题。斯蒂芬·克拉斯纳（Stephen Krasner）通过比较历史分析，对国家内部环境与

结构化的政治：比较分析中的历史制度主义

制度变迁进行研究并提出了间断均衡模型。西达·斯考切波（Theda Skocpol）主张社会科学研究应找回国家，从中观角度探讨了国家在制度格局中对经济社会过程的影响。霍尔则在对英国与法国的比较研究中，论证了历史传统和制度背景如何对两国政治经济政策产生不同的影响，并据此提出了关于政治实践的制度主义分析路径。正是由于历史社会学、新国家主义、比较历史分析、比较政治经济学对制度研究的重视程度日渐增加，新制度经济学对理性选择理论的渗透日渐深化，建构主义思潮下部分政治学者对新国家主义分析路径日渐背离，关注历史情境和制度要素的政治学者开始倾向于提炼共同的理论议题、巩固稳定的方法基石。

1987年，美国中西部政治学协会政治经济学分会举办了一场圆桌研讨会，主题是"历史与制度变迁理论"。与会学者探讨了结构主义与方法论个人主义、比较案例分析与新实证主义之间的张力问题，主张政治科学领域急需一条区别于传统的新制度主义研究路径。1990年，美国科罗拉多大学博尔德分校举办了以"历史制度研究"为主题的研讨会。在这次会议上，斯考切波和霍尔提出"历史制度主义"这一术语。两年后，博尔德分校会议论文集《结构化的政治：比较分析中的历史制度主义》的出版，标志着"历史制度主义"的正式确立。西伦与斯坦莫共同执笔的第一章阐述了历史制度主义的基本内涵、流派特征与前沿进展。他们指出，历史制度主义在制度研究的中观层面开辟了新的理论空间，并强调中层制度分析的显著优势，即能够将政治进程的一般规律与偶然事件统合起来。这部著作收录了历史制度主义核心学者的八篇开创性成果，这些学者在比较政治经济学、比较政策分析等研究领域同样取得显著成就。

《结构化的政治：比较分析中的历史制度主义》主要包括历史制度主义的制度定义、理论前提、分析主题、前沿议题等内容，以历史制度主义分析路径对一系列现实问题进行了具有研究特色和解释潜力的案例阐释，并论述了其与早期制度分析、行为主义、宏大理论、理性选择分析的不同之处。该书甫一出版，便在西方政治学界掀起新的研究浪潮，随之一大批研究者汇聚到这面旗帜下，充实并更新了新制度主义政治学的分析框架和方法工具。这部著作对相关文献进行了理论整合与学术总结，历史制度主义的发展历程、研究任务、分析层次、探索范围由此初步明确。作为历史制度主义的开山之作，它在理论和现实层面都具有重要的价值，被国内外致力于政治制度研究的学者广泛引用。

2008年至2009年留学加拿大皇后大学时，我在约瑟夫·S. 斯托弗图书馆（Joseph S. Stauffer Library）与这部具有里程碑意义的著作正式结缘。一年当中我多次续借的青黑色精装本与长尾夹简单装订的影印本，几乎每天陪伴我穿梭于研究室、图书馆和居所之间。工作之后，这本书也成为我课上课下要求研究生反复研读的经典书目。我能够打下研习比较政治学和新制度主义政治学理论与方法的基础，得益于吉林大学张贤明老师、中国社会科学院杨海蛟老师、上海师范大学李路曲老师的悉心指导和深切关怀。我能够在学术翻译的道路上有所成长，得益于清华大学杨雪冬老师，中共上海市委党校（上海行政学院）陶柏康老师、谭力老师、方卿老师、周巍老师，吉林省社会科学院王永平老师，黑龙江省社会科学院巩村磊老师，天津社会科学院唐静老师，中共中央党史和文献研究院徐焕老师、周艳辉老师的关心支持和深刻启发。

译著能够顺利完成，衷心感谢中国人民大学出版社徐小玲女士的信任和鼓励。在此还要感谢中国人民大学博士研究生于晨为本书翻译提供的英文参考资料，感谢吉林大学博士研究生吴健青、冯修青、程凯、陈虎、柏然、冯源对译稿部分章节的校对和讨论，在此过程中也与学生们再次体会到译事不易、译誓不移。在本书翻译过程中，尽管译者力求准确传达原文的精髓与深意，却也明白在知识的广博面前，自己的努力多有不足。针对理解和表达方面的不妥之处，我愿以"虚心竹有低头叶"的态度，诚恳接受方家及读者的郢削斧正。

马雪松

2025 年 5 月

前　言

　　1990年1月，美国科罗拉多大学博尔德分校举办了一场研讨会，本书正是这场研讨会启发之下的产物。会议召集了一群研究经验问题的学者，尽管他们的研究问题与分析案例有所差异，但他们均受到了"历史制度"方法的启发。研讨会旨在突出历史制度主义的共同分析主题，评估这种方法对比较政治学的贡献，并确定可以进一步完善和发展它的未来研究议程。我们的目标是围绕制度如何发展和影响政治结果等基本问题，组织不同领域的制度主义者进行对话。因此，与过去的类似研究不同，这本书并非围绕一个共同的实证重点而展开。* 通过汇集在国家背景和政策领域应用制度分析的著作，我们旨在突出这类研究的方法论与理论基础，并重点强调其对比较政治学的贡献。

　　这本书并没有试图涵盖更广泛地被称为"新制度主义"的所有思想。对许多人来说，新制度主义与斯考切波等历史社会学家以及彼得·卡岑斯坦（Peter Katzenstein）、霍尔等主要采用"定性"方法论的政治学家有关。但新制度主义也有理性选择的变体。作为全书导论的第一章说明了理性选择制度主义和历史制度主义重合和有所差异的一些领域，但整本书的重点仍是历史制度主义。

---

　　* 参见 G. John Ikenberry, David A. Lake, and Michael Mastanduno, eds., *The State and American Foreign Policy* (Ithaca, N. Y.: Cornell University Press, 1988).

我们要感谢博尔德研讨会的所有参与者，特别是资深参与者，他们中的许多人提供了许多的建议和指导：克里斯托弗·艾伦（Christopher Allen）、道格拉斯·阿什福德（Douglas Ashford）、理查德·库格林（Richard Coughlin）、霍尔、卡岑斯坦、兰格和斯考切波。我们还感谢巴里·艾姆斯（Barry Ames）、阿什福德、南希·贝尔梅奥（Nancy Bermeo）、亨利·比嫩（Henry Bienen）、弗兰克·多宾（Frank Dobbin）、戴维·芬戈尔德（David Finegold）、杰弗里·加勒特（Geoffrey Garrett）、霍尔、约翰·伊肯伯里（John Ikenberry）、金、阿图尔·科利（Atul Kohli）、兰格、查尔斯·洛克哈特（Charles Lockhart）、乔纳斯·蓬图松（Jonas Pontusson）、本·施耐德（Ben Schneider）、戴维·索斯基斯（David Soskice）和约翰·沃特伯里（John Waterbury）。我们特别感谢乔治·泽比利斯（George Tsebelis），与他的讨论非常有助于澄清理性选择制度主义和历史制度主义之间的区别。我们还要特别感谢剑桥大学出版社的埃米莉·卢斯（Emily Loose）。西伦感谢柏林社会科学中心的支持。斯坦莫感谢欧洲研究委员会和科罗拉多大学对博尔德研讨会的赞助。

目 录

第一章　比较政治学中的历史制度主义 ………… 1
　　凯瑟琳·西伦（Kathleen Thelen）
　　斯文·斯坦莫（Sven Steinmo）
　一、历史制度主义：定义与路径 ………… 2
　二、是否在重新发明轮子 ………… 3
　三、历史制度主义与理性选择 ………… 8
　四、历史制度主义者的研究规划 ………… 11
　五、历史制度主义的前沿 ………… 15
　六、结论 ………… 29

第二章　劳动力市场制度与工人阶级的力量 …… 39
　　博·罗思坦（Bo Rothstein）
　一、制度因素与工人阶级的组织力量 ………… 41
　二、解释工会化 ………… 44
　三、比较公共失业体系 ………… 47
　四、历史比较 ………… 50
　五、瑞典的案例 ………… 53
　六、总结和结论 ………… 58

第三章　博弈规则：法国、瑞士与瑞典的医疗政策制定逻辑 ………… 67
　　埃伦·M. 伊默古特（Ellen M. Immergut）

1

一、问题 …………………………………………… 67
二、替代性解释 …………………………………… 69
三、博弈规则 ……………………………………… 73
四、三个案例 ……………………………………… 79
五、结论 …………………………………………… 94

第四章 从凯恩斯主义到货币主义的运动：制度分析与 20 世纪 70 年代英国的经济政策 …………………………………………… 102

彼得·A. 霍尔（Peter A. Hall）

一、英国的政策演变 ……………………………… 103
二、利益、观念与制度 …………………………… 106
三、政策进展 ……………………………………… 110
四、结论 …………………………………………… 120

第五章 政治结构、国家政策与产业变迁：美国与普鲁士的早期铁路政策 …………… 130

科琳·A. 邓拉维（Colleen A. Dunlavy）

一、比较的理由 …………………………………… 133
二、早期的铁路政策 ……………………………… 137
三、对差异现象的解释 …………………………… 142
四、变革的 19 世纪 50 年代 ……………………… 148
五、结论 …………………………………………… 157

第六章 制度与政治变迁：1820—1896 年英国和美国工人阶级的形成 ………………… 182

维多利亚·C. 哈塔姆（Victoria C. Hattam）

一、难题 …………………………………………… 182
二、国家结构、意识形态与劳工策略 …………… 183

三、国家结构与劳工策略 ·················· 185
四、英国劳工和法院 ······················ 195
五、解释性的转折：19世纪早期的生产者和
国家 ································ 201
六、结论：历史视角下的国家结构和劳工
策略 ································ 208

第七章 观念与有限创新的政治 ············ 222
玛格丽特·韦尔（Margaret Weir）
一、解释美国的就业政策模式 ············ 223
二、为就业政策设置界限 ················ 230
三、界限内的创新 ······················ 235
四、美国政策制定中的观念、政治与行政管理
···································· 242
五、结论 ······························ 246

**第八章 美国和英国工作福利计划的建立：政治、
观念与制度** ···················· 258
戴斯蒙德·S. 金（Desmond S. King）
一、工作与福利的结合 ·················· 258
二、制度和政策遗产 ···················· 261
三、工作福利改革 ······················ 271
四、结论 ······························ 286

索　引 ·································· 300

第一章 比较政治学中的历史制度主义

凯瑟琳·西伦（Kathleen Thelen） 斯文·斯坦莫（Sven Steinmo）

在比较政治学和比较政治经济学中，制度的"重新发现"开启了令人振奋的研究议程。[1]从事不同学科工作以及研究诸如发达资本主义的政治经济现象和20世纪五六十年代中国的政策制定等不同主题的学者，都关注制度变量对解释各自领域结果的重要性。[2]在比较政治学中，"新"制度主义与比较政治经济学的前沿学者联系紧密，例如伯格、霍尔、卡岑斯坦、斯考切波等。[3]尽管新制度主义已经走过数年的发展历程，但几乎没有研究回顾上述学者所代表的历史制度主义的鲜明特征，也没有研究评估它的优势和对比较政治学的总体贡献。[4]这些正是作为导论的本章所要探讨的主题。

本章将分三步进行。第一，简要讨论这种路径的组成部分，即制度是如何定义以及如何融入分析的。第二，勾勒出历史制度主义的特征和推动制度分析发展的更广泛的理论规划。新制度主义学者从经济学、政治科学和社会学的旧传统中获取灵感与见解。[5]但需要重申的是，对制度变量的明确关注始于20世纪70年代末，并从对20世纪五六十年代美国和比较政治学强调行为的批判中发展起

感谢巴里·埃姆斯（Barry Ames）、阿什福德、贝尔梅奥、比嫩、多宾、芬戈尔德、加勒特、霍尔、伊肯伯里、金、科利、兰格、蓬图松、施耐德、索斯基斯、沃特伯里对本简介的评论。我们特别感谢泽比利斯，他和我们就理性选择该议题进行了多次对话。

来。尽管对行为要素的强调促使人们关注政治生活中其他重要的和以前被忽视的方面，但它常常掩盖了在不同国家背景下的以独特方式塑造行为的持久的社会经济与政治结构。历史制度主义的文献各式各样，但这一流派的学者共享一个关于中间层级（middle range）的理论规划，直面其他理论所忽视的历史偶然性和"路径依赖"（path dependency）问题。第三，本章转而讨论历史制度主义的前沿问题。这些前沿问题由迄今为止研究历史制度主义的文献的局限性共同决定，也是历史制度主义学者至今保持相对缄默的问题。本章专注于两个领域，即制度的动力机制（institutional dynamism）问题，以及政策形成与变迁过程中制度和观念变量的相互作用。根据大量文献，特别是这里收集的论文，我们提出了进一步发展制度分析以解决这些问题的方法。

一、历史制度主义：定义与路径

从最宽泛的意义来看，历史制度主义试图阐明政治斗争如何"被［它们］发生时的制度环境所调节"。[6]一般而言，历史制度主义学者对制度的定义包括构建行为的正式组织、非正式规则和程序。举例而言，霍尔获得普遍认可的定义就主张，制度涵盖"在政治和经济的各个单元中构建个人之间关系的正式规则、合规程序和标准操作实践"。[7]伊肯伯里将他的定义分为三个不同的层次，"范围从政府制度的具体特征，到更全面的国家结构，再到国家的规范性社会秩序"。[8]

文献中存在争议的问题是，究竟在何处划定制度的边界。[9]然而，一般而言，制度主义者感兴趣的是整个国家与社会制度，它们塑造了政治行动者如何定义自身利益并建构其与其他群体的权力关系。因此，定义中明确包含制度背景的特征，例如选举竞争规则、政党制度结构、政府各部门的关系，以及工会等经济行动者的结构和组织。[10]除了大多数历史制度主义学者都同意的此类制度外，还有他们可能不会同意的部分，包括从规范到阶级结构的许多其他因素。[11]

关于制度如何融入历史制度主义对政策制定和政治的分析的问题，霍尔的主张是最明确的。他强调制度塑造政治行动者追求的目标和构建他们之间权力关系的方式，从而使一些人享有特权而另一些人处于不利地位。用他的话说：

> 制度因素在这个模型中扮演两个基本角色。一方面，制定政策的组织影响任何一组行动者对政策结果的施压程度……另一方面，通过建立行动者的制度责任及其与其他行动者的关系，组织地位同样影响行动者对自身利益的定义。通过这种方式，组织因素既影响行动者对政策施加压力的程度，又影响这种压力可能的方向。[12]

在历史制度主义的制度概念和其他大多数概念中，隐含但至关重要的是，制度约束并且反映着政治，但制度从来不是结果的唯一"原因"。制度分析并未否认推动各种政治理论发展的广泛政治力量，包括马克思主义的阶级结构和多元主义的群体动力。相反，历史制度主义学者指出制度构建这些斗争的方式，并以此影响其结果。

二、是否在重新发明轮子

"政治学是对制度的研究，那么，新制度主义有什么新颖之处？"一位资深同事问道。[13]这个问题揭示了对值得关注的所谓新制度主义的怀疑。政治学者、社会学者和经济学者研究制度已经有很长时间了。那么，为什么要大惊小怪呢？

毫无疑问，当代"新"制度主义学者从政治科学、经济学和社会学的众多学者那里汲取灵感。大多数人都会欣然承认，卡尔·波兰尼（Karl Polanyi）、索尔斯坦·凡勃伦（Thorstein Veblen）、马克斯·韦伯（Max Weber）（更不用说孟德斯鸠了）等学者，以及最近的学者如莱因哈德·本迪克斯（Reinhard Bendix）和哈里·埃克斯坦（Harry Eckstein），对当代新制度主义学者有重要的思想贡献。为了理解为什么众多研究者发现像卡岑斯坦、斯考切波和霍尔这样的学者所代表的制度主义是新颖的和令人振奋的,需要概述使他们与其他制度主义者的研究充满活力的理论规划,并将他们的路径与以前的理论和当代比较政治学的竞争者区别开来。因此,不必对这种制度主义的新颖性进行长篇大论,我们相信这是一个在迄今为止的文献中已经被过分强调的主题,但总结一下使当今对制度的兴趣复兴的重要时刻是有益的。

政治学领域,特别是比较政治学领域,一度为制度研究所主导。"旧的"制度主义主要包括但不限于对不同行政、法律和政治结构的详细配置研究。这项研究通常具有很强的规范性,当时存在的少量比较"分析"很大程度上需要并列描述不同国家的不同制度配置,并且进行比较。这种方法不鼓励开发有助于真正的比较研究和推进解释性理论的中间层次的范畴与概念。[14]

20世纪50年代和60年代初政治学的"行为主义革命"正是对这种旧制度主义的摒弃。显然,正式的法律、规则和行政结构并不能解释实际的政治行为或政策结果。行为主义者主张,为了理解政治并解释政治后果,研究者不应关注政府制度的正式属性,而应关注非正式的权力分配、态度和政治行为。此外,与正式法律条文传统中学者的无理论研究相比,行为主义的研究规划在整体上具有鲜明的理论性。

在比较政治学中,对理论建构的强调往往以"宏大理论"(grand theorizing)的形式出现,这一时期见证了广泛的、跨国研究的急剧增长(一部分是行为主义者,尽管并非全部都是)。比较政治学者突破了旧制度主义特有的、针对特定国家的范畴,寻找广泛适用的概念和变量来指导跨国研究。这一时期出现并占据主导地位的理论强调在广泛(具有明显不同的制度的)国家之间的相似性和趋势。其中一些研究指出先进工业国家之间[15]以及工业化国家与发展中国家之间都有的趋同现象。[16]

这里不是讨论学科史的地方。然而,关于制度变量在20世纪五六十年代政治分析中的作用,有几个要点值得注意。第一,制度显然没有从议程中消失。只要想想塞缪尔·亨廷顿（Samuel Huntington）和本迪克斯这样的学者就会意识到，制度在一些学者的研究中继续发挥着非常突出的作用，无论是作为分析的对象还是作为塑造政治行为的力量。[17]第二，同样重要的是，需要记住当时学科的主导趋势实际上搁置了制度变量，这些学者的分析建立在对主导趋势的基本批判之上。埃克斯坦对多元主义者的批判[18]和本迪克斯对比较政治学中占主导地位的现代化范式的重要反驳[19]，阐明了这两个领域如何淡化了政治生活的结构性特征，而正是这些结构性特征塑造了利益集团的行为，或者解释了在现代化和传统等同质化概念的表面下跨国多样性的持续存在。这些来自当时主流的"持不同政见者"的研究包含了重要见解，至少涵盖了新制度视角的关键要素的雏形。[20]

新颖性的意思并不是说20世纪五六十年代没有人写关于制度的文章，因为确实有很多人写。[21]相反，问题在于制度变量如何融入这一时期推进研究的更大的理论规划。居于主导地位的行为主义范式的研究精神和主旨正是通过审视群体与个人的实际的、可观察的信念和行为，以*超越*旧制度主义的正式结构。考虑到这一重点和议程，在我们看来，行为革命最终产生的不是一种而是两种不同的制度主义批评并非巧合，一种来自历史，一种来自更正式的"理性选择"视角。对两者之间的差异（见随后的评论），许多历史制度主义学者会同意肯尼思·谢普斯勒（Kenneth Shepsle）（从理性选择角度）对行为主义的批评：

> 然而，我们为第二次世界大战后的方法论和理论创新付出的代价是现在对*行为*的过度强调。我们描述（和不太频繁地解释）行为的能力……已经削弱了曾经对制度背景和实际结果的关注。从根本上看，行为革命可能具有积极的价值。但是除了许多科学上的益处之外，我们也为分析中有限范围的代价所牵累。[22]

因为主流行为主义理论侧重以个人和群体本身的特征、态度与行为来解释政治结果，所以它们经常忽略竞争环境中的关键要素，因此并未对为什么这些政治行为、态度和竞争团体之间的资源分配会因国而异这一先前的问题做出回答。例如，关注压力集团本身的特征与偏好的利益集团理论无法解释，为什么具有相似组织特征（包括利益集团"实力"的衡量标准）和相似偏好的利益集团，在不同国家背景下并不总是以相同的方式或程度影响政策。要解释这些差异，需要更明确地关注利益集团寻求影响力的制度场景（institutional landscape）。[23]

这一时期主导比较政治学的"宏大理论"同样以自己的方式遮蔽了不同国家构建政治的中层制度（intermediate institutions）。因此，比较分析中对制度因素的重新和更加系统的关注，同国际舞台上的一段动荡时期形成呼应，这可能也并非巧合，其中包括美国霸权的衰落和1973年至1974年的石油危机。虽然20世纪五六十年代的繁荣可能掩盖了先进工业国家在政策制定和政治方面的国家多样性的根源，但70年代初期经济冲击所引发的各种反应，彻底推翻了60年代趋同理论的说法。[24]这些事件促使人们寻找能够解释这些结果的因素，而国家层面的制度因素在答案中占有突出地位。[25]

早期新制度主义者研究的一个中心主题是，解释为何在面临共同挑战与普遍压力时，跨国差异仍然持续存在，这意味着经验和理论层面的重点转变。这些学者想知道为什么利益集团在不同国家要求不同的政策，以及为什么阶级利益在不同国家表现不同。同时，与此相关的是，新制度主义者放弃了倾向于使整个国家的阶级同质化的概念（如现代性和传统），转而采用能够体现国家之间多样性的概念（如先进工业国家中"强国家"和"弱国家"的区别）。因此，对共同挑战的不同反应带来的经验挑战推动了部分转变，从一般的理论化转向更中层的韦伯式研究，即探索相同现象类别内的多样性。20世纪70年代中后期和80年代初期的一项重要工作明确了包括中间层次的制度因素——社团主义安排、将经济团体和国家官僚机构联系起来的政策网络、政党结构——以及它们在定义政治行动者在不同国家背景下所面对的一系列激励与制约方面所发挥的作用。

这些新制度主义学者像行为主义者一样关注建构理论。然而，通过关注中层制度,他们试图解释此前理论所掩盖的国家之间的系统性差异。所研究的制度的范围当然取决于要解释的结果。例如,卡岑斯坦关于先进工业国家对外经济政策的研究,促使人们关注连接国家和社会的"政策网络"的差异,并以此解释对共同经济冲击的不同反应。[26]社团主义理论者聚焦关键经济行动者的结构与组织,特别是劳工和雇主协会,得出关于劳工在适应经济变化中的作用以及在经济中表现得更普遍的跨国差异的结论。[27]伯格、斯考切波和阿什福德等学者投身学术前沿问题研究,运用明确的制度术语重新研究利益集团行为、国家和公共政策的形成。[28]其他学者尤其是詹姆斯·马奇(James March)、约翰·奥尔森(Johan Olsen)、霍尔、斯蒂芬·斯科罗内克(Stephen Skowronek)和后来的伊肯伯里,都在这一传统的基础上通过对制度方法的自觉定义和应用,帮助推进了这一传统。他们分析的关键是这样一种观念,即制度因素既可以塑造政治行动者的目标,也可以塑造特定政体中政治行动者之间的权力分配。[29]

这种新制度视角的一个典型特征是强调霍尔所说的制度的"关系特征"(relational character)。[30]比国家或社会制度本身的形式特征更重要的是,一个既定的制度结构如何塑造政治互动。伊默古特在本书第三章中很好地说明了新制度视角的这一特征。在对法国、瑞士和瑞典医疗保健政策的分析中,伊默古特指出将政治权力视为某些团体或行动者的静态属性是无用的。传统的利益集团理论从压力集团自身的特征中寻找其相对权力的线索,无法解释为什么她所考察的三个国家的医生在内部组织资源同样井然有序和强大的情况下,却在实现政策目标方面取得了截然不同的成功程度。对伊默古特来说,重点不是在政治体系中识别"否决团体",而是识别"否决点"。否决点是制度的薄弱领域,也就是说,是政策过程中反对派能够阻碍创新的地方。这种否决点的位置因国家而异,取决于国家政策制定机构不同部分之间是如何联系的。虽然这种否决点通常相当棘手,但它们并不是政治体系的永久的、不可改变的特征。整体权力平衡的变化可能导致否决点出现、消失或位置变化,从而创造行动者可以用来开拓他们目标的

"策略空隙"(strategic openings)。因此,伊默古特的否决点观念说明并建立在历史制度方法的一些核心特征之上,这些特征包括:强调塑造政治策略的中间制度,制度在社会中相互竞争的群体之间构建权力关系的方式,特别是在既定的制度参数内关注政治和政策制定过程。

三、历史制度主义与理性选择

众所周知,实际上有两种不同的路径被贴上了"新制度主义"(the new institutionalism)的标签。谢普斯勒、玛格丽特·利瓦伊(Margaret Levi)、道格拉斯·诺思(Douglass North)、罗伯特·贝茨(Robert Bates)等理性选择制度主义学者,与伯格、霍尔、卡岑斯坦、斯考切波等历史解释制度主义学者,都关注制度如何塑造政治策略和影响政治结果的问题。[31]但重要的差异将两者区分开来。这里汇集的文章来自历史制度传统,但有必要简要思考它们与理性选择变体的关系。这两种视角是以不同的假设作为前提的,这些假设实际上反映了截然不同的政治学研究路径。

对理性选择学者来说,制度作为*策略环境*(strategic context)的特征是重要的,它对自利行为施加约束。例如,在经典的囚徒困境博弈中,当规则(制度)发生变化时,囚徒的选择(背叛、合作等)也会发生变化,因为这些规则构建了使囚徒自身利益最大化的选择。因此,对意在探索现实世界政治的理性选择学者来说,政治和经济制度是重要的,因为这些制度定义(或者至少约束)了政治行动者在追求他们的利益时所采取的策略。

对历史制度主义学者来说,毋庸置疑的是,制度为政治行动者提供了确定其策略和追求利益的背景。事实上,这也是历史制度分析的一个关键前提。但历史制度主义学者想要更进一步,他们认为制度在塑造政治以及更广泛的政治历史方面所发挥的作用,比狭隘的理性选择模型所暗示的要大得多。

历史制度主义学者普遍认为严格的理性假设过于狭隘。[32]第一,与一些（尽管不是全部）理性选择分析相反，历史制度主义学者倾向于认为政治行动者与其说是无所不知的理性最大化者，不如说是遵守规则的"满足者"。[33]正如保罗·迪马吉奥（Paul DiMaggio）与沃尔特·鲍威尔（Walter Powell）所指出的："许多有组织的生活的持续性和重复性特质，不能仅仅通过追求个体利益最大化的行动者来解释，而应通过另一种观点来解释，即将实践的持久性既归结为它们理所应当具有的特质，也归结为它们在某种程度上自我维持的结构的再生产。"[34]简言之，人们不会在他们生活中做出的每一个选择前都停下来，并对自己说："现在什么能使我的自身利益最大化？"相反，大部分情况下我们大多数人，都遵循社会定义的规则，即使这样做可能并不直接符合我们的自身利益。[35]

第二，或许最为核心的一点是，理性选择与历史制度主义在偏好形成问题上存在巨大分歧。理性选择学者在假设层面处理偏好，而历史制度主义学者则认为个人和群体如何定义自身利益是个问题。[36]理性选择制度主义学者实际上在理论层面"搁置"（bracket）了偏好形成的问题（通过假设政治行动者是理性的，并且会采取行动来使他们的自身利益最大化），当然，尽管在具体分析的背景下，他们必须将自身利益付诸实践，并且他们通常通过从情境本身的结构中推断出行动者的偏好来做到这一点。[37]这与历史制度主义学者大相径庭，后者主张不仅*策略*，而且行动者追求的*目标*都是由制度背景决定的。[38]例如，历史制度主义学者会强调阶级利益更多地是阶级地位的体现（由政党和工会结构等国家与社会制度来强压或缓和），而非个人选择的结果。

在许多当代历史制度主义学者的著作中，偏好由社会和政治所建构的观点，与上一代经济制度主义-历史学家的著作遥相呼应。例如，托尔斯坦·凡勃伦（Thorstein Veblen）在20世纪初就指出，现代生活的个人主义和竞争特征必须被视为人们在发达资本主义国家建立的特定经济制度的产物。[39]社会学家罗杰·弗里德兰（Roger Friedland）和罗伯特·奥尔福德（Robert Alford）在新近一篇论文中提到了这一点，他们指出：

> 当代西方资本主义的核心制度——资本主义市场、官僚国家、民主、核心家庭和基督教——塑造了个人偏好与组织利益，以及他们实现这些偏好和利益的所有行为。

而且由于个人在密集的制度矩阵中活动，他们会被有时相互冲突的偏好的复杂组合驱动。弗里德兰和奥尔福德认为，这些制度引发的偏好与行为之间的冲突有利于系统的活力：

> 这些制度可能是矛盾的，因此为个人和组织提供了多种逻辑。个人和组织利用这些矛盾来改变社会的制度关系。[40]

通过将目标、策略和偏好视为需要解释的对象，历史制度主义学者表明，除非对背景有所了解，否则关于"自利行为"的宽泛假设将是空洞的。正如我们之前所指出的，历史制度主义学者不会对理性选择的如下观点提出异议，即政治行动者正在有策略地行动以实现他们的目标。但很明显，仅仅让这一观点停留在那里并不是很有用。我们需要一个基于历史的分析来告诉我们他们试图最大限度地实现什么目标，以及他们为什么强调某些目标而不是其他目标。[41]

如果将偏好的形成看作有问题的而非既定的，那么联盟的形成就不仅仅是具有相容的（预先存在且明确）自身利益的群体的联合。当群体具有多重且往往相互冲突的利益时，有必要考察特定政治联盟形成的政治过程。正如玛格丽特·韦尔（Margaret Weir）在第七章所指出的，新的想法会促使群体重新思考他们的利益；因此，各种政策的"包装"（packaged）方式可能有利于某些联盟的形成，并阻碍其他联盟的形成。罗思坦在第二章的分析阐明，领导力可以在这一过程中发挥关键作用。因此，对这些过程如何发生的历史分析（卡岑斯坦称之为"过程追踪"）是历史制度路径的核心。

因此，理性选择制度主义和历史制度主义之间的一个区别，也许是*最*核心的区别，就在于偏好形成的问题，前者认为偏好是外生的，后者认为偏好是内生的。但除此之外，即使假设了自利的、最大化的行为，在"输出端"似乎也有不止一种方法可以实现一个人的目标。近期的博弈理论表明，某些类型的博弈存在不止一种有效的解决方案。[42]如果没有一个单一的政治选择或结果能使个人的自身利益最大化，那么显然要用其他方法来补充博弈论工具，以了解哪些解决方案将会或已经被选择。[43]

总之，制度不仅仅是另一个变量，制度主义者的主张也不仅仅是"制度也很重要"。制度通过塑造行动者的策略（如理性选择）以及他们的目标，并通过调解他们的合作与冲突关系，来构建政治形势并在政治结果上留下它们的印记。[44]当然，政治行动者并非没有意识到制度深刻而根本的影响，这也是围绕制度的斗争如此激烈的原因。重新配置制度可以让政治行动者免去一遍又一遍地打同一场仗的麻烦。举例而言（正如许多理性选择理论学者所指出的），这解释了为什么国会关于选区边界的斗争如此胶着。制度在政治过程中"动员偏见"（mobilizing bias）方面的核心重要性同样解释了，为什么像夏尔·戴高乐（Charles DeGaulle）这样令人敬畏的政治领导人愿意将自己的职业生涯系于制度结果，而非特定的政策结果。这种观点与理性选择中的"交易成本"学派尤为相左，该学派认为制度是解决集体行动问题的有效方案，可以降低个人和群体之间的交易成本从而提高效率。[45]但是，以这些术语来看待制度就会回避有关政治权力如何影响制度的建立和维系这一重要问题，同时也会否认出现意外结果的可能性。[46]

四、历史制度主义者的研究规划

至少可以说，关于历史制度的文献是多种多样的。这种分析路径已被广泛应用于各种实证环境，但在每一个案例中，这种分析路径之所以如此吸引人，是因为它提供了一种有助于理解国家内部不同时期政策连续性和国家之间政策差异性的理论杠杆。制度主义者在中观理论层面构建了重要的分析桥梁：在以国家为中心的分析和以社会为中心的分析之间，通过观察构建两者之间结构关系的制度安排，[47]以及在强调广泛的跨国规律的宏大理论和对特定国家案例的狭义解释之间，通过关注那些说明"共同主题上的差异"来源的中间层次变量。[48]

除了这些颇具盛名的分析桥梁之外，制度分析还使我们能够考察作为历史客体和历史主体的政治行动者之间的关系。历史制度分析的核心制度——从政党制度到商业协会等经济利益结构——能够以重要的方式塑造与约束政治策略，但它们本身也是深思熟虑的政治策略、（有意或无意的）政治冲突和选择的结果。正如罗思坦在第二章中所指出的，通过关注政治生活中的这些中间制度特征，制度主义提供了理论上的"'创造历史的人'与他们得以创造历史的'环境'之间的桥梁"。

马克思主义等宏观理论关注广泛的社会经济结构（例如阶级结构），这些结构在最广泛的层面定义了政策制定的范围。但这些理论掩盖了具有相同宽泛结构的不同国家之间的显著差异，例如瑞典和美国在资本主义组织方式上的差异。此外，即使确实解决了这些差异，它们提出的各种解释（例如"资本积累的要求"）仍然指向系统层面变量的首要地位，但低估了政治能动性（political agency）在解释结果中的作用。但在某种程度上，认真对待人类能动性（human agency）的观念并认为它对理解政治结果至关重要，不仅需要接受被这些宏观社会经济结构影响的作为因变量的政治行为，还需要接受作为自变量的政治行为。

这就回到了本章开头提到的一个重要的概念性问题，即在定义制度时应当使用多广泛的概念网。我们的定义强调中间层次的制度，如政党制度与工会等经济利益集团的结构，它们是个体政治行动者的行为和国家政治结果之间的中介。但是，更宏观的结构，如阶级结构，不也符合制度的要求吗？显然，这种结构也会对行为施加重大限制。

我们认为，将这种宏观（系统层面的）结构纳入制度的定义，不如保持一个更窄的关注面，并考察这些力量如何为文中所列举的中间层面的制度所影响。这并不意味着不能考察资本主义和前资本主义或其他社会经济体系之间的差异；它只是提出了一种特殊的研究策略。波兰尼的研究体现了这里所提倡的精神。他对"大转型"（great transformation）的分析明确阐述了广泛的社会和经济结构宏观层面变化的结果。但他对向市场经济以及他所称的"市场社会"转变的原因和结果的研究，是基于对具体的社会与经济制度［如斯宾汉姆兰体系（Speenhamland system）］的分析，在这些制度中，围绕这些更广泛的力量之间的斗争以及这些力量内部的斗争都是具象化的。

对影响宏观社会经济结构（如阶级）效果的中间层次制度的关注，同样为应对资本主义国家之间的差异提供了更大的分析杠杆。阶级差异是所有资本主义国家的特征，作为一个分析范畴适用于所有资本主义国家。但想要了解这些国家在政治行为上的差异，我们真正需要知道的是，阶级差异如何以及在何种程度上影响了不同资本主义国家中群体和个人对他们的目标以及他们与其他参与者关系的定义。可以说，这个意义上的阶级在瑞典和英国比在美国更重要。并且我们认为，阶级的实际政治行为的显著性差异，取决于它通过政党竞争和工会结构等国家与社会制度得到加强和具体化的程度。

简言之，这种对诸如阶级这样的宏观结构如何被中层制度放大或缩小的关注，使我们能够探索这种总体结构对政治结果的影响，同时避免了结构决定论，这种结构决定论通常是更广泛和更抽象的马克思主义、功能主义与系统理论进路的特征。因此，历史制度主义的另一个优势在于，它开辟了一个重要的中间理论领域，从而帮助我们将对政治历史一般模式的理解与对政治和经济发展偶然性的解释结合起来，特别是政治能动性、冲突与选择在塑造这种发展中的作用。

历史制度主义强调制度*约束下*的政治能动性和政治选择，这也是"其他"新制度主义的一个特征。但是，指导历史制度主义学者和理性选择制度主义学者研究的理论规划，仍然存在重要差异。理性选择理论学者使用一种可以称为"通用工具包"（universal tool kit）的工具，这种工具几乎可以应用于任何政治环境。[49]这种作为理性选择分析基础的演绎逻辑系统具有重要优势，其中首要的是简约，但它特有的缺点也是众所周知的，例如使这种分析成为可能的高度限制性假设所强化的弱点。

理性选择理论与其他演绎理论存在共同之处，包括霍尔所言的"无情的简洁"（ruthless elegance）和它所基于的演绎逻辑，如肯尼思·华尔兹（Kenneth Waltz）的国际关系"系统"理论和马克思主义理论。当然，理性选择理论显然与传统马克思主义理论在实质和方法论等许多方面都不一致（特别是马克思主义的目的论及其对个体能动性的否认，而这正是理性选择理论的核心）。但是在更抽象的层面，两者受到一个相似的理论规划的推动，其前提是从数量有限的理论假设中进行演绎，并应用一组被认为普遍适用的概念（马克思主义学者的阶级，理性选择理论学者的理性和利益最大化）。理性选择与此前这些建立演绎理论来解释政治结果的尝试具有相同的优点和缺点。

历史制度主义学者缺乏这些更具演绎性的理论所基于的通用工具包和普遍适用的概念。历史制度主义学者通常是在解释经验材料本身的过程中归纳提出他们的假设，而不是在分析之前，在全局性假设的基础上进行推导。历史制度主义学者更具归纳性的路径反映了一种不同的政治研究路径，这种研究路径从根本上拒绝政治行为能以经济学中可能有用的相同技术来分析的观点。理性选择理论学者批判这是不简洁和非理论的，有时甚至将其视为讲故事。不难想象，我们不同意这种观点，我们认为，既然每种方法都有其独特的优点和缺点，这些优点和缺点都直接源于它们不同的假设与逻辑，那么，探索它们可以相互借鉴之处要比在两者之间做出一劳永逸的选择更有效。

总之，尽管历史制度主义学者不尽相同，但他们拥有共同的理论规划和研究策略。强调制度是一种模式化的关系，是制度路径的核心，但这并不能取代对其他变量的关注——参与者、他们的利益和策略，以及他们之间的权力分配。相反，它将这些因素放在背景中，通过促使人们关注政治形势的构建方式，来展示它们是如何相互关联的。制度约束并反映着政治，但它们绝不是结果的唯一原因。相反，正如霍尔所指出的，制度主义者的主张是制度构建政治互动，并以这种方式影响政治结果。

许多理论通过强调某些特定变量（马克思主义理论中的阶级，多元主义理论中的利益集团）来实现其简洁性，并指出这些变量具有决定作用，但制度分析的重点是阐明不同的变量是如何相互联系的。本书所收录的所有文章都不是简单的单变量解释。所有这些文章都展示了各种变量之间的关系和相互作用，反映了现实政治形势的复杂性。然而，正如特定的制度配置为既定的政治形势提供了结构一样，制度路径通过提供一种视角来确定这些不同的变量如何相互联系，从而构建了对政治现象的*解释*。因此，通过将结构因素置于分析的中心，制度路径允许学者捕捉真实政治形势的复杂性，但不会以牺牲理论清晰度为代价。这种方法的一大吸引力与优势在于它如何在必要的复杂性和理想的简约性之间取得平衡。

这里已经指出，制度主义路径最初吸引比较主义者的部分原因是，它提供了一个新的视角，通过这个视角可以更好地理解国家内部的政策连续性和国家之间的政策差异。本书各章节更进一步拓展了制度主义路径的逻辑，以便对政治行为和结果在不同时期以及不同国家之间的差异进行强有力的解释，并为理解制度变迁的来源和后果提供一个框架。现在我们来谈谈我们认为的这一路径的关键前沿，以及本书作者们对这些前沿所做的贡献。

五、历史制度主义的前沿

本书中的文章展示了历史制度主义作为比较政治学一般路径的优势。此外，这些文章还推动了这种路径的发展，以克服迄今为止其发展中的一些局限。特别是，这些文章直面了一种"静态"制度分析的强烈倾向，并从不同角度解决了制度分析中经常被忽视的动态问题。一些章节论述了制度的意义和功能如何随时间的推移而变化，出现新的、有时甚至是意料之外的结果。其他章节关注制度本身的创设和持续演化的政治过程。最后，一些章节深入考察"观念创新"与制度约束的相互作用，以阐明政策创新和变革的独特模式。

截至目前，对制度结构如何塑造政治的强烈关注已经围绕国家内部的政策连续性［如肖恩菲尔德（Shonfield）、斯科罗内克］和国家之间的政策差异［如齐斯曼（Zysman）、霍尔、斯坦莫］产生了令人信服的解释。但正是因为制度主义已被证明在解释各国不同的政策轨迹方面如此强大，它常常给人一种印象，即政治结果可以简单地从制度配置中"读取"出来（参见第二章，作者是邓拉维）。正如伊肯伯里所指出的，部分原因在于，对制度约束的强调意味着，制度路径往往更善于解释在既定制度背景下什么是不可能的，而不是什么是可能的。[50]这里所缺少的是关于制度约束和政治策略相互影响的更明确的理论，以及更广泛地说，关于观念、利益和制度相互作用的理论。当我们考虑迄今为止的文献的两个方面时，许多现有分析中的制度决定论倾向就变得很明显了：对"比较静态"的分析的强调，以及制度形成和变迁理论的相对欠发达。

到目前为止，历史制度主义尤其有助于阐述跨国差异和单个国家内部的模式或政策在一段时间内的持续性。新制度主义的跨国研究倾向于比较静态研究；也就是说，它们参照不同国家各自（稳定的）制度配置来解释不同国家的不同政策结果。但这种论证引发了一种制度决定论。我们可以通过关注第一章的作者之一斯坦莫的新近文章来说明这种批评。[51]斯坦莫的分析关注的是美国、英国和瑞典的政治制度塑造税收政策的方式。他展示了这三个国家的选举规则和宪法结构以及经济利益组织的结构，如何引导理性行动者（当选官员、利益集团精英和官僚）在每种情况下做出截然不同的政策选择，从而产生不同的政策结果。相关行动者的偏好、策略和相对权力是由政治博弈的制度背景决定的。其结果是截然不同的税收制度和（出乎意料）的有效税收负担分布。

斯坦莫的分析为税收政策的重大跨国差异提供了令人信服的解释，但他的框架并不适合解释变迁的问题。第一，尽管从经验上看，这三个税收体系在过去几十年间经历了巨大转变，但斯坦莫的分析掩盖了单个国家内部随时间推移而发生的变化。第二，与此相关的是，这一观点会给人留下这样的印象，即鉴于这些制度约束，不可能有其他结果，国内政治制度是决定税收政策结果的唯一变量。这样的论点凸显了制度主义者经常在制度约束和制度决定论之间游走的微妙界限。[52]

当人们考虑制度的形成和变迁时，确切阐发关于制度和政治相互影响的理论显然是相对欠发达的。尽管这可以说是比较政治学中最重要的问题之一，但在迄今为止的大多数文献中，这个问题受到的关注相对较少。同样，造成这种不足的一个原因是，制度主义者通常关注约束并提供关于连续性而不是变迁的解释。

到目前为止，文献中最明确的制度变迁模型可能是斯蒂芬·克拉斯纳（Stephen Krasner）的"间断均衡"（punctuated equilibrium）模型。[53]这种模型似乎在制度主义者中得到了相当广泛的接受。[54]概括来讲，克拉斯纳的模型主张制度的特点是长期稳定，周期性地被危机"打断"并导致相对突然的制度变迁，之后制度再次稳定。制度安排有助于解释制度稳定时期的政策结果，因为这些安排以独特的方式构建政治冲突。根据克拉斯纳的说法，制度危机通常源自外部环境的变化。这种危机会导致旧制度的崩溃，而这种崩溃又会引发围绕新制度安排的激烈政治冲突。

间断均衡模型提出了一个非常简洁而有力的制度变迁理论。该模型强调在历史演化中制度安排的"黏性"是完全恰当的。毕竟，如果制度只是反映周围社会力量平衡的变化，那么正如克拉斯纳所指出的，它们就是表面现象，我们应该研究影响它们的力量。制度主义者几乎不可能对这一基本观点提出异议。

但除了这一核心观点之外，"间断均衡"的比喻还包含了值得进一步研究的更广泛的假设。这个模型的问题在于，制度解释一切，直到它们什么也解释不了。制度作为一个自变量可以解释稳定时期的政治结果，但当制度崩溃时，它们就变成了因变量，其形态则取决于这种制度崩溃所引发的政治冲突。换言之，在制度崩溃的时候，论证的逻辑从"制度塑造政治"倒转为"政治塑造制度"。[55]然而，以这种方式构想这种关系掩盖了政治策略和制度约束之间的动态互动。需要一个更动态的模型来捕捉这两个变量在时间流变中的相互作用。

（一）制度的动力机制

我们认为，迄今为止，制度分析的严重不足在于倾向于机械的、静态的解释，这种解释在很大程度上搁置了变迁问题，有时会在无意间陷入制度决定论。本书各章通过明确阐述我们称之为"制度动力"的来源，极大地扩展了制度分析。它们通过考察不同国家和不同时期的制度与政治进程的相互作用来做到这一点。它们不但着眼于制度如何调节和过滤政治，而且将问题转向证明制度的影响本身如何为更广泛的政治环境所调节。简言之，它们都超越了比较静态学的范畴来探索特定制度产生特定后果的政治条件，其中一些还明确涉及制度形成和变迁的问题。

我们可以确定制度动力的四种不同来源，即我们可以观察到制度影响随时间变化的情况，但仅限于一个国家。这些变化的来源在经验上通常是交织在一起的，但是为了便于说明，有必要在分析层面将它们分开。

第一，社会经济或政治环境的广泛变化可能会导致以前潜在的制度突然变得突出，并对政治结果产生影响。[56]例如，欧洲法院在欧洲政治中一直扮演着相当次要的角色，直到最近围绕《单一欧洲法令》的政治事件突然将该机构转变为日益重要的欧洲各国之间冲突和合作的场所。[57]

第二，社会经济环境或政治权力平衡的变化可能会导致旧制度被用来服务于不同的目的，因为新的行动者会通过现有制度追求他们的（新）目标。在美国劳资关系的工作分类系统中可以找到一个旧制度服务于新目标的典型例子。20世纪20年代（在广泛的工会化之前），一些大型企业引入了工作分类，作为激励制度的基础。在该制度中，工头可以通过将工人转岗到工厂等级制度中更好的工作来奖励他们的勤奋或合作。然而，随着20世纪三四十年代工会的发展，他们能够利用由于不断变化的政治和劳动力市场条件而获得权力，并对工厂内的人员调动附加了许多条件。他们通过附加关于转岗和单个工作内容的工作分类规则来做到这一点。随着时间的推移，工会权利与工作分类相关的这一过程最终改变了制度的逻辑：从管理控制系统转变为工会控制系统。[58]

第三，外生性变迁能够导致现有制度内所追求的目标或策略发生变化，即随着旧的行动者在旧制度内追求新目标，结果也会发生变化。对此可以通过福特制（Fordism）"危机"的相关文献进行阐述。[59]许多学者认为，美国政治经济的某些特征——尤其是国家结构和美国的多部门（通常多跨国）公司模式——非常适合以国际自由主义和大规模生产为前提的国际贸易体制。但是在20世纪七八十年代，自由贸易体制的衰落和福特制与大规模生产的危机，呼吁着新的、更具"弹性"（flexible）的策略。随着资本家开始适应新的政治经济环境，同样的制度产生了截然不同的结果。在市场更加动荡、竞争力取决于规模经济以外的因素的情况下，这些制度被视为美国工业的主要障碍，而不是美国工业持续竞争力的保障。

前三种动力来源实际上揭示了一种情况，即同样的制度能够随着时间的推移产生完全不同的结果。但是当政治行动者调整策略以适应制度自身的变革时，就会出现第四种动力来源。这可能发生在剧烈变革的时刻（克拉斯纳的间断均衡模型所强调的那种制度崩溃或制度形成），也可能是特殊的政治斗争或制度约束下持续的策略操纵所引发的众多零星变化的结果。举例而言，后一种可能的情形可以从西伦关于德国劳工关系"双轨制"（dual system）的发展的研究中进行分析。[60]西伦提出了一种"动态约束"（dynamic constraints）模型，它与间断均衡模型的区别主要体现在两个重要方面。第一，它强调制度崩溃不是制度变迁的唯一来源（并且政治策略的重要性不仅体现在制度崩溃之际）。政治行动者的策略操纵和他们之间在制度约束下的冲突（也称不上危机），会影响他们互动发生的制度参数。第二，虽然外部压力对间断均衡模型很重要，但动态约束模型更关注制度*内部*对这些外部事件的反应。当政治权力平衡中的条件发生有利或不利变化时，团体和个人不仅仅是这些变化的旁观者，也是能够根据这种不断变化的背景条件所提供的"机会"来采取行动，以捍卫或强化自己地位的策略参与者。简言之，西伦的分析阐明了一种模式，即制度的意义与功能的变化（与更广泛的社会经济和政治转变相关）引发了制度内部以及制度之间的政治斗争，这些斗争实际上推动了制度的发展。

本书接下来的章节阐述了其中的许多观点。所有这些不仅涉及制度约束的问题，还涉及制度动力的问题。每位作者秉持的观点各不相同，但是这些文章都围绕三个主题展开，我们可以把它们组织起来作为引言。首先，我们考察的是稳定制度安排下政策变迁的来源。在这里，我们提出一个问题："如果制度保持（相对）稳定，我们如何解释政策变化？"其次，我们转向制度变迁本身的问题。制度本身如何以及在什么情况下成为变革的对象？最后，我们探索政治制度和政治观念之间的动态互动，以解释特定制度约束下的观念创新如何产生政策变迁。

（二）稳定制度下的政策变迁

政治制度不是在真空中运作的。但正如我们所指出的，制度与其所处的更广泛的社会经济环境的互动方式，还没有大量明确的理论论述。而本书中的几篇文章在这个方向取得了重大进展。许多制度主义者表明，即便制度所处的政治或经济环境发生了巨大变化，制度往往会保持"黏性"。但是这种分析思路的含义通常是，即使周围的世界在变化，制度也往往具有恒定或持续的影响。[61]对此，我们持不同观点。正如本书中的几篇文章所表明的，制度本身可能会抵制变化，但它们对政治结果的影响会随着时间的推移以微妙的方式发生变化，以应对更广泛的社会经济或政治环境的变化。

关于制度的意义和功能如何通过社会经济背景或政治权力平衡的变化而改变，本书中的两章提供了很好的例子。哈塔姆撰写的第六章很好地阐释了前文所描述的制度动力的第一个来源，即社会经济或政治环境的变化如何使过去潜在的制度变得突出；邓拉维撰写的第五章呼应了这一结论，并提供了通往第二个来源的分析桥梁，即通过现有制度追求新目标的新行动者的出现。

在对19世纪工人阶级政治的分析中，哈塔姆解开了为什么在19世纪后期英国和美国的劳工运动朝着不同的方向发展的谜题。她展示了两个工会运动的策略在那之前是如何紧密平行的，但后来随着美国人从政治领域撤退，转而越来越关注工业领域，并且通过"商业工会主义"追求工人阶级的目标，两个工会运动的策略就产生了巨大分歧。哈塔姆通过研究这两个国家有组织的劳工在形成时期所面临的政治和制度环境，解开了这两个劳工运动之间策略分歧巨大的谜题。

哈塔姆表明，只要工人们把自己定义成生产者而不是劳动者，那么英国和美国的政治制度看起来就是同样开放的。但是在19世纪后期，当工人们把注意力转向保障工人集体行动的权利时，这两个国家的法院的作用突然变得重要，而这在以前并不是工人制度环境的重要组成部分。在那个时刻，立法机关和法院之间关系的显著差异（以前存在但可以说是潜在的）以截然不同的方式引导了冲突。两个国家的工会都在立法层面取得了重大胜利，保护了其组织工人以及向雇主提出要求的权利。在司法机构显然从属于议会的英国，法院支持了这些新法律的精神，劳工运动也认识到政治游说可以带来非常切实的好处。相比之下，美国的法院享有更大的自主权，尽管有相似的立法，但法院仍继续做出保守的裁决。这一经历强化了一条非常不同的经验，即劳工可以期望通过政治行动获得什么；有组织的劳工退出政治是对重复经历的一种务实反应，在这些经历中，立法上的胜利因随后的法院行动变得毫无意义。

总之，哈塔姆的论点强调了社会和政治的重组（当工薪阶层开始作为一个独特的工人阶级的成员组织起来时）如何导致法院突然成为冲突的舞台。制度环境没有发生改变；相反，美国法院的权力和自主权只是随着工人目标的转变而显露出来。潜在的制度变得突出，这解释了为什么英国和美国的劳工策略在19世纪后期而不是之前出现分歧。

邓拉维对19世纪普鲁士和美国公共基础设施发展的分析与哈塔姆的分析在理论上相吻合，也为前面讨论的第二个来源提供了分析桥梁，即通过现有制度追求新目标的新行动者的出现。与将德国的"强势和干预主义"国家和美国的"弱势和非干预主义"国家进行对比的流行观念相反，邓拉维展示了直到19世纪40年代，美国在监管作为工业化关键载体的铁路方面更加积极和成功。积极推动并成功监管美国新兴的铁路行业的主要行动者不是联邦政府，而是州政府。美国政治制度（尤其是州立法机构）的相对开放性允许铁路资本家在政策上有发言权，但它同时也为其他能够对铁路发展施加某些限制的利益集团提供了切入点。这种意义上的政治自由主义以国家干预和监管的形式带来了一定程度的经济非自由主义。

然而，正如邓拉维所揭示的，只有当美国政府面临的任务是在一个相当小的范围内监管铁路时，这种结果才能实现。到了19世纪中叶，铁路发展本身已经超出了美国各州的监管框架和能力。随着铁路越来越多地跨越州界，铁路监管成为国家监管而非州监管的问题。随着这一转变，国家制度的分散权威（联邦制，也包括分权）开始发挥作用，为资本家提供了规避监管的方法（用邓拉维的话来说就是"逃脱路线"），其中包括让不同州的当局互相对抗。

尽管经验案例大不相同，但哈塔姆和邓拉维的分析在理论上的相似之处是显而易见的。在邓拉维的案例中，随着铁路行业的发展超越州界，联邦制度在铁路监管方面获得了新的显著地位。除此之外，邓拉维还强调，主要冲突场所从州一级到联邦一级的转变，不仅仅是行业本身发展的必然结果。她还强调了铁路发展如何帮助创造了一个新的政治行动者群体，即大型工业资本家，他们的经济活动跨越了州界，并且可以通过积极利用各级制度来追求自己的目标（事实上，有时是让它们相互对抗）。例如，这一新的企业家阶层（铁路行业的大亨只是其中的一部分）策划了向国家一级的转变，因为他们试图从联邦法院获得更有利的结果，以逃避州层面的监管。

伊默古特的移动否决点理论（第三章）与哈塔姆和邓拉维提出的

分析是相容的。事实上，哈塔姆与邓拉维可能会用伊默古特的方式重新阐述他们的论点，以表明在这两个案例中，新的否决点如何作为外生条件变化的结果而出现。在哈塔姆研究的案例中，工人不断变化的目标在将冲突舞台转移到法院发挥了作用，这为美国劳工组织的反对者提供了新的否决点，而在英国则没有。在邓拉维展示的案例中，是铁路本身的发展将冲突舞台转移到国家层面，为美国资本家抵制监管开辟了新的否决点。普鲁士的故事是美国的"镜像"（mirror image）：类似的发展导致普鲁士资本家在19世纪50年代之前能够利用的某些否决点被关闭，这反过来又允许普鲁士政府对其活动施加更多限制。

总之，这些研究通过将制度格局视为一个整体，强调了重要但往往被忽视的动力来源。通过阐明制度的意义和功能如何由其所处的社会经济和政治环境特征所塑造，这些研究挑战了那些暗示政治结果可以从制度地图中读出的更静态的制度分析。

（三）作为变迁对象的制度

制度动力机制的另一维度，在某些方面是最明显的，涉及制度变迁本身的问题。一些学者注重阐明制度本身如何成为争论的对象，并表明制度变迁如何从深思熟虑的政治策略中产生，这些政治策略旨在改变结构参数以赢得长期政治优势。其他学者则探讨了更为渐进的制度演化和变迁的相关问题，这些问题往往是因其他问题而引发的政治斗争的意外结果。

罗思坦在第二章中对公共失业保险体系的分析集中在一组特别重要的制度选择上，这些制度选择旨在产生长期的政策影响。罗思坦证明，在采用工会管理的失业保险体系即所谓的根特体系（Ghent system）而不是普遍的强制失业制度的国家，劳工的长期组织力量更牢固。他的分析简洁地解释了为什么一些国家的工会化程度比其他国家更高的问题。

然而，除此之外，罗思坦还为我们理解制度的形成与变迁做出了重要的理论贡献。通过追溯根特体系的发展，他展示了"在历史的某些时刻……制度的建立是为了让能动者（或能动者想要进一步获得的利益）能够在未来的权力博弈中获得优势"。在瑞典的案例中，有意识的政治策略造就了一个制度，确保高水平的组织和工会权力来控制劳动力市场的关键方面。虽然短期来看该制度并不是最佳的（事实上，工会最初对根特体系的态度相当冷淡），但社会民主党领袖古斯塔夫·莫勒（Gustav Möller）卓越的政治领导才能为工会提供了组织优势，从长远来看巩固了他们的权力。

罗思坦指出，在其他国家，要么工会无法实施自己选择的制度，要么在某些可以实施的情况下，工会领袖没有看到根特体系的策略优势。因此，罗思坦明确考虑了错误策略或"错误选择"的可能性。他的影子案例（瑞典除外）表明，零碎的决策和缺乏卓越领导的结果是，这些劳工运动最终形成的公共失业保险体系无法像瑞典一样牢固地锚定工会。因此，尽管罗思坦同意一些理性选择理论学者将制度视为深思熟虑的政治策略的产物，但他对瑞典以外的意外后果的分析也强调了"理性"行为并不那么简单。在行动者持有相互冲突的偏好，以及他们不清楚要最大化哪些目标（短期或长期）或如何最好地追求他们的利益时，其他因素——如领导力——似乎在确定目标和如何追求目标方面发挥了关键作用。

伊默古特对法国、瑞士和瑞典的医疗保健政策的分析，表明了制度结构及其变迁的意外影响对政策制定的重要性。在伊默古特的分析中，一个国家的选举规则和宪法结构提供了制度上的"博弈规则"，随后的政治斗争就是在这种规则中进行的。她令人信服地展示了法国、瑞士和瑞典是如何发展出截然不同的国家医疗系统的，因为在每个国家试图改革医疗保健的筹资和提供规则时，不同的制度配置为相互竞争的利益提供了不同的"否决点"。她认为，"通过让一些行动变得更加困难，并为其他行动提供便利"，"这些制度重新定义了政治选择，并改变了相关行动者的阵容。换句话说，这些制度为这些政治行动者的行动建立了策略环境，从而改变了具体政策冲突的结果"。

然而，伊默古特明确区分了"政治行动者及其策略"和行动发生的制度框架。正如她所指出的，制度肯定是在争夺政治权力的斗争中建立并变迁的。但是，她也指出，那些参与制度设计的人不一定是后来参与政策斗争的人。她暗示，特定制度变迁的长期政策影响是未知的，或者至少是相当不确定的。事实上，正如她在瑞典的案例中所展示的，在世纪之交，旨在保护保守派利益的宪法改革实际上起到了隔离和巩固社会民主党政府的作用，在医疗保健领域，为医疗利益提供了更少的否决点，而他们可以通过这些否决点来阻止国家医疗保险改革。

总之，人们既为制度而斗争，也为政策结果而斗争。制度斗争之所以重要，正是因为制度选择可以带来广泛的政策路径。这些作者中的每一位都展示了某些制度结构的存在如何影响随后的政策斗争。此外，这些分析还为我们提供了关于制度设计与变迁的重要洞见。罗思坦特别关注瑞典的案例，因为它实际上偏离了一种似乎更广泛的模式，这种模式能够证实马奇（March）和奥尔森（Olsen）的观点：

> 制度变迁很少能满足发起者的初衷。变化无法精确控制……[此外]，理解政治制度的转变需要认识到经常有多重的、不一定一致的意图；意图经常是模糊的，意图是价值、目标和态度系统的一部分，该系统将意图嵌入其他信念与意愿的结构中。[62]

（四）制度约束下的观念创新

霍尔、金和韦尔写作的章节都谈到了制度分析的第三个主题和动力来源，明确探讨了新的政策观念与制度配置之间的关系，而制度配置是这些观念与具体政策结果之间的中介。他们为意识形态或公共哲学领域更为抽象的处理提供了一个重要的替代方案，这些方案使概念具体化，模糊了某些观念（而不是其他观念）主导政治话语的具体过程。他们没有搁置观念领域的研究，或者将观念和物质利益视为独立且不相关的变量（或作为相互竞争的解释性因素），而是探索两者如何在特定的制度背景下相互作用以产生政策变化。

在第四章中，霍尔探讨了货币主义观念在英国的发展，认为自

20世纪70年代中期以来真正发生的是两种相互竞争的"政策范式"之间的转变,每种范式都深深植根于关于经济如何运行的截然不同的观念中。他认为,要理解从凯恩斯主义向货币主义转变的时机和根源,就需要考察英国政治的制度结构是如何在20世纪七八十年代调解利益冲突并构建观念流动的。虽然希思政府在20世纪70年代初提出了许多货币主义基调的具体政策,但凯恩斯主义思想根深蒂固,尤其是有一个强大和自主的财政部,而且还缺乏一个完全明确的替代政策范式来对抗和抵制这些根深蒂固的观念,这阻碍了希思(Heath)首相实现政策的全面转变。

然而,当玛格丽特·撒切尔(Margaret Thatcher)上台时,政策创新的可能性看起来已经截然不同。社会经济权力平衡的变化,尤其是工会力量的减弱,侵蚀了凯恩斯主义的重要支持基础。与此同时,反映并加强金融市场日益增长的力量和凝聚力的制度(包括新成立的经济机构与媒体)开始在政策话语中发挥越来越重要的作用,因为它们代表了一种此时已经发展成为日益完善的替代政策范式。撒切尔能够从伦敦金融城、大学和媒体的关键人物那里获得越来越多的支持,形成一个新的联盟,其前提是以一个现在已经完全明确的货币主义替代方案取代工党的失败政策,并与他们所依赖的整个政策范式彻底决裂。此外,政府结构加速了这一全面转变。在英国议会系统中,执政政府的巨大权力和自主权使撒切尔能够实现政策转换,而这在更加分散的决策系统中会很困难。简言之,英国政治制度的结构有助于霍尔解释为什么要寻求新观念、筛选和培养新观念的过程,以及最终为什么某些观念和利益(而不是其他观念和利益)在它们出现时占了上风。

通过追踪制度、观念和利益的相互作用,霍尔揭示出制度偏向于政策连续性甚至对变迁构成障碍的这一普遍特征,他探讨了一些制度可能促进而不是阻碍政策变革的观点。因此,他的分析促使我们重新思考对制度的一些假设。我们倾向于将制度视为保守且偏向连续性的官僚机构。但正如霍尔所指出的,一些制度结构可能会建立一种激发创造力和鼓励创新的动态张力。在英国，两党竞争（这使得各政党"在结果差异化方面有着结构性利益，并且有动力发起变革"以获得选民支持）与负责任的内阁政府（这使政府具有实施其计划的巨大权力）的结合提供了制度参数，使撒切尔能够实施比其他许多国家的保守党同行更彻底的改革。

金在第八章中对美国和英国采用工作福利项目的情况进行了比较分析，阐明了这些基本要点。与霍尔一样，在金看来，制度结构定义了将新观念转化为政策的渠道和机制。正如金所说，"观念必须转化为适合政治决策的语言和口号，这一过程常常导致最初观念的变形。政党与当选的州政府官员在这一'转译'（translation）过程中发挥着至关重要的作用"。金的分析说明了，将福利与工作要求联系起来的新右派（New Right）观念是如何在美国和英国通过两条不同的制度途径获得权力的。在美国，联邦政策的变化（尤其是20世纪80年代初期里根的"新联邦主义"倡议）将福利和培训项目领域的政策制定推向了州一级。这一转变为州政府后来成为改革联邦失业政策的重要行动者奠定了基础，特别是当特定的州项目成为国家改革的重要模式时。然而，这些项目所代表的路径和观念在国家政策制定过程中受到了损害。特别是，里根能够发挥总统办公室的权力，以重塑这些项目的方式来解释它们的成功，这也是新右派解决贫困问题的方式，总统自己也有此倾向。此外，总统的制度性权力（尤其是否决权）迫使法案在起草阶段做出妥协，导致纳入了许多州项目中没有的福利工作要求，联邦立法就是在这些项目中形成的。

金也说明了为什么英国的政党在制度上比美国的政党更适合在工作福利项目中扮演政策变迁倡导者的角色。在英国，新右派观念以及对美国模式的明确模仿经由保守党进入政治舞台，并相对毫发无损地通过了立法程序。在缺乏制约美国决策者的中央政府决策制衡机制（联邦制和分权制）的情况下，撒切尔——借用里根的思想——从根本上打破了植根于福利政策与劳动力市场政策分离传统的主流政策观念，甚至成功重组了阻碍她寻求政策转变的现有制度（如人力服务委员会）。

简言之，金的两个案例展示了英美两国政策创新的不同制度渠道。除此之外，他的分析还显示了制度迷宫如何影响新观念的内容。在美国，由于需要在国家权力分散的背景下形成妥协，新观念被淡化了；而在英国，因为政策发起和立法的集中化程度更高，类似的妥协是不必要的，新观念被放大了。与霍尔的分析一样，金的研究显示了"制度如何塑造政策观念的吸收和传播"。对两位作者来说，在政治领域整合或采纳新观念的具体机制对于塑造这些观念背后的解释和意义至关重要。

韦尔在第七章中还探讨了观念和政治制度之间的动态关系，并在这种情况下阐明了美国的国家结构如何导致20世纪30年代到80年代间就业政策领域政策创新的可能性在缩小。正如她所说，"这种缩小的核心是制度的建立，制度的存在促进了观念的流动，为政治行动者创造了激励机制，并帮助确定了政策选择的意义"。韦尔将特定制度安排"为某些类型的创新创造机会［但也］为可能的创新类型设定界限"的过程概括为"有限创新"（bounded innovation）。美国政治制度的碎片化促使美国政府对广泛的政策创新持有相对开放的态度。凯恩斯主义思想最初是在政治主流的"外围"发展起来的，但当这些思想被重要的总统顾问采纳时，当富兰克林·罗斯福（Franklin Roosevelt）将总统权力置于其背后时，美国成了社会凯恩斯主义的领导者。然而，事实证明这些观念在美国很难制度化。同样，国家政策的碎片化让反对者很容易动员反对派，迫使创新者依赖短期联盟并通过现有渠道追求创新，而不是重塑制度本身。

实施凯恩斯主义所必需的妥协反过来又在凯恩斯主义所采取的形式上留下印记，并将随后的政策辩论引向了特定的路径。例如，二战后围绕在美国实施凯恩斯主义而发生冲突的遗留问题之一，就是社会和经济政策之间的制度性划分，这导致后来很难在两者之间建立概念与政策上的联系。事实上，其他项目例如林登·约翰逊（Lyndon Johnson）在20世纪60年代提出的"反贫困战争"（War on

Poverty），不仅反映而且强化了这些分歧。当这个项目与随后的事件——特别是 20 世纪 60 年代的种族紧张局势——发生"意外交集"时，政策制定者们再次尝试通过现有制度来寻找新问题的答案。韦尔展示了"反贫困战争"项目中的种族焦点是如何塑造其政治命运的。简言之，创新者对短期联盟的依赖最终破坏了未来形成联盟的可能性，特别是阻碍了建立巩固这些新概念所必需的制度基础，而这种联盟是以更根本的方式重新调整美国失业政策所必需的。缺乏强有力的制度基础意味着，社会凯恩斯主义背后的纲领观念很难长期维持下去；最终，由于未能将这些观念制度化，当政府的行动在 20 世纪 70 年代受到以市场为导向的就业政策支持者的攻击时，就很难为其辩护了。

六、结论

本章以一些观察来结束这篇导论，即在哪些方面看到了由历史制度主义学者提出的理论洞见，以及这对比较政治学和比较政治经济学研究的未来理论与方法论议程有何启示。

比较政治学领域长期处于两难境地。政治学中的"科学革命"（scientific revolution）激发了比较主义者寻找跨越国家且在时间推移中持续存在的政治模式，并将这些模式归纳为有限数量的命题，以便进行系统检验。亚当·普沃斯基（Adam Przeworski）和亨利·托恩（Henry Teune）在《比较社会探究的逻辑》（*The Logic of Comparative Social Inquiry*）中非常明确地阐述了比较分析的核心前提，即"这种分析的关键假设是，包括比较探究在内的社会科学研究，应该而且能够得出关于社会现象的一般陈述。这一假设意味着人类和社会行为可以用通过观察建立的一般规律来解释"。[63]

然而，与此同时，许多学者也一直对比较政治学研究过分强调科学持怀疑态度。这里的怀疑是，研究政治科学的学者以物理科学为基础进行建模，是在引入还原论，忽略了人类政治行动的内在复杂性，转而追求简洁但不切实际的规律。许多比较主义学者会同意加布里埃尔·阿尔蒙德的观点，他认为："社会科学家——无论出于何种哲学或方法论原因……将人类行为视为简单的反应性行为，因此容易受到和'时钟般的'自然现象相同的解释逻辑的影响，他们正试图塑造一门基于经验证伪假设的科学。"[64]社会和政治现象与自然现象的区别在于，人类能够并且确实有意识地影响他们置身其中的环境。这种能动性和选择的因素不仅增加了分析的复杂性；它还表明分析的前提不同于自然科学的前提，原因在于"简单地寻找变量之间的规律和合法关系——这一策略在物理科学中取得了巨大成功——但并不能解释社会结果，只能解释影响这些结果的一些条件"。[65]

针对制度分析在更精细的比较政治学研究逻辑中的作用，这里提出了两个问题。第一，因为人类通过制度选择和设计来塑造他们互动的约束条件，所以观察这些制度变迁的时刻尤为引人注目。制度冲突暴露了利益和权力关系，其结果不仅反映而且放大和加强了赢家的利益，因为广泛的政策轨迹可能来自制度选择。因此，在不脱离对规律的科学兴趣的情况下，研究政治科学的学者可以并且应该特别关注制度选择和变迁的时刻。根据这一观点，政治演化（political evolution）是一个路径或分支过程，研究偏离既定模式的点（制度选择的"关键节点"）对更广泛地理解政治史至关重要。本书各章作者都说明了这种方法的好处。这些文章中的每一篇都超越了"政策创造政治"的观点，并继续展示了特定的制度安排如何构建特定类型的政治。它们提供了强有力的制度解释，不仅有助于我们理解各国对特定政策的选择，而且有助于我们理解历史分歧的来源以及不同国家所遵循的更普遍的道路。

第二，正如本书中的几位作者所揭示的，制度选择可以塑造人们的观念、态度乃至偏好。按照这种观点，制度变迁之所以重要，不仅是因为它改变了行动者做出策略选择的约束条件，而且是因为它最终能够重塑激励政治行动的目标和观念。政治演化与物理进化的不同之处在于，前者受其主体意图的影响。本书中的文章捕捉到了人类作为历史变革的能动者和主体的动态互动。在这些分析中，政治制度直接影响了政治选择，但在任何情况下，这些作者从未主张国家或社会结构是唯一重要的因素。相反，每一篇文章都对阶级概念、公共哲学、历史背景、精英和公众偏好等因素如何与制度结构相互作用，从而产生特定的政策结果进行了复杂的解释。然后，这些结果本身又成为未来政治和制度斗争的舞台，如同韦尔指出的，"观念和利益发展，制度和策略适应"（第七章）。此外，本书多篇文章也为探讨制度和观念创新的可能条件提供了线索。

总的来看，历史制度主义学者在中观层面开辟了一个重要的理论领域，明确关注中间变量，以便将对政治历史的一般模式的理解与对政治和经济发展的偶然性的解释结合起来。作为广泛且通常抽象的马克思主义、功能主义和系统理论路径的替代方案，历史制度主义为政治和公共政策研究提供了一种对持续的跨国差异反应灵敏的方法。作为对狭隘利益集团理论的纠正，制度主义的观点阐明了历史演变的结构如何以独特的方式更持久地引导政治斗争。最重要的是，通过关注制度（作为政治冲突和选择的产物，并同时限制与塑造政治策略和行为），历史制度主义，为直接理解政治生活中的选择和限制这一核心议题提供了框架。

【注释】

[1] James March and Johan Olsen, *Rediscovering Institutions* (New York: Free Press, 1989); see also James March and Johan Olsen, "The New Institutionalism: Organizational Factors in Political Life," *American Political Science Review* 78, no. 3 (Sept. 1984): 734-49.

[2] Peter Hall, *Governing the Economy: The Politics of State Intervention in Britain and France* (New York: Oxford University Press, 1986); David Bachman, *Bureaucracy, Economy, and Leadership in China: The Institutional Origins of the Great Leap Forward* (Cambridge: Cambridge University Press, 1991).

[3] 这些作者所进行的分析与建立在理性选择理论基础上的新制度主义的另一种变体有着重要区别。例如，参见 Douglass C. North, *Institutions, Institu-*

tional Change, and Economic Performance (Cambridge: Cambridge University Press, 1990); Margaret Levi, *Of Rule and Revenue* (Berkeley: University of California Press, 1988); Robert H. Bates, *Beyond the Miracle of the Market: The Political Economy of Agrarian Development in Rural Kenya* (Cambridge: Cambridge University Press, 1989); 由詹姆斯·阿尔特（James Alt）和诺思编辑的剑桥大学出版社出版的"制度与决策的政治经济学"系列丛书。尽管本书主要关注非理性选择变体，但我们在本章中将两个变体之间的分歧点和趋同点作为次要主题来讨论。

[4] 我们从斯考切波那里借用了"历史制度主义"一词，以区分制度主义的这种变体和另一种理性选择变体。

[5] 包括马克思、韦伯、凡勃伦、波兰尼等。

[6] G. John Ikenberry, "Conclusion: An Institutional Approach to American Foreign Economic Policy," in G. John Ikenberry, David A. Lake, and Michael Mastanduno, eds., *The State and American Foreign Economic Policy* (Ithaca, N. Y.: Cornell University Press, 1988), pp. 222-3.

[7] Hall, *Governing the Economy*, p. 19. 从表面上看，在相当抽象的定义层面，霍尔的定义与一些理性选择理论学者所使用的定义没有太大的区别。例如诺思将制度定义为"人类为塑造人类互动而设计的任何形式的约束"。他的定义既包括正式约束（如规则），也包括非正式约束（如惯例和行为规范）。参见 Douglass C. North, *Institutions, Institutional Change, and Economic Performance* (Cambridge: Cambridge University Press, 1990), p. 4. 历史制度主义和理性选择分歧更大的地方在于制度如何影响政治行为以及制度从何而来。我们将在本章后面部分讨论这些要点。

[8] Ikenberry, "Conclusion," p. 226.

[9] 例如，我们完全同意伊肯伯里关于制度的前两个层次的观点，但对是否应该含括第三个层次持怀疑态度，即"界定国家与社会之间关系的规范秩序"。虽然定义"替代政策类型的合法性和非法性"（第227页）的规范可能会对行为构成限制，但这些不一定是*制度性限制*。因为大多数制度主义者欣然承认制度不能解释一切，所以，将定义范围缩小一些，并专注于制度如何与这些其他因果变量相互作用的问题，似乎有很大的分析优势。本书中的几篇文章都采用了这一策略，重点关注观念与制度之间经常模糊的关系。

[10] 当然，这份清单并不全面。

[11] 本章将在后面部分回到这个问题，就制度网络的覆盖范围提出自己的观点。

[12] Hall, *Governing the Economy*, p. 19.

[13] 尼尔森·波尔斯比（Nelson Polsby）。

[14] 对20世纪60年代之前的这个学科的历史最好的回顾，参见 Harry Eckstein, "A Perspective on Comparative Politics, Past, Present and Future," in H. Eckstein and D. Apter, *Comparative Politics* (New York: The Free Press, 1963), pp. 3-32. See also Sidney Verba, "Some Dilemmas in Comparative Research," *World Politics* 20 (Oct. 1967): 111-27. 从这个视角对该领域发展的另一种回顾，参见 James Bill and Robert Hardgrave, *Comparative Politics: The Quest for Theory* (Columbus: Charles Merrill, 1973).

[15] 例如，参见 Daniel Bell's *The End of Ideology* (New York: Free Press, 1965).

[16] 这适用于20世纪60年代与"现代化"理论相关的大部分文献。

[17] 当然，每个人都可以想到一些具体的文献，这些文献继续明确地研究不同制度安排对政治结果的影响。关于政党的文献就是一个重要的例子。

[18] 参见 *Pressure Group Politics* (Stanford, Calif.: Stanford University Press, 1960), p. 8; E. E. Schattschneider, *The Semi-Sovereign People* (New York: Holt Reinhart, 1960). 甚至戴维·杜鲁门（David Truman）的经典多元主义分析 [*The Governmental Process* (New York: Knopf, 1951)] 也间接提到，他的分析是以美国的制度环境为背景的。然而，他没有详细阐述或明确这一点，而是落入了经典的多元主义陷阱，该陷阱假定特定的制度结构并基于这些制度内的行为建立一个完整的政治模型。

[19] Reinhard Bendix, "Tradition and Modernity Reconsidered" in Reinhard Bendix, *Nation-Building and Citizenship* (Berkeley: University of California Press, 1977). 另见该作者的 *State and Society* (Berkeley: University of California Press, 1973) 一书导论，其中他批评了那些忽视社会的"正式"方面、只关注行动者之间的"非正式互动"的学者，"另一方面，我们认为，社会生活是——当然不完全是，但仍然是结构化的——由那些正式的制度机制构成的。忽视这样的结构至少意味着社会生活本质上是无定形的。这并不意味着制度按照它们的预期工作，但也确实意味着它们有影响"（p.11）。

[20] 从另一个角度看，20世纪70年代的马克思主义理论家们得出了互补

的结论,因为他们开始更密切地关注国家结构以及这些结构与自由民主国家中的阶级利益相互作用的方式。注重国家理论的马克思主义理论家主要感兴趣的仍然是如何在不同的环境中满足相同的一般"资本积累的要求",但分析的重点是不同的制度如何以不同的方式调节阶级关系,这也为发达资本主义国家之间持续存在的差异提供了早期见解。参见 Hall's discussion of their contribution in *Governing the Economy* (p. 18).

[21] 结构主义者当然如此,但制度也出现在一些行为主义者的研究中。

[22] Shepsle, "Institutional Equilibrium and Equilibrium Institutions," in Herbert Weisberg, ed., *Political Science: The Science of Politics* (New York: Agathon Press, 1986), p. 52.

[23] 这正是埃克斯坦批评多元论者暗示压力集团政治是在"白板"上进行的(参见 Eckstein, *Pressure Group Politics*, p.8)。另一个批评参见 Schattschneider, *The Semi-Sovereign People*. 还可参见本书第三章。

[24] 甚至在此之前,20世纪60年代末的学生起义和工人骚乱终结了"意识形态终结"的信念。

[25] 比较政治学中对新制度主义最重要的早期贡献之一,正是卡岑斯坦构建他的经验和理论议程的方式,参见 his introduction to *Between Power and Plenty* (Madison: University of Wisconsin, 1978). See also Peter Gourevitch, *Politics in Hard Times* (Ithaca, N. Y.: Cornell University Press, 1986); Suzanne Berger, ed., *Organizing Interests in Western Europe* (Cambridge: Cambridge University Press, 1981); Philippe Schmitter, "Modes of Interest Intermediation and Models of Societal Change in Western Europe," *Comparative Political Studies* 10, no. 1 (April 1977): 7–38; and other corporatism theorists.

[26] 卡岑斯坦的复杂分析解释了政策目标和工具的跨国差异。虽然他在解释20世纪70年代具体的对外经济政策时最重视国内制度安排的结构,但他的分析也关注了每个国家在国际政治经济中的地位以及每个国家内部的历史政策传统(*Between Power and Plenty*, p. 297)。

[27] 例如,参见 Philippe Schmitter and Gerhard Lehmbruch, eds., *Trends toward Corporatist Intermediation* (Beverly Hills, Calif.: Sage, 1979); Peter Lange and Geoffrey Garrett, "The Politics of Growth: Strategic Interaction and Economic Performance in the Advanced Industrial Democracies, 1974—1980," *World Politics* (July 1986): 792–827. See also Frank Wilson, "Interest Groups

and Politics in Western Europe: The Neo-Corporatist Approach," *Comparative Politics* 16, no. 1 (1983), and Gary Freeman, "National Styles and Policy Sectors: Explaining Structured Variation," *Journal of Public Policy* 5 (1986): 467-96.

[28] Suzanne Berger, "Introduction," in Suzanne Berger, ed., *Organizing Interests in Western Europe* (Cambridge: Cambridge University Press, 1981); Theda Skocpol, "Bringing the State Back In: Strategies of Analysis in Current Research," in Peter B. Evans, Dietrich Rueschemeyer, and Theda Skocpol, eds., *Bringing the State Back In* (Cambridge: Cambridge University Press, 1985); Douglas Ashford "Structural Analysis of Policy or Institutions Really Do Matter" in D. Ashford, ed., *Comparing Public Policies: New Concepts and Methods* (Beverly Hills; Calif.: Sage, 1978).

[29] 例如，参见 March and Olsen, "The New Institutionalism," pp. 734-49; Ikenberry et al., eds., *The State in American Foreign Economic Policy*; Stephen Skowronek, *Building a New American State* (Cambridge: Cambridge University Press, 1982).

[30] Hall, *Governing the Economy*, p. 19.

[31] 关于这一传统中的一些近期最佳作品，参见阿尔特和诺思编辑的剑桥大学出版社出版的"制度与决策的政治经济学"系列丛书。

[32] 可以肯定的是，许多来自理性选择传统的学者也愿意放宽理性假设。事实上，理性选择理论中一些最有趣的研究正在从经济人的狭隘观点转向人类行为的情境性观点。例如，参见 Douglass North, "A Transaction Cost Theory of Politics," *Journal of Theoretical Politics* 2, no. 4 (October 1990): 355-67; Douglass North, Karen Cook, and Margaret Levi, eds., *The Limits of Rationality* (Chicago: University of Chicago Press, 1990); and, from a different perspective, Jon Elster, "Social Norms and Economic Theory," *Journal of Economic Perspectives*, 3, no. 4 (Fall 1989): 99-117. See also Jane Mansbridge, ed., *Beyond Self-Interest* (Chicago: University of Chicago Press, 1990).

[33] Herbert Simon, "Human Nature and Politics: The Dialogue of Psychology with Political Science," *American Political Science Review* 79 (1985): 293-304; March and Olsen, "The New Institutionalism," James March, "Theories of Choice and Making Decisions," *Society* 20 (Nov.—Dec. 1982): 29-39.

[34] Paul DiMaggio and Walter Powell "Introduction," in Powell and DiMaggio, eds., *The New Institutionalism in Organizational Analysis* (Chicago: University of Chicago Press, 1991), p. 9.

[35] 理性选择理论学者不会否认这种遵循规则的行为，但他们会尝试将其解释为一种理性的反应，例如复杂的情况或信息收集的高成本。

[36] 例如，参见 Sven Steinmo, "Political Institutions and Tax Policy in the United States, Sweden, and Britain," *World Politics* 41, no. 4 (July 1989): 502.

[37] 我们感谢加勒特的这一观点。

[38] 在本书中，霍尔（第四章）和韦尔（第七章）明确探讨了制度的这种更深层次的影响。其他历史制度主义学者，如这里提到的伊默古特，在制度如何塑造偏好的问题上陷入了不可知论。因此，她的分析在某些方面比本书中的其他分析更符合理性选择的观点。伊默古特在第三章中简要回答了这个问题。

[39] Thorstein Veblen, *The Place of Science in Modern Civilization and Other Essays* (New York: Russell and Russell, 1961). 波兰尼的 *The Great Transformation* 是另一个例子。波兰尼的书是关于市场经济（元）制度兴起的社会和政治后果。另参见 C. E. Ayers, *The Theory of Economic Progress* (New York: Schocken Books, 1962). 有关经济制度主义学派及其历史观的最新说明，参见 Edyth Miller, "Institutional Economics: Philosophy, Methodology, and Theory," *Social Sciences Journal* 15, no. 1, (Jan. 1978): 13-25.

[40] Roger Friedland and Robert Alford, "Bringing Society Back In: Symbols, Practices, and Institutional Contradictions" in Powell and DiMaggio, *New Institutionalism*, p. 232.

[41] 这是一篇关于历史制度主义者和理性选择制度主义者在偏好上的差异的有趣文章，参见 John Ferejohn, "Rationality and Interpretation: Parliamentary Elections in Early Stuart England," unpublished manuscript, Stanford University, Jan. 1990.

[42] 参见 Geoffrey Garrett and Barry Weingast, "Ideas, Interests, and Institutions: Constructing the EC's Internal Market," paper presented at the American Political Science Association Meeting, Aug. 28—Sept. 1, 1991, esp. pp. 2—3. 并且短期利益和长期利益也是有区别的。

[43] 我们对卡岑斯坦的这一观点表示感谢。

[44] Hall, *Governing the Economy*, p. 19.

[45] 参见威廉姆森的作品和诺思早期的作品。一些理性选择理论学者也对这一版本的交易成本理论持批评态度。

[46] 这种制度效率观也无法解释明显功能失调或效率低下的制度的持续存在。参见诺思的文章,*Institutions*,*Institutional Change*,p. 7。

[47] Katzenstein,*Between Power and Plenty*。

[48] Hall,*Governing the Economy*。

[49] 与加勒特、霍尔、科利的讨论有助于强化这里提出的论点。"通用工具包""演绎逻辑系统"分别是加勒特、科利提出的术语。

[50] Ikenberry,"Conclusion," p. 242.

[51] Steinmo,"Political Institutions and Tax Policy," pp. 500-35.

[52] 对这些问题更细致的解答可参见 Sven Steinmo,*Taxation and Democracy:Swedish,British and American Approaches to Financing the Welfare State*(New Haven, Conn.:Yale University Press, forthcoming 1993)。

[53] Stephen D. Krasner,"Approaches to the State:Alternative Conceptions and Historical Dynamics,"*Comparative Politics* 16, no. 2(Jan. 1984):223-46. Krasner borrows this model from the evolutionary biologists Stephen Jay Gould and Niles Eldredge.

[54] Ikenberry,"Conclusions," pp. 223-5 and 233-5;Samuel Huntington's *American Politics:The Promise of Disharmony*(Cambridge, Mass.:Harvard University Press, 1981),似乎也与此兼容。

[55] 此外,间断均衡模型倾向于低估在制度稳定时期对制度分析至关重要的连续性。正如斯考切波所指出的,制度可能会在国家或国际危机中崩溃,但它们绝不是完全从零开始构建的。后继制度带有其前身的印记,部分原因是它们是从旧的碎片中重组而来的。这本质上是肖恩菲尔德的观点,他描述了二战后,在二战中遭到破坏的德国的政治经济制度(例如,银行与行业的联系),是如何以反映战前制度的方式重建的。

[56] 我们将这一观点归功于哈塔姆,她在本书第六章中为这种变迁的来源提供了一个很好的例子。另见本章后文对她文章的讨论。

[57] 随着法院获得新的突出地位,学术界对这一制度重新产生了兴趣,例如它的活动及其合法性来源。关于后者,参见 Garrett and Weingast,"Ideas, Interests, and Institutions"。

[58] 参见 Nelson Lichtenstein,"The Union's Early Days:Shop Stewards

and Seniority Rights," in Mike Parker and Jane Slaughter, eds., *Choosing Sides: Unions and the Team Concept* (Boston: South End Books, 1988). Desmond King and Bo Rothstein demonstrate a similar analytical point in their analysis of labor market policies. See Desmond S. King and Bo Rothstein, "Institutional Choice and Labour Market Policy: A British-Swedish Comparison," *Comparative Political Studies* (forthcoming).

[59] 在多种文献中可特别参见 Michael Piore and Charles Sabel, *The Second Industrial Divide* (New York: Basic Books, 1984).

[60] Kathleen Thelen, *Union of Parts: Labor Politicsin Postwar Germany* (Ithaca, N. Y.: Cornell University Press, 1991).

[61] 这一普遍观点隐含在一些历史制度主义者的研究中（例如斯科罗内克），而在其他人的研究中则相当明确。

[62] March and Olsen, *Rediscovering Institutions*, pp. 65-6.

[63] Adam Przeworski and Henry Teune, *The Logic of Comparative Social Inquiry* (New York: John Wiley and Sons, 1970), p. 4.

[64] Gabriel Almond and Stephen Genco, "Clouds, Clocks, and the Study of Politics," *World Politics* 29, no. 4 (1977): 493.

[65] Ibid., p. 493.

第二章 劳动力市场制度与工人阶级的力量

博·罗思坦（Bo Rothstein）

本章的中心问题很简单但很重要：为什么一些国家的工人阶级比其他国家的工人阶级更有组织力。第二次世界大战以来，这种差异在西方资本主义国家中表现得越来越明显（von Beyme 1980；Wallerstein 1989）。最新数据显示，这些国家的工会化率从法国的低于15%到瑞典的86%不等（见表2-1）。在西方工业化国家中，几乎没有任何其他类似的政治变量有如此之大的差异。我将工会化程度等同于工人阶级的力量。当然，工人阶级的力量还取决于其他变量，例如政党组织和文化同质性。但根据马克思主义理论，工会可以被视为工人阶级的主要组织形式，因此也可以被视作包括政治和文化组织在内的工人阶级其他力量的基础（Olofsson 1979；Offe and Wiesenthal 1980）。[1]

本研究是瑞典中央银行成立300周年基金（Swedish Central Bank's Tercentenary Fund）资助的"利益组织与公共利益"研究项目的成果。我要感谢朗斯特雷思、蓬图松、斯考切波、乌拉·阿内尔-古斯塔夫森（Ulla Arnell-Gustafsson）、斯蒂芬·比约克伦德（Stefan Björklund）、查尔斯·诺布尔（Charles Noble）、迈克尔·沃勒斯坦（Michael Wallerstein）对本研究早期版本提出的宝贵意见。我还要感谢帮助计算统计数据的安德斯·韦斯特霍尔姆（Anders Westholm）和检校文字的彼得·迈耶斯（Peter Mayers）。

结构化的政治：比较分析中的历史制度主义

表2-1 工会密度、潜在工会成员、左翼政党参与政府的指数和公共失业保险体系

国家	工会密度（%）	潜在工会成员（千人）	左翼政党参与政府的指数	根特体系
瑞典	86	3 931	111.84	是
丹麦	83	2 225	90.24	是
芬兰	80	2 034	59.33	是
冰岛	74	81	17.25	是
比利时	74	3 348	43.25	是[a]
爱尔兰	68	886	0.00	否
挪威	58	1 657	83.08	否
奥地利	57	2 469	48.67	否
澳大利亚	51	5 436	33.75	否
英国	43	25 757	43.67	否
加拿大	38	10 516	0.00	否
意大利	36	15 819	0.00	否
瑞士	34	2 460	11.87	否
联邦德国	31	23 003	35.33	否
荷兰	29	4 509	31.50	否
日本	28	39 903	1.92	否
美国	18	92 899	0.00	否
法国	15	18 846	8.67	否

a 比利时有一个混合的强制保险体系，但工会参与管理（Flora 1987：776）。

资料来源：工会密度的定义参见 Kjellberg 1983，采用了1985年或1986年的数据，来自 Kjellberg 1988，但澳大利亚、冰岛、爱尔兰的数据取自 Wallerstein 1989，分别为1979年、1975年和1978年的数据。公共失业保险体系的资料来自 Flora 1987 和 Kjellberg 1983，澳大利亚（Castles 1985：ch 3）和冰岛（Nordiska Rådets Utredningar 1984：10：220）除外。潜在工会成员的数据参见 Wallerstein 1989。衡量标准是工薪阶层人数与失业人数的总和。左翼政党参与政府的指数数据来自 Wilensky 1981（引自 Wallerstein 1989）。该指数包括1919年至1979年除意大利社会党和社会民主党之外的所有共产党、社会党、社会民主党和工党。新西兰被排除在外，是因为它具有强制性的工会成员（Davidson 1989：ch 6），而以色列被排除在外，则是因为其主要工会也是该国最大的企业。

工人阶级组织力量水平的重要性尤其来源于工会力量与福利国家

政策发展之间已建立的正相关关系。可以说，除了少数个例外，工人阶级的组织越强大，福利国家就越发达（Korpi 1983；Shalev 1983a，b；Amenta and Skocpol 1986；Noble 1988）。但是，至关重要的是，这种相关性本身并没有表明社会政策与工人阶级形成之间的因果关系是如何运作的。也就是说，它没有揭示这两个变量中的哪一个解释了另一个，或者它们以什么方式相互联系（Esping-Andersen 1985；Przeworski 1985；Skocpol 1988）。

如何解释工人加入工会意愿的巨大差异？如果将其解释为生产力发展的差异。但这明显无法解释为何瑞典工人的组织性几乎是法国工人的6倍。即使瑞典是一个科技非常发达的国家，但法国、日本和美国也没有落后那么多。试图将政治因素还原为经济发展水平的马克思主义理论的传统解释显然无法说明这一问题（von Beyme 1980：73-84）。工业化的时间和速度，即工人阶级的形成本身，也不能解释工会化的差异。提出的文化因素或社会规范等变量似乎也不那么令人信服（Elster 1989）。如果工会成员身份反映了包含工人团结在内的规范，那么我们仍然需要知道为什么一些工人阶级比其他工人阶级更倾向于接受集体行动的规范。不需要更深入分析就可以发现，在文化和社会方面相当相似的两个国家如比利时和荷兰，在工会化程度上却存在显著差异（分别为74％、29％）。瑞典和挪威等非常相似的国家尽管工会化差异程度较低（分别为86％、58％），但也存在类似情况。显然，必须在社会经济结构和社会规范*之间*寻找某种（些）自变量。

首先，本章从理论上探讨可以用来解释西方资本主义国家工会化程度，即工人阶级的力量差异的各种变量。其次，对这些变量进行了比较定量描述和统计分析。接着，为了阐明统计分析的因果逻辑，本章提出了一个简短的历史比较概述。最后，本章对瑞典的案例进行了更详细的分析。

一、制度因素与工人阶级的组织力量

这里的理论出发点是，工会化的差异在很大程度上可以由国家政

结构化的政治：比较分析中的历史制度主义

治制度的历史差异来解释。主张政治制度很重要当然不是新鲜事；事实上，从亚里士多德（Aristotle）到托克维尔（Tocqueville）及之后的政治学，政治制度是一个常见的研究主题（参见 March and Olsen 1984；Steinmo 1989）。然而，所谓的"新制度主义"有一个新颖的见解，即将政治制度视为解释政治行为与社会变迁的重要的自变量（Douglas 1987；第一章）。与社会和经济结构（例如生产力）不同，政治制度是由之前理性的、目标导向的政治能动者有意创造的实体（Levi 1990；Tsebelis 1990：9-11，96f）。虽然政治制度可以被理解为对追求目标的能动者的限制和授权（Giddens 1979），但由于它们普遍的"黏性"，政治制度也可以被视为政治与行政*结构*（Shepsle 1989）。这就将我们带入社会科学和历史学的一个基本问题，即能动与结构何者是导致社会变迁的首要因素（Mouzelis 1988；Cerny 1990）。如果制度对一些能动者的行为设置限制，并使其他能动者能够做他们原本无法做的事情，那么我们需要知道这些制度是在什么情况下创建的。因为如果政治能动者可以设计或构建制度，那么他们可能会在未来的政治斗争中建立优势（Knight 1988：25；Levi 1990）。

如果能从经验上识别历史上的制度创造时刻，那么我们就能更容易理解社会科学中的能动-结构、微观-宏观问题。因此，对创建与破坏政治制度的分析可以连接"创造历史的人"和使他们能够这样做的"环境"。因此，本章的理论目标并不局限于说明制度塑造政治行为的重要性，而是表明在历史的某些*形成时刻*，创建这些制度是为了确保能动者（或能动者想要追求的利益）在未来的权力博弈中占据优势。我同意泽比利斯的论点（Tsebtlis 1990：96-100），即制度的选择就相当于政策的选择。然而，我不像他或其他理性选择理论学者那样，相信他们的路径可以用来解释为什么一些行动者比其他人更适合选择最大程度实现其未来目标的制度，或者为什么一些行动者的目标不同于其他行动者。

本章不是唯一指出公共政策或制度与工人阶级形成（或变形）之间关系的文献（参见 Esping-Andersen 1985；Korpi 1985：38；Przeworski 1985；Skocpol 1988）。然而，在将公共政策和制度与阶级形成联系起来的文献中，有两个问题没有得到解决。第一，由于政治制度和公共政策的数量非常多，人们需要某种理论来区分那些在影响工人阶级形成方面更具决定性的政治制度。笼统地指向公共政策或政府制度用处不大。换句话说，我们需要一个理论来解释为什么某些博弈（或其结构）比其他博弈更重要。第二，需要确切地说明这些政府制度运作的差异如何影响工人参与集体行动的倾向。这里的"确切地"是指，在决定如何行动时，必须具体说明政府制度的运作逻辑如何改变能动者的理性（或偏好的顺序）。因此，这是对制度或结构分析的"微观基础"的*方法论*要求，但没有任何对方法论个人主义的硬性*理论*限制（Callinicos 1989）。这种路径可能会缩短制度分析中理性选择和历史路径之间的差距（参见第一章）。

为了回答哪些政治制度是重要的这一问题，我将论证一个社会阶级的组织力量是基于它在*生产关系*中的地位。然而，生产关系不应仅仅被视为生产力的简单反映，而是具有自身的解释力（Callinicos 1989）。我的意思是，虽然在每一个资本主义社会中，生产关系都涉及资本家和雇佣工人进行的特殊的不平等的经济交换，但这并不是故事的全部。因为在生产力发展大致相同的阶段，不同的资本主义社会中工人和资本家在生产关系中的权力差别很大（Korpi 1983；Wright 1985：123f）。在一些资本主义民主国家，工人能够在很大程度上组织起来，从而可以在比其他同类国家更激烈和更平等的水平上对抗资本家。

从逻辑上讲，如果我们从马克思主义的观点来解释这些差异，就应该把注意力集中在*直接影响生产关系的政治制度*上。通俗地说，这意味着广义上的劳动力市场制度或政策，包括管理劳工组织和采取集体行动反对资本家的权利的规则、失业政策、培训项目等。这个观点认为，劳动力市场制度是解释工人阶级组织力量的最重要的博弈规则。这同样涉及将马克思主义社会分析的重点从经济领域转移到政治与组织领域，意味着我们应该关注有组织的阶级利益在塑造和创建劳动力市场的政治制度时如何投入权力资源（Korpi 1983：19）。这种理性选择的变体涉及将制度仅仅看作进化过程的结果而不是有意的创造。我遵循尼科斯·穆泽利斯（Nicos Mouzelis 1984、1988）的观点，主张政治制度可以像经济结构一样限制能动者，例如官僚机构、军队和复杂的法律法规。

二、解释工会化

根据曼瑟·奥尔森（Mancur Olson 1965）的观点，如果出于个人理性行事，工人不会加入工会，因为工会提供的福利是集体物品。理性行事的工人会选择成为"搭便车者"（free-rider），也就是从组织中获取利益而不为再生产它做出贡献。奥尔森解释说，工人们在历史上曾加入工会，有时甚至是极大规模的，这是由于工会能够创造出*选择性的激励制度*，且这些激励制度超出了他们进行集体谈判的主要目的。如果奥尔森的理论是正确的，那么我们需要知道两件事。第一，为什么一些国家的工会在创造这些选择性的激励制度方面比其他国家更成功？由于类似国家之间的工会化程度差异很大，似乎必须在全国范围内建立这种选择性的激励机制。第二，如果创造这种激励制度符合他们的理性利益，并且理性选择理论是解释政治行为所需要的全部，那么为什么有些工人阶级比其他工人阶级更理性？

奥尔森关于集体行动的著名理论遭到了许多反对，但公平地讲，它仍然是解释集体行动问题的核心。然而，对奥尔森理论的一个有力的批评是，他忽视了劳动力作为商品的独特性，即劳动力与其个体承担者密不可分。因此，与资本家组织不同，工会有充分的理由考虑其成员的个人福祉（Offe and Wiesenthal 1980）。因此，当劳动力市场上不再需要单个工人的劳动力时，如果工会简单地放弃他或她，工会就会为此付出代价。这是因为工会拥有的主要权力资源是他们对劳动力供应的控制。如果工会在劳动力需求下降时放弃工人，当下被剥夺生存手段的工人将有可能开始压低工会设定的劳动力价格。这将导致资本家能够以低于工会决定的价格获得劳动力，也就是说，工会不再控制劳动力的供应。对工会力量或工人阶级动员来说，这是最大的威胁（Unga 1976；Åmark 1986；Wallerstein 1989：484f）。

如果上述推理是正确的，那么寻求重要制度的焦点应该指向影响工会保持其对劳动力供应控制前景的政府制度和政策。这可以通过多种方式完成，例如通过"闭门经营"，但最常见的一种方式是公共失业保险体系的制度化。公共失业保险是政府通过支持目前没有需求的那部分劳动力来直接干预劳动力市场的方式。在这个问题上，失业保险比疾病、残疾和养老保险等其他政府社会政策更重要，因为在后三种情况下，工人通常都不可能开始压低工资。因此，与失业政策和生产关系中的权力状况之间的直接联系相反，一般来说，社会政策对生产关系只有间接影响（如果有的话）（参见 Przeworski 1985）。

迄今为止，许多劳资关系分析者都试图解释工会化的变化（von Beyme 1980；Kjellberg 1983）。虽然看起来很奇怪，但政府劳动力市场制度的差异通常没有被考虑在内。最近的研究表明，无论是传统的商业周期理论，还是基于对国际贸易的依赖性差异理论，都无法解释工会化的变化（Wallerstein 1989）。相反，据报道，一个结构性因素，即全国劳动力规模，与工会化程度密切相关，但呈负相关。这背后的论点是，潜在可招聘的工薪阶层的人数越多，招聘过程就越困难和昂贵（Wallerstein 1989）。

然而，将这种相关性作为一种解释存在一些问题。一是招募成员的不是全国性的中央工会组织（如果存在的话），而是地方工会，或多或少是分支性质的工会。因此，为什么招聘成本会随着*国家*劳动力规模的扩大而增加还不清楚。二是为什么组织工人方面不会有边际成本递减。规模当然具有统计学意义，但是，正如后面将谈到的那样，有些国家在劳动力市场上的工薪阶层数量几乎相同，但工会化程度却存在很大的差异（例如比利时和荷兰）。显而易见的结论是，无论劳动力的规模多么重要，其都可以作为一个组织问题被一些工人阶级克服。

研究表明，政府的政治色彩在解释国家工会化程度的差异方面是重要的（Kjellberg 1983；Wallerstein 1989）。左翼政党执政的次数越多、时间越长，工会化程度就越高。这种解释的问题在于，不清楚这两个变量中的哪一个解释了另一个。让大量工人加入工会显然是工党在全国选举竞争中的重要资源，并且一旦执政，工党就可以推出促进工会化的劳动力市场法。但也有人可能会说，工会力量有时不利于工党政府的稳定，就像英国1978年至1979年的"不满之冬"（winter of discontent）。

然而，承认工会化程度与左翼政府之间的辩证关系是合理的。例如，斯考切波反对工人阶级力量与左翼政府或社会政策发展之间存在任何单维因果关系。相反，她认为20世纪30年代某些欧洲国家（例如瑞典）推出的社会政策进一步增强了工人阶级的力量，并且这两个变量之间的因果关系应被理解为一个持续的"正循环"（Skocpol 1988：9；compare Weir and Skocpol 1985）。但即使我们接受这两个变量相互依赖的假设，也需要知道这种关系是如何运作的；也就是说，相关研究需要一个微观基础，了解左翼政府究竟是如何促进工会化的。例如，政府劳动力市场制度可以通过哪些方式改变工人加入工会的偏好？有人认为，与其他国家相比，美国的劳动力市场立法给工会组织劳动力的努力带来了相对较高的成本（Goldfleld 1987）。另一个例子是联邦德国，最高法院排除了联邦议院通过任何因工人是工会成员而给予他们特权的法律的可能性（Streeck 1981）。另一个例子当然是英国工会在20世纪80年代的命运。

而在瑞典，几乎所有与工薪阶层在生产关系中地位有关的法律权利（而且他们很多）都是以工会成员的身份给予他们的，也就是说，是给予工会的（Schmidt 1977）。我认为，虽然选择是否加入工会是一种自由选择，但这一决定的合理性会受到政府劳动力市场制度运作的严重影响。如果是这样的话，那么我们不能仅仅通过使用某种理性选择或博弈论的路径来理解工会化的国家差异，因为我们需要知道偏好最初是如何建立的，以及集体行动的博弈是以什么方式和由谁构建的。在我们了解了这一切后，理性选择和博弈论才可以作为一种分析工具来解释结果（Berger and Offe 1982；Grafstein 1988；compare Bianco and Bates 1990；Tsebelis 1990)。

沃尔特·科尔皮（Walter Korpi）认为，瑞典的高度工会化不应归因于该国发展了某种形式的、本质上迫使工薪阶层加入工会的社团主义政治制度，而是源于工人在集体行动中的自身利益（Korpi 1983：7-25)。但是，为什么资本主义国家的工人在通过集体行动促进自身利益方面会有如此不同的利益呢？显然，如果不讨论是什么原因导致工人对是否加入工会的偏好差异，这个问题就无法解决。这就是制度主义者分析的切入点，因为与理性选择和博弈论相反，制度在很大程度上解释了偏好的形成、偏好的排序以及参与者的数量和资源（March and Olsen 1984：739；Douglass 1987)。我认为，工会化程度的差异很大程度上是因为国家公共失业体系运作逻辑的不同。

三、比较公共失业体系

第二次世界大战前，所有主要的西方工业化国家都引入了某种形式的公共或公共支持的失业保险体系。这些体系采取了两种不同的制度形式：一种是作为由政府机构管理的强制性体系，一种是作为由工会或工会主导的基金管理的自愿但公共支持的体系。后一种体系也被称为根特体系，以1901年建立该体系的比利时小镇命名。

为了理解这两种体系在操作逻辑上的差异，有必要简要考察针对失业情况的保险的*管理模式*。设计失业体系的主要问题之一是如何确定应该有权获得支持的那部分非工作人口。这不能简单通过精确规定例如关于养老金或子女津贴的法律规则来实现。第一，没有劳动力的人必须排除在外。确定一个人是否真的是劳动力市场供给的一部分总是很困难的。第二，工人不仅仅是一般意义上的失业者，他们是无法在特定地点和时间、特定行业内和特定薪酬水平内找到工作的*个体*。因此，经常出现的情况是，失业工人如果愿意搬迁，从事行业外的工作，或低于他或她水平的工作，或接受一份报酬较低的工作，就可以找到工作。因此，实施失业保险体系的首要问题是决定失业工人在不失去保险福利的情况下不能拒绝什么样的工作。在有关失业保险的文献中，这被称为定义"合适的工作"（the suitable job）问题（Lester 1965；Erici and Roth 1981）。与资本的情况相反，不存在一般意义上的劳动力，因为每一单位劳动力实际上都与具有独特特征的个体有物理联系（Rothstein 1990）。

这意味着必须为每一个寻求保险体系支持的人决定什么是合适的工作。这只能通过给予管理该体系所必需的"街头官僚"（street-level bureaucrats）以相当大的自由裁量权来实现（参见 Lipsky 1980）。不难想象，这些问题非常微妙，谁有权决定这些问题对工会和工人来说都是至关重要的。一方面，失业工人不希望被迫接受一份他或她出于某种原因认为不合适的工作。这当然不一定是因为懒惰。事实上，社会利益和个人利益都可能要求失业工人拒绝接受任何可以立即找到的工作，例如，如果这会对他或她的技能造成严重损害或造成巨大的社会成本（例如需要搬家）。因此，从社会和个人的角度来看，等待一份合适的工作而不是接受任何可得到的工作，在很多情况下都是完全合理的。另一方面，如果有合适的工作，失业工人应该离开救济队列并接受它们。

从工会的角度来看，关键任务是确保工人不会被迫接受低于工会设定工资水平的工作，因为这样工会就会失去对劳动力供应的控制（Unga 1976）。当工会在 19 世纪开始建立自己的失业基金时，救济金主要被视为防止失业工人压低工会工资的一种方式，而解除危难则排在第二位（Harris 1972：297；Edebalk 1975）。

鉴于我们对制度性权力的关注，最重要的问题是：谁应该拥有决定一般情况与个别情况下的合适工作的权力？工会运动仅影响管理计划的一般规则的制定显然是不够的，因为关键问题必须在将规则应用于每个特定案例的过程中解决（参见 Lipsky 1980）。

在根特体系的案例中，失业保险由工会或工会运营的失业基金管理；因此，工会官员在实施失业体系方面拥有制度性权力。通常，这种保险与工会会员身份挂钩，也就是说，所有工会会员都必须是保险体系的成员，但从法律上讲，即便不是工会会员也有可能成为保险体系的成员。在强制性制度中，通常是政府官员拥有上述制度性权力，工会成员身份与失业保险权利无关。

其他人则强烈主张，为了增强工人阶级的政治实力，公共政策应该提供普遍的权利，避免基于"自救"原则的个人经济状况调查和自愿保险体系（Esping-Andersen and Korpi 1984；Esping-Andersen 1985：33）。然而，根特失业保险体系显然基于这些原则。因此，我们应该预料到拥有根特体系的国家的工会化程度较低。但如表2-1所示，事实恰恰相反。

从表2-1可以看出，工会化率最高的5个国家都有相同的公共失业保险体系，即根特体系，而所有其他国家都有某种类型的强制性体系。因此，似乎有理由得出这样的结论，政府劳动力市场制度管理中的制度性权力在决定工会密度或工人阶级实力方面很重要。这是因为在根特体系下：（1）工会可能会使非工会成员难以获得保险；（2）工会控制或极大地影响合适工作的界定；（3）工会可以通过控制该体系，加强对劳动力供应的控制。表2-1还列出了左翼政党参与政府的指数和潜在工会成员的数量，因为如前所述，这两个变量与工会密度紧密相关（Wallerstein 1989）。为了比较这三个变量的相对强度，表2-2给出了一个多元回归分析。

表2-2 工会密度的跨国差异与失业保险体系、左翼政党政府和潜在工会成员（的自然对数）的函数

自变量	非标准化系数	标准化系数	标准误差
恒定	86.77	0.00	17.50
左翼政党政府	0.23	0.34	0.09
潜在工会成员	−5.80	−0.41	1.90
失业保险体系	20.29	0.38	8.60
案件数量：18 r^2 0.82			

注：数据来自表2-1。根特体系设置为1，非根特体系设置为0，但比利时除外，比利时设置为0.5，因为该国采用混合体系。结果在0.5水平上显著。

使用潜在工会成员的自然对数意味着百分比增加，而不是绝对增加，这对工会密度来说很重要。

表2-2显示，所有三个变量都具有大致相同的标准化规模的独立解释效果。它们共同解释了82%的工会密度差距。控制衡量左翼政党政府和劳动力规模的变量后，根特体系在工会密度方面产生了约20%的差异。[2]考虑到表2-1的"可视化"结果，可以说，没有根特体系，也可能出现相当强大的工会运动，但为了拥有真正强大的工会，这样的体系似乎是必要的。然而，必须记住的是，这种统计分析并不能帮助我们理解因果关系是如何运作的。很可能是已经非常强大的劳工运动引入了根特体系，而不是相反。为了把握这个问题，我们必须从静态比较转向历时性的比较分析。

四、历史比较

这里的第一个问题是，在设立失业保险体系时，工会力量和失业保险体系之间是否存在相关性。如果是的话，我们必须重新考虑制度性权力在政府劳动力市场管理中的重要性的假设。关于工会密度的历史数据不容易获得，即使获得，其可靠性也值得怀疑。在表2-2进行统计分析的18个国家中，一些国家的数据具有一定的可靠性，但不是所有年份都如此。例如，20世纪30年代被认为是关键的十年（Skocpol 1988），幸运的是这十年有准确的数据。同样幸运的是，关于不同失业保险体系何时出台的数据既可用又可靠。

表2-3中的数据显示，在20世纪30年代，工会力量和失业保险体系的类型之间没有显著的相关性。工会化程度最高的四个国家要么有强制保险，要么根本没有公共保险。实行强制保险的国家的平均工会密度（33%）略高于实行根特体系的国家（25%）。因此，似乎可以得出这样的结论，一般来说，已经极为强大的劳工运动并没有引入由工会控制的公共失业保险体系。此外，根特体系对工会密度的影响似乎被极大地延迟了。总之，问题在于谁引入了什么样的计划？不同的劳工运动是否具备使根特体系制度化所必需的政治力量和策略技巧？需要注意的是，众所周知，在建立任何形式的社会保险的背后，都存在难以分开的政治力量。例如，政府中的保守党可能会不情

愿地引入一项社会政策，以作为政治武器与反对党工党进行对抗。然而，工党政府似乎不太可能以这种方式屈服于对立的保守党或自由党施加的压力。因此，这里的问题所在是谁来承担政府责任。

表 2-3　20 世纪 30 年代部分国家的
工会密度、公共失业保险体系的类型和引入年份

国家	工会密度（%）	公共失业保险体系	引入年份
德国	48	强制	1927
澳大利亚	44	强制	1922[a]
瑞典	41	—	—
奥地利	38	强制	1920
丹麦	37	根特	1907
荷兰	30	根特	1916
比利时	28	根特	1901
英国	26	强制	1911
挪威	23	根特	1906
美国	11	强制[b]	1935
法国	9	根特	1905

a 昆士兰（Queensland）。b 10 个州的情况。
资料来源：工会密度的数据来自 Kjellberg 1983：36f；公共失业保险体系和引入年份的数据来自 Pettersen 1982：199。

鉴于前面提到的根特体系对工人阶级组织力量的积极影响的结果，表 2-4 中的结果令人惊讶。自由党政府似乎更喜欢自愿性体系，而工党政府除了一个例外，均引入了强制性体系。如何理解这个看似矛盾的结果？一种可能的解释是，个人责任和自助组织深深植根于自由主义意识形态，而社会保险作为公民权利的概念在社会主义意识形态中得到了有力支持。也许有时意识形态比策略计算更具有优先性（参见 Lewin 1988）。

表 2-4 执政党和不同公共失业保险体系的引入

体系类型	执政党		
	工党	自由党	保守党
强制	3（澳大利亚、新西兰、挪威）	2（意大利、英国）	3（比利时、法国、德国）
自愿	1（瑞典）	4（丹麦、法国、荷兰、瑞士）	2（比利时、法国）

资料来源：Alber 1984：170.

尽管本章没有详细描述这些国家为什么将它们采用的体系制度化，但涉及其中一些重要的细节。法国早在 1905 年就引入了根特体系，但工会领导人不愿与国家合作，导致保险体系实际上成为一纸空文。这可能是因为强大的工团主义和反国家主义对法国的劳工运动产生了影响。同样的事情发生在 1906 年引入根特体系的挪威，尽管挪威的劳工运动以左翼社会主义和共产主义为导向，而不是以工团主义为导向（Pettersen 1982；Alber 1984：153f）。在挪威，一些已经成立的工会管理的基金破产了，整个体系在 20 世纪 20 年代和 30 年代初信誉扫地，因为工会无法进行包括削减福利和提供工资在内的必要的经济监督。1938 年，工党政府与自由党和保守党合作引入了强制性体系。似乎没有关于这将对工会化产生何种影响的讨论（Pettersen 1982）。1949 年的荷兰和挪威一样，工党政府用强制性体系取代了自愿性体系（Alber 1984）。

而英国工会运动谴责强制性体系的引入，强调保险应由有组织的劳工管理并仅限于工会成员。然而，自由党政府于 1911 年引入的世界上第一个强制性体系否定了这一观点（Harris 1972：317f）。在贸易委员会（Board of Trade）主席的质询下，英国工会大会（Trade Unions Congress，TUC）的议会委员会辩称，如果失业保险不限于工会成员，"你将要养活那些从来没有也永远不会自立的人。他们目前寄生在他们更勤奋的同伴身上，并将首先利用该法案提供的资金"（引自 Harris 1972：317f）。

在丹麦，工会运动强烈支持根特体系，该体系由自由党政府于

1907年引入。自由党政府似乎只是错误地认为，失业基金将由自由互助会（liberal Friendly Societies）而不是社会主义工会（socialist unions）建立。尽管对失业保险体系的某些方面持批评态度，但丹麦工会还是很快建立了基金或将现有的工会基金纳入了该体系，由此建立了根特体系。后来，丹麦劳工运动努力维护这一体系，与他们更激进的挪威同伴形成了鲜明对比（Andersen et al. 1981）。因此，正如延斯·阿伯（Jens Alber）所证实的，工会最初对失业保险体系结构差异的反应差别很大（Alber 1984：154，对比 Harris 1972：299f）。一些劳工运动即使愿意也无法引入根特体系，而其他劳工运动则认为根特体系没有策略优势。

如表2-4所示，尽管如此，仍有一个国家的工党政府成功引入了根特体系：这就是1934年的瑞典。如果在设计政治制度的过程中存在策略行为这样的东西，那么瑞典值得仔细研究。

五、瑞典的案例

瑞典的工会化起步很晚但发展迅速。出于上述原因，即为了减弱失业工人对工会团结的影响，许多工会在19世纪末和20世纪初建立了自己的失业基金（Heclo 1974：68）。劳工运动对政府的首要要求之一是建立公共失业保险体系。与许多类似的国家尤其是丹麦和挪威相比，瑞典劳工运动在引入公共失业保险体系方面取得成功的时间相对较晚（1934；参见表2-3）。造成延迟主要有两个原因。一是从1918年开始，瑞典制定了一项独特的失业政策，其主要内容是组织救济工作而不是发放失业救济金。委婉地说，失业者通常会被送往条件非常艰苦的偏远救济工作营。二是瑞典的失业政策不是基于获得保险的权利来提供现金福利，而是经过一系列严格的个人经济状况调查后才予以批准。那些拒绝到救济工作营工作和得不到工会支持的人，只能忍受向贫民救济机构求助的屈辱。

这种体系的问题是，救济工作支付的工资远远低于工会标准。这意味着当地市政当局等主要雇主可以购买工会控制之外的劳动力。人们普遍认为，解决失业问题的唯一办法是降低工资水平，救济工作体系通过以低于工会的价格提供劳动力来明确促进这一点（Heclo 1974；Unga 1976）。这种工资紧缩政策自然导致了激烈的劳资纠纷。在两次世界大战期间，在议会中占多数的资产阶级政党支持这种紧缩政策；此外，他们决定，所有属于卷入劳资纠纷的行业工会的工人都应被切断任何帮助、救济工作或现金福利。在某些情况下，失业委员会甚至可以迫使失业工人充当罢工破坏者，否则他们将失去任何形式的援助。因此，这一失业政策成为工会控制劳动力供应的最大威胁。实际上，两届社会民主党少数派政府因无法获得议会多数支持以改变该体系，而选择了辞职（1923年和1926年）。可以说，这项政策及其实施是20世纪20年代工人运动和资产阶级政党之间争论最激烈的问题。资产阶级政党与雇主联合会一起，将失业政策的实施视为削弱劳工运动的主要武器，而对劳工运动来说，该政策及其实施被视为资本主义国家资产阶级特征的化身（Rothstein 1985a）。

因此，要求以失业保险体系取代当时建立的体系是20世纪20年代瑞典劳工运动的主要议题，但这一议题由于当时建立的救济工作政策及其引发的争议而陷入僵局。在1934年之前，至少有四个政府委员会为引入这一政策提出报告和详细计划，但由于保守党与农业党的强烈抵制，这些报告和计划从未实现立法（Heclo 1974：99-105；Edebalk 1975）。除了主张有必要降低工资水平外，两党还声称这种体系只会加强工会和社会民主党的组织力量。但因为两个自由党之一（禁酒党）普遍赞成引入公共失业保险，资产阶级阵线分裂了。

瑞典的辩论当然也考虑了前面讨论的失业保险的两种主要变体。1926—1928年和1930—1932年执政的自由党人发现自己陷入了困境。一方面，他们对引入强制性体系犹豫不决，因为他们认为费用太高、实施起来太复杂。另一方面，根特体系虽然没有这些缺点，但自由党意识到这样的制度会加强劳工运动，从而损害他们自己的政治利益。（工会在1909年的大罢工失败后，拥有失业基金的工会设法将成员人数保持在比没有失业基金的工会高得多的水平。因此根特体系对工会力量的影响在当时已经在瑞典得到了"证明";参见 Edebalk 1975。)他们反对根特体系的另一个论点是,工会管理的失业基金将与工会的罢工基金合并(Unga 1976:112)。

从一开始,社会民主党就赞成引入根特体系。但是,当救济工作体系和失业率上升的综合效应在20世纪20年代后期冲击工会时,它们开始向社会民主党施压,迫使其与自由党达成引入强制性或依附于工会的保险体系的协议。然而,自由党虽然在1930—1932年执政,但从未设法提出一项提议强制性体系的法案。一个原因是失业保险被认为只适用于"正常"失业时期,而20世纪30年代初期肯定不是这样的。另一个原因是,从经济危机期间英国和德国的强制性体系中吸取了教训(Heclo 1974:97)。

1932年选举胜利后,社会民主党组成了少数派政府。因此,为了引入失业保险,他们至少需要一个资产阶级政党的支持。自由党是唯一的希望,但他们更倾向于强制性体系而不是根特体系。然而,在1933年失败后,社会民主党通过与一部分自由党达成协议,于1934年引入了根特体系。为了达成这一协议,他们不得不牺牲最初提案中关于体系的规则和条例的重要部分。第一,工会失业基金必须获得国家社会事务委员会(National Board of Social Affairs)的许可与监督。第二,工会以外的工人也有权成为该基金的成员。第三,福利水平设定得相当低,并且关于资助资格的规则(例如,根据工作天数和个人成员的贡献来衡量)非常严格。第四,雇主没有义务为保险提供资金(Heclo 1974:102-5;Edelbalk 1975)。尽管做出了这些让步,但妥协意味着该计划的执行将由工会运营的基金管理,也就是说,工会职员被赋予决定合适工作这一重要问题的权力。此外,在实践中,虽然没有法律规定,但工人不用在受劳资冲突影响最为严重的工作场所工作,也不用接受低于工会标准的工资。总之,社会民主党在保险体系的内容(实际政策)方面做出了很大的妥协以便能够将保险体系制度化,从而极大地增强他们未来的组织实力。必须回答的问题是,这种策略是否是有意为之的,也就是说,这是否是政治史上深思熟虑且（似乎很少见的）成功的制度设计（Miller 1988；Tsebelis 1990）。

答案是肯定的，因为在这种情况下，我们可以确定该策略背后的具体政治行动者：社会民主党社会事务部部长莫勒。当1933年在议会谈到接受自由党的要求时，他宣称这些要求对他来说很难接受，但他还是会这样做，因为

> 我不想，如果我阻止它的话……，瑞典议会会让这种可能性溜走，我们也许已经从议程中取消了关于瑞典是否应该公开支持失业保险的原则之争。（Parliamentary Records, Second Chamber 1933—50：96，本章作者自译）

他承认即将推出的计划并不令人印象深刻，并且在帮助失业群众方面不会特别有效。但是，他认为如果原则得到确定，那么实质内容可以在以后改进（Parliamentary Records, First Chamber [PRFC] 1933—1947：47f）。值得一提的是，莫勒在1933年说过这句话，当时因为一些自由党人临阵退缩，该法案实际上被议会否决了。当法案在一年后被真正接受时，莫勒不得不向自由党做出更大的让步（Edebalk 1975）。在1934年的议会辩论中，莫勒公开辩称，与强制性体系相比，自愿性体系的优势之一是，它所支持的那部分工人只会"对保险体系表现出非常大的兴趣……并主动创建或加入失业保险基金"（PRFC 1934—1937：12，本章作者自译）。

早在1926年，在一本广泛传播的政治小册子中，莫勒就强调了根特体系对工会运动的重要性，并认为根特体系比强制性体系更可取。他并不否认这样一个体系会相当"有利于工会"，但根据莫勒的说法，国家原则上只支持那些关心自己和家人福祉的工人是没有错的。根据莫勒的说法，那些没有表现出这种兴趣——选择"搭便车"而不是加入工会运动——的工人如果可以得到任何帮助的话，只配被送去救济工作营（Möller 1926）。关键时刻似乎是1930年莫勒与工会大会执行委员会的一次会议，他说服工会领导人推动根特体系，尽管劳工运动受到高失业率带来的困扰，但应该推动根特体系，因为它"会迫使工人加入工会"（引自Unga 1976：118，本章作者自译）。

当时（1930年）社会民主党面临的问题是，自由党政府可能会向议会提出一项引入强制性体系的法案；因此，提出自愿性体系会使该党"看起来很荒谬"（Unga 1974：118）。出于战术原因（希望自由党政府不会采取行动），社会民主党在议会中要求引入任何类型的保险体系（Edebalk 1975）。但是在社会民主党于1932年组建政府并且莫勒成为社会事务部部长之后，他更喜欢哪种体系是毫无疑问的（Unga 1976）。值得一提的是，这既不是莫勒第一次也不是最后一次将策略性政治技巧与设计福利国家管理制度重要性的非凡意识相结合（Rothstein 1985b）。在这种情况下，为了促进它的（劳工运动的）长期利益，政策内容被换成了制度设计。

虽然这部分不应涉及相关的私人信息，但应该给出一些关于莫勒的细节。一个重要的事实是，莫勒不仅担任社会事务部部长，还在1916—1940年担任过党的秘书长。这个职位在瑞典社会民主党领导层中排名第二，对党组织负有特殊责任。不难想象，这个职位让莫勒对搭便车问题特别敏感。与同时期执政的大多数欧洲社会民主党往往让不太重要的人负责社会事务相比，莫勒的立场表明了当时瑞典政党对社会政策的重视（Therborn 1989）。此外，莫勒一直站在反对失业委员会及其政策对工会组织力量构成威胁的最前沿。

作为20世纪30年代帮助失业群众的一种手段，1934年建立的体系几乎完全失败了。但莫勒并不认为保险体系是危机期间解决失业问题的一种方法。为此，他依赖于1934—1939年实施的大规模创造就业计划（Heclo 1974：104；Rothstein 1986）。保险体系实施效果不佳的原因之一在于，实际上很少有工会根据该体系申请注册基金或建立新基金。20世纪30年代后期，这个问题经常在工会内部引起激烈的争论。一个例子是强大的金属工人工会，董事会的大多数成员主张接受这些条件并将工会基金纳入该体系（因为这样做在经济上是有利的）。然而，1936年和1939年的工会会议决定将这个问题付诸表决时，成员们都投票反对这项提案。由于怀疑工会与政府劳动力市场当局有联系，共产主义者和左翼社会主义者等成员提出了最有力的反驳观点（Erici and Roth 1981）。

莫勒 1934 年的预测，即保险体系中的实质性规则在未来可能会改变，在 1941 年得到了证实，当时议会一致通过了有利于工会的规则。从那时起，保险体系不断壮大；也就是说，工会开始在保险体系下申请注册基金或创建新基金。从那之后，相继改变的规则都有利于工会基金和失业者。以经济贡献为例：从最初的 50 比 50，变为自 20 世纪 70 年代以来由政府支付该体系的几乎所有成本（Erici and Roth 1981）。尽管自 20 世纪 60 年代中期以来，制度原则受到了资产阶级政党和雇主联合会的攻击，他们认为应该切断工会成员身份和保险体系之间的联系，但仍没有做出这样的制度变革（Lindkvist 1989）。虽然从法律上看，任何工薪阶层都可以成为保险基金的成员，但在实践中工会增加了困难（而且成本也更高）。1986 年，那些成功成为基金成员但不是工会成员的工薪阶层约占投保总人数的 0.6%（Statens offentliga Utredningar 1987：56）。

在 1976—1982 年执政期间，资产阶级政党未能成功改变该体系的原因之一在于，在瑞典不仅蓝领工会而且强大的白领工会都在该体系的实施中有力地捍卫工会的权力，因此，出于选举原因，资产阶级政党很难对抗这些工会的强烈要求（Hallgren 1986：131-58）。所以，像根特体系这样的制度在某种程度上可以被认为是自我强化的，因为它往往会强化那些对维护该制度有切实利益的力量。因此，尽管看起来很奇怪，但今天的瑞典是一个资产阶级政党和雇主组织强烈要求引入强制性失业保险体系的国家，甚至不惜以增加公共支出为代价，而劳工运动则成功地将其保持为自愿性体系（参见 Hallgren 1986）。

六、总结和结论

本章的理论目的是表明制度分析可以作为政治学中结构分析和能动导向分析之间的桥梁。自从奥尔森的开创性工作以来，理性选择理论学者和博弈论者一直试图探讨人们如何解决囚徒困境。乔纳森·本多尔（Jonathan Bendor）和迪利普·穆克吉（Dilip Mookherjee）不得不承认博弈论的方法既不能解释集体行动模式为何持续存在，也不能解释它们因何产生。他们指出，"合作的出现是一个难题，一个可能需要其他分析方法的难题"（Bendor and Mookherjee 1987：146）。显然，我同意这种观点。此外，博弈论者通常指出迭代（重复博弈）在解释集体行动中的重要作用。威廉·比安科（William Bianco）和贝茨也从博弈论的角度撰写文章，他们最近不但展示了迭代的影响有限，而且指出"领导者"在理性、利己的人群中发起集体行动的重要作用。在他们看来，领导者需要的是适当的策略和在追随者中的声誉。正如可以预料到的那样，我同意这种主张，但我想补充的是，为了找到实际的领导者并确定他或她在创建使集体行动成为可能的制度（解决囚徒困境）中使用的"激励和能力"，博弈论似乎价值有限（Bianco and Bates 1990：133）。这种方法的价值只有当我们能从一个更强大的理论那里得出关于为什么一些参与者、资源和制度比其他更重要的假设时才会显现出来。

  谈到制度分析时，我试图说明以下事情。第一，为了理解政治制度的重要性，仅靠制度理论是不够的。原因很简单，人们需要一种关于*什么样*的制度对*特定议题*很重要的理论。我在解释工人阶级组织力量时没有一概而论，而是表明马克思主义和制度理论是相辅相成的。前者用来识别重要的能动者和制度，而后者则用于解释它们如何以及为什么有所作为。第二，正如统计分析所揭示的，政府劳动力市场政策的制度化对解释西方工业化国家工人阶级组织力量的差异至关重要。第三，有组织的阶级权力不仅源于社会经济因素，还源于社会阶级有时能够投入政治制度的权力。因此，政府制度和阶级形成之间必定存在辩证关系。

  此外，我试图超越制度的重要性这一问题。制度即使对某些社会力量有利，但仍然存在意向性问题，即政治制度的*创建*是否应该被视为一种有意的行为，或者它是否是社会进化的结果。如果创建是有意的，那么问题就出现在制度运作的结果上，也就是说，结果是否符合创造者的预期。以我对政治史的了解，否定结果较为常见。举一个瑞典的例子，社会民主党在 1907 年努力保持"赢者通吃"的多数选举制度——如果成功的话，瑞典将创建一个类似托利党的政党（而不是三个不同且经常分裂的资产阶级政党）——导致社会民主党的长期执政变得非常不可能（参见 Pontusson 1988）。该党在 1906—1907 年幸运地被迫同意了保守党对比例代表制的要求（Lewin 1988：69-79）。

然而，这个案例揭示了两件事。首先，许多劳工运动似乎只是在决定争取什么样的失业保险体系时做出了错误的选择。因此，"设计社会结构"（Miller 1988），或者创建正确的"积极循环"（Skocpol 1988），或者在创建制度时成为理性的目标最大化者（Tsebelis 1990）似乎都不是那么简单。尤其是工会，似乎一直不知道什么样的失业保险体系对他们有利。瑞典的案例也是如此，当面临压力时，工会似乎愿意用长期的制度性权力换取短期利益。其次，当根特体系被引入时，他们犹豫是否要加入以加强该体系。在 1941 年之前，瑞典的根特体系非常薄弱，以至于很容易变成强制性体系。

瑞典的案例已经表明，根特体系的建立是经过深思熟虑的，并且取得了创建者（们）所期望的结果。政治制度当然是决定政治行为的因素，但不能将*政治人*视为完全由结构和制度所塑造。在一些历史案例中，尽管可能极为罕见，人们实际上创造了他们自己以及其他人未来行为将在其中发生的制度环境。因此，不仅可以把自己绑在桅杆上以避免被塞壬的歌声诱惑，有时还可以利用绳索来构建他人的未来选择（Elster 1979）。

【注释】

[1] 恩格斯在 1875 年 3 月给德国社会民主党领袖奥古斯特·倍倍尔的信中，批评哥达党的纲领没有适当注意工会是"无产阶级的真正的阶级组织"的事实（引自 Bottomore 1985：482）。

[2] 潜在工会成员的非标准化系数（-5.8）表明，潜在工会成员增加一倍将使工会密度降低 $\ln(2)(5.8)=(.69)<(5.8)\simeq 4.0$ 个百分点。左翼政党政府的

非标准化系数（0.23）表明，三年的社会民主党多数党政府（＝威伦斯基指数中的9个百分点）将使工会密度增加大约2个百分点（参见 Wallerstein 1989：492）。

【参考文献】

Alber, Jens. 1984. "Government Responses to the Challenge of Unemployment: The Development of Unemployment Insurance in Western Europe." In Peter Flora and Arnold J. Heidenheimer, eds. *The Development of Welfare States in Europe and America*. New Brunswick, N. J.: Transaction Books.

Åmark, Klas. 1986. *Facklig makt och fackligt medlemskap*. Lund: Arkiv.

Amenta, Edwin, and Theda Skocpol, 1986. "States and Social Policies." *Annual Review of Sociology* 12: 131-57.

Andersen, John, Per Jensen, Jorgen E. Larsen, and Carsten Schultz. 1981. "Klassekamp og reformisme." Unpublished paper, Department of Sociology, University of Copenhagen.

Bendor, Jonathan, and Dilip Mookherjee. 1987. "Institutional Structure and the Logic of Ongoing Collective Action." *American Journal of Political Science* 81: 129-54.

Berger, Johannes, and Claus Offe. 1982. "Functionalism vs Rational Choice." *Theory and Society* 11: 521-6.

Bianco, William T., and Robert H. Bates. 1990. "Cooperation by Design: Leadership, Structure and Collective Dilemmas." *American Political Science Review* 84: 133-47.

Bottomore, Tom, ed. 1985. *A Dictionary of Marxist Thought*. London: Macmillan.

Callinicos, Alex. 1989. *Making History. Agency, Structure and Change in Social Theory*. Oxford: Polity Press.

Castles, Francis. 1985. *The Working Class and Welfare*. Wellington: Allen and Unwin.

Cerny, Philip G. 1990. *The Changing Architecture of Modern Politics*. London: Sage.

Cohen, Gerald. 1978. *Karl Marx's Theory of History. A Defence*. Oxford:

Oxford University Press.

Davidson, Alexander. 1989. *Two Models of Welfare*. Stockholm: Almqvist and Wiksell International.

Douglas, Mary. 1987. *How Institutions Think*. London: Routledge and Kegan Paul.

Edebalk, Per-Gunnar. 1975. *Arbetslöshetsförsäkringsdebatten*. Lund: Department of Economic History.

Elster, Jon. 1979. *Ulysses and the Sirens*. Cambridge: Cambridge University Press.

———1985. *Making Sense of Marx*. Cambridge: Cambridge University Press.

———1989. *The Cement of Society*. Cambridge: Cambridge University Press.

Erici, Bernt, and Nils Roth. 1981. *Arbetslöshetsförsäkringen i Sverige 1935—1980*. Stockholm: Arbetslöshetskassornas samorganisation.

Esping-Andersen, Gosta. 1985. *Politics against Markets*. Princeton, N. J.: Princeton University Press.

Esping-Andersen, Gosta, and Walter Korpi. 1984. "Social Policy as Class Politics in Post-War Capitalism: Scandinavia, Austria and Germany." In John H. Goldthorpe, ed. *Order and Conflict in Contemporary Capitalism*. Oxford: Oxford University Press.

———1985. "From Poor Relief towards Institutional Welfare States: The Development of Scandinavian Social Policy." In Robert E. Eriksson, ed. *The Scandinavian Model: Welfare States and Welfare Research*. New York: M. E. Sharpe.

Flora, Peter, ed. 1987. *Growth to Limits. The Western European Welfare States Since World War II*. Vol 4. Berlin: de Gruyter.

Giddens, Anthony. 1979. *Central Problems in Social Theory*. London: Macmillan.

Goldfield, Michael. 1987. *The Decline of Organized Labor in the United States*. Chicago: University of Chicago Press.

Grafstein, Robert E. 1988. "The Problem of Institutional Constraint." *Journal of Politics* 50: 577-9.

Hallgren, Sive. 1986. *Från allmosa till rättighet*. Stockholm: Tidens forlag.

Harris, John. 1972. *Unemployment and Politics*. Oxford: Clarendon Press.

Heclo, Hugh. 1974. *Modern Social Policies in Britain and Sweden*. New Haven, Conn: Yale University Press.

Kjellberg, Anders. 1983. *Facklig organisering i tolv länder*. Lund: Arkiv.

――1988. "Sverige har fackligt varldsrekord." *LO-tidningen* 9: 10-11.

Knight, Jack. 1988. "Strategic Conflict and Institutional Change." Paper presented at the annual meeting of the American Political Science Association, Washington, D. C.

Korpi, Walter. 1983. *The Democratic Class Struggle*. London: Routledge and Kegan Paul.

――1985. "Power Resource Approach vs. Action and Conflict. On Causal and Intentional Explanation of Power." *Sociological Theory* 3: 31-45.

Lester, Richard. 1965. "Unemployment Insurance." In *International Encyclopedia of the Social Sciences*. London: Macmillan.

Levi, Margaret. 1990. "A Logic of Institutional Changes." In Karen Schweers Cook and Margaret Levi, eds. *The Limits of Rationality*, Chicago: University of Chicago Press.

Lewin, Leif. 1988. *Ideology and Strategy. A Century of Swedish Politics*. Cambridge: Cambridge University Press.

Lindkvist, Ann. 1989. "Fackföreningsrörelsen och arbetslöshetsförsäkringen." Working Paper, Department of Government, University of Uppsala.

Lipsky, Michael. 1980. *Street-level Bureaucracy*. Dilemmas of the Individual in Public Services. New York: Russell Sage Foundation.

March, James H., and Johan P. Olsen. 1984. "The New Institutionalism. Organizational Factors in Political Life." *American Political Science Review* 78: 734-49.

Miller, Trudi. 1988. "Designing Social Structures." Paper presented at the annual meeting of the American Political Science Association, Washington, D. C.

Möller, Gustav. 1926. *Arbetslöshetsförsäkringen jämte andra sociala försäkringar*. Stockholm: Tiden.

――1938. "The Swedish Unemployment Policy." *The Annals of the American Academy of Political and Social Sciences* 197.

Mouzelis, Nicos. 1984. "On the Crises of Marxist Theory." *British Journal of Sociology* 25: 112-21.

1988. "Marxism or Post-Marxism." *New Left Review* 167: 107-23.

Noble, Charles F. 1988. "State or Class? Notes on Two Recent Views of the Welfare State." Paper presented at the annual meeting of the American Political Science Association, Washington, D. C.

Nordiska Rådets Utredningar (Reports from the Nordic Council).

Offe, Claus, and Helmuth Wiesenthal. 1980. "Two Logics of Collective Action." In Maurice Zeitlin, ed. *Political Power and Social Theory*. Greenwich, Conn: JAI Press.

Olofsson, Gunnar. 1979. *Mellan klass och stat*. Lund: Arkiv.

Olson, Mancur. 1965. *The Logic of Collective Action: Public Goods and the Theory of Groups*. Cambridge, Mass.: Harvard University Press.

Parliamentary Records, First Chamber.

Parliamentary Records, Second Chamber.

Peretz, David. 1979. *The Governments and Politics of Israel*. Boulder, Colo. Westview Press.

Pettersen, Per A. 1982. *Linjer i norsk sosialpolitikk*. Oslo: Universitetsforlaget.

Pontusson, Jonas. 1988. "Swedish Social Democracy and British Labour. Essays on the Nature and Conditions of Social Democratic Hegemony." Western Societies Program Occasional Paper no 19. New York Center of International Studies, Cornell University, Ithaca, N. Y.

Przeworski, Adam. 1985. *Capitalism and Social Democracy*. Cambridge: Cambridge University Press.

Rothstein, Bo. 1985a. "The Success of the Swedish Labour Market Policy: The Organizational Connection to Policy." *European Journal of Political Research* 13: 153-65.

1985b. "Managing the Welfare State: Lessons from Gustav Möller." *Scandinavian Political Studies* 13: 151-70.

1986. *Den socialdemokratiska staten. Reformer och förvaltning inom svensk arbetsmarknads-och skolpolitik*. Lund: Arkiv.

1990. "State Capacity and Social Justice: The Labor Market Case." Paper presented at the meeting of the American Political Science Association, Aug. 28-

Sept. 2, 1990, San Francisco.

Schmidt, Folke. 1977. *Law and Industrial Relations in Sweden*. Stockholm: Almqvist and Wiksell International.

Shalev, Michael. 1983a. "Class Politics and the Western Welfare State." In S. E. Spiro and E. Yuchtman-Yaar, eds. *Evaluating the Welfare State*. New York: Academic Press.

——1983b. "The Social Democratic Model and Beyond. Two Generations of Comparative Research on the Welfare State." *Comparative Social Research* 6: 315-52.

Shepsle, Kenneth A. 1989. "Studying Institutions-Some Lessons from the Rational Choice Approach." *Journal of Theoretical Politics* 1: 131-47.

Skocpol, Theda. 1988. "Comparing National Systems of Social Provision: A Polity Centered Approach." Paper presented at the International Political Science Association meeting, Washington, D. C.

Statens Offentliga Utredningar (Government Public Commission).

Steinmo, Sven. 1989. "Political Institutions and Tax Policy in the United States, Sweden and Britain." *World Politics* 41: 500-35.

Streeck, Wolfgang. 1981. *Gewerkschaftliche Organisationsprobleme in der sozialstaatlichen Demokratie*. Königstein: Athenäum.

Therborn, Göran. 1989. "Arbetarrörelsen och välfärdsstaten." *Arkiv för studier i arbetarrörelsens historia*. 41-2: 3-51.

Tsebelis, George. 1990. *Nested Games. Rational Choice in Comparative Politics*. Berkeley: University of California Press.

Unga, Nils. 1976. *Socialdemokratin och arbetslöshetsfrǿgan 1912-34*. Lund: Arkiv.

von Beyme, Klaus. 1980. Challenge to Power. *Trade Unions and Industrial Relations in Capitalist Countries*. London: Sage.

Wallerstein, Michael. 1989. "Union Growth In Advanced Industrial Democracies." *American Political Science Review* 83: 481-501.

Weir, Margaret, and Theda Skocpol. 1985. "State Structures and the Possibilities for 'Keynesian' Responses to the Great Depression in Sweden, Britain, and the United States." In Peter B. Evans, Dietrich Rueschemeyer, and Theda Skocpol, eds. *Bringing the State Back In*. Cambridge: Cambridge University Press.

Wilensky, Harold L. 1981. "Leftism, Catholicism and Democratic Corporatism: The Role of Political Parties in Recent Welfare State Development." In Peter Flora and Arnold J. Heidenheimer, eds., *The Development of Welfare States in Europe and America*. New Brunswick, N. J.: Transactions Books.

Wright, Eric O. 1985. *Classes*. London: Verso.

第三章 博弈规则：法国、瑞士与瑞典的医疗政策制定逻辑

埃伦·M. 伊默古特（Ellen M. Immergut）

对于制度分析而言，解释变化是其核心问题。如果说制度被认为具有一种持久的力量，那么同样的制度如何既能解释稳定，又能解释变化？如果说制度限制了不同行动者可能采取的行动范围，那么为何他们有时可以摆脱这些限制？本章以国家医疗保险政策为例，说明制度如何既能解释政策的稳定，又能解释政策的变化。分析的关键在于打破"相关性"（correlational）思维。制度分析的优势在于说明为什么在不同的政治体系中，政策投入和政策产出会以不同的方式联系在一起，而不在于从政策投入（如不同社会群体的需求或过去的政策遗产）和政策产出（如具体的立法）之间的相关性来分析政策制定。

一、问题

国家医疗保险是进行制度比较的绝佳案例。几乎每个西欧国家的政府都考虑过国家医疗保险的提案，即通过强制性公共项目为公民提供医疗保险。尽管各国提出的医疗计划大同小异，但政策结果却各不

本章部分内容节选自"制度、否决点和政策结果：医疗保健的比较分析"一文［Institutions, Veto Points, and Policy Results: A Comparative Analysis of Health Care *Journal of Public Policy* 10, no. 4 (1990): 391-416］。感谢阿伯、阿什福德、霍尔、金、雷纳特·梅恩茨（Renate Mayntz）、弗里茨·沙普夫（Fritz Scharpf）、泽比利斯、斯坦莫、西伦等的有益评论。

相同。有关国家医疗保险的政治冲突导致政府在医疗服务提供中扮演的角色大相径庭。造成这些不同结果的原因并非不言自明的。不仅政策制定者们讨论的提案大同小异,而且处境相似的利益集团诠释他们利益的方式也差异不大。尤其是医生,他们历来将国家医疗保险项目视为对其职业独立性的威胁。因为这些公共项目不仅利用集体资源支付医疗服务费用从而扩大了医疗市场,也为政府监管医疗行业提供了经济激励。

政府一旦开始支付医疗服务费用,就不可避免地要采取措施控制这些服务的价格,进而控制医生的收入和活动。因此作为医疗服务的买方和卖方,国家医疗保险项目在政府和医生之间引起了内在的利益冲突;而这些项目威胁着医生的经济自主权。然而,尽管医学界被认为是不可逾越的政治否决集团,但一些欧洲国家的政府还是克服了医学界的反对,引入了国家医疗保险项目,并对医生的经济活动施加了实质性限制。与此相反,在其他国家,医学界的抗议阻挠了政府推行国家医疗保险和控制医生收费的努力。既然整个西欧的医疗协会合法拥有医疗垄断权,并具有高度政治影响力,那么如何解释西欧医疗政策的巨大差异呢?为什么有些国家的政府能够将医药"社会化"?

本章比较了法国、瑞士和瑞典的国家医疗保险政策。这三个国家的政客都提议推行国家医疗保险及控制医生收费。然而,从相似的起点出发,法国、瑞士和瑞典的医疗体系却因各自颁布的具体法案而朝不同的方向发展。瑞士否决了国家医疗保险,因此瑞士政府在医疗市场中的作用仅限于为私人保险提供补贴。相比之下,法国政府成功地引入了国家医疗保险,这是一项强制性的公共保险项目,覆盖了私人医生开展的治疗行为,并对医生的收费加以控制。走得最远的瑞典政府首先建立了国家医疗保险,然后将这一项目转变为事实上的国家健康服务,通过就职于公立医院的公职医生直接为公民提供医疗服务。作为这一系列政治冲突的政策结果的三种医疗体系,分别代表了政府干预医疗的两个极端和一个中心:瑞典的医疗体系可以说是欧洲社会化程度最高的医疗体系,瑞士的医疗体系是私有化程度最高的医疗体系，而法国的医疗体系则是两者之间充满冲突的妥协。因此，医生的经济自主权在瑞典受到的限制最大，而在瑞士受到的限制最小。

本章的其余部分认为，政策结果的差异无法通过政策制定者思想的差异、政治党派的差异或各种利益集团的偏好和组织的差异得到解释。相反，本章认为通过分析各国的政治制度可以更好地解释这些结果。这些制度为政客和利益集团设定了不同的博弈规则，以制定或阻止政策。制度设计的法律规则为政治权力向具体政策的转化提供了程序上的帮助和障碍。选举结果和政党制度所产生的事实规则改变了这些正式制度的实际运作方式。这些制度规则共同建立了独特的决策逻辑，为行政行为和利益集团的影响设定了参数。

二、替代性解释

对医疗政策的一个主要解释是"专业主导"理论。医生被认为能够通过垄断行医实践为医疗政策设定限制，并决定他们在政府医疗项目下的行医条件。医生是唯一有资格判断这些公共项目对医疗影响的专家。此外，这些项目还有赖于医生群体的合作，因为除非医生同意治疗这些项目所涵盖的病人，否则政府的医疗项目将毫无意义。作为最终的政治武器，医生（在理论上）能够通过号召罢诊阻止任何他们所反对的医疗政策提案。[1]

然而，医疗的主导地位并不能解释法国、瑞士和瑞典医学界影响立法决策能力的经验差异。正如下面的案例研究将证明的那样，第一个原因是医生们对国家医疗保险和医生收费限制有着几乎一致的意见：瑞士、法国和瑞典的医生都反对这些改革提案。更确切地说，每个国家的精英私人医生都认为，政府在医疗保险领域的扩张是对其经济自主权的威胁。这些医生认为经济自由是职业自由的前提。他们希望保持医生作为独立从业者的地位，避免在经济上完全依赖政府当局。然而，这些医生将自己的观点强加给政策制定者的能力却大相径庭。

第二个原因是这些医生所拥有的资源差异，也不能说明他们在阻止社会化医疗提案方面的成功程度。虽然瑞典、法国和瑞士的职业化进程各不相同，但到 20 世纪初，这三个国家的医疗行业都实现了对医疗业务的合法垄断。[2]事实上，瑞典和法国对医生人数的控制比瑞士更为严格。因此就市场稀缺性而言，瑞典医疗行业在三者中处于最有利位置，1959 年该国每 100 000 名居民拥有 89 名医生，而法国为 107 名，瑞士为 141 名（见表 3-1）。[3]然而尽管瑞典医生比例最低，但最具政策影响力的不是瑞典医生，而是瑞士医生。

表 3-1 市场稀缺、组织资源和医生的议会代表

年份	每 100 000 人的医生人数		
	瑞典	法国	瑞士
1958	89.2	106.7	140.6
1975	171.5	146.3	185.8
	医学协会的会员资格（%）		
1930	76	63	—
1970	92.2	60～65	97
	议会中的医生代表（%）		
1970	1	12.2	3

资料来源：

1. 医生人数。James Hogarth, *The Payment of the Physician. Some European Comparisons* (New York: Macmillan, Pergamon Press, 1963), pp. 60, 139, 281; R. J. Maxwell, *Health and Wealth. An International Study of Health Care Spending.* (Lexington, Mass.: Lexington Books, D. C. Heath and Company for Sandoz Institute for Health and Socio Economic Studies, 1981), pp. 148-9, 130-1, 151-2.

2. 会员资格。*Läkartidningen* (Journal of the Swedish Medical Association), April 19, 1930, p. 516; Swedish Medical Association membership figures; Jean Meynaud, *Les Groupes de Pression en France*. Cahiers de la Fondation Nationale des Sciences Politiques No. 95. (Paris: Librairie Armand Colin, 1958), p. 66; Jean-Claude Stephan, *Economie et Pouvoir Médical* (Paris: Economica, 1978), pp. 38-9; Gerhard Kocher, *Verbandseinfluss auf die Gesetzgebung. Aerzteverbindung, Krankenkassenverbände und die Teilrevision* 1964 *des Kranken- und Unfallversicherungsgesetzes*, 2d ed. (Bern: Francke Verlag, 1972), p. 25.

3. 议员。Swedish figures for 1960, Lars Sköld and Arne Halvarson, "Riksdagens Sociala Sammansättning under Hundra År," in *Samhälle och Riksdag. Del I.* (Stockholm: Almqvist and Wicksell, 1966), pp. 444, 465; Henry H. Kerr, *Parlement et Société en Suisse* (St. Saphorin: Editions Georgi, 1981), p. 280.

第三章 博弈规则：法国、瑞士与瑞典的医疗政策制定逻辑

从组织的角度看，法国医学界应该是最弱势的。最乐观的估计认为40%～60%的法国医生加入了医疗工会，而这一比例在瑞典和瑞士远超90%。此外，瑞典和瑞士的医生群体是由单一的医疗协会组织起来的，而法国医生则是由相互竞争的组织所代表的，这些组织之间存在着政治分歧。[4]然而，在政治领域最成功的不是法国医生，而是瑞典医生。就罢工而言，这些案例将证明医生协会在政治上的胜利从来与罢工无关。具有政治影响力的医生协会并不需要诉诸罢工。总之，医疗垄断、市场稀缺、罢工和组织力量无法解释各国医学界在抵御政府干预时捍卫自身经济自主性的能力差异。相反，政治制度设计带来的战略机遇，解释了医生在多大程度上可以否决拟议的医疗政策。[5]

对医疗政策的第二种可能的解释是对国家医疗保险项目的政治诉求，特别是工会和左翼政党的诉求。这些国家的工会化程度和社会主义政党获得的选票等存在差异，但此种差异与该国的政策结果或政治进程并不一致。如表3-2所示，瑞典工人和雇员的工会化程度高于法国和瑞士，瑞士工人的工会化程度也比法国工人高。然而，由于瑞士政治制度组织的相关原因，瑞士工会在要求医疗保险改革方面不如法国工会有效。因此，虽然工会化水平可以解释为什么瑞典政府在提供广泛的公共医疗项目方面可能面临更大压力，但却无法解释法国和瑞士之间的结果差异。此外，工会化因素并没有以符合"工人阶级权力"论题的方式进入有关国家医疗保险的政治竞争。三国政府似乎都急于推行国家医疗保险项目，这表明在三国，选举压力足以将相同的医疗政策提上政治议程。案例之间的差异不在于最初的医疗政策压力，而在于这些压力在立法过程中如何对政客产生影响。

此外，政治党派性的解释更具说服力。社会党和共产党的总得票数确实同政策结果存在吻合之处。然而，来自实际政治辩论的证据却否定了这一假设。虽然议会选票和政治忠诚度构成了政治决策过程，但一个简单的党派模型并不能反映这些冲突的本质和实质。国家医疗保险政治无法归结为左翼政党与中右翼政党之间的对抗。瑞典社会民

主党并没有因为票数超过资产阶级政党而取得胜利。瑞典所有党派都同意国家医疗保险项目，而自由派在这方面迈出了最早的步伐。法国共产党人和社会党人没有联合起来反对戴高乐主义者和天主教左翼，其医疗保险项目是戴高乐通过行政命令强加的。瑞士社会民主党没有被激进民主党人和天主教保守党人击败；相反，由所有三个党派组成的国家医疗保险联盟在全民公投中被击败了。因此，各政党都对国家医疗保险项目感兴趣，一些最重要的倡议实际上来自非社会主义的党派。这三种政治体制所特有的制度动力，决定了行政机关能够在多大程度上引入拟议中的改革。这些制度机制而非左翼政党的得票数，为每个国家的政治可行性设定限度。

表3-2 工人阶级的力量（工会和左翼政党投票）

	工会成员在劳动力中所占百分比			全部工会在雇员协会中的密度（%）	左翼社会主义者（%）/共产主义者（%）	
	1939—1940	1950	1960	1960	1944	1959
瑞典	36	51	60	73	46.5/10.3	47.8/4.5
法国	17	22	11	19.8	23.8/26.1	15.7/19.2
瑞士	19	29	28	30.3	28.6/—	26.4/2.7

资料来源：

1. 工会成员。John D. Stephens, *The Transition from Capitalism to Socialism* (London: Macmillan, 1979), p. 115; Jelle Visser, "Dimensions of Union Growth in Postwar Western Europe," European University Institute Working Paper No. 89 (Badia Fiesolana, San Domenico (FI): European University Institute, 1984), pp. 29, 65, 77.

2. 左翼政党投票。Peter Flora et al., *State, Economy, and Society in Western Europe, 1815—1975. A Data Handbook in Two Volumes. Vol. 1. The Growth of Mass Democracies and Welfare States* (Frankfurt: Campus Verlag, 1983), pp. 115, 143, 147. Swedish figures from 1944 and 1960; French from 1945 and 1958; Swiss from 1943 and 1959.

制定社会项目的第三种政治路径侧重于国家。国家内部的行动者（如官僚）和政府机构本身都被认为可以左右政策冲突，以至于政策不再被视为不同社会群体需求的产物。这种观点从不同角度强调了公务员的作用、国家行政能力、政策遗产、国家结构，以及国家利益和政治合法性等更传统的国家问题。然而，这种方法如果以静态的方式应用就无法解释立法的变化。法国、瑞士和瑞典的医疗政策出发点相同，但在引入新法时却出现分歧。政策遗产或路径依赖无法解释此种差异。国家能力也无法解释医疗政策的结果。瑞士实行联邦制，但联邦制并不是国家医疗保险的障碍。法国实行中央集权制，但监管医疗行业多年来在政治上都是不可能的。此外，除非每次提出新政策时国家结构都会发生变化，否则无法清晰解释行政结构或国家能力对政策制定范围的限制为何时有时无。

这里阐述的制度分析强调了行政权力在政策制定中的重要性。推行国家医疗保险立法的动机确实与政治统治问题有关。但为理解促进或阻碍行政政府制定立法项目的因素，人们必须考虑政治制度如何调解具体的政治竞争。特定的政治制度与特定的政策结果之间没有直接联系，人们无法通过制度来预测政策结果。但是通过制定博弈规则，人们确实可以预测这些政策冲突将以何种方式发生。

三、博弈规则

为了解释利益集团获得有利政策结果的能力，以及政府制定立法项目的能力之间的差异，本章分析了政治决策的制度动力学。我从一种正式制度的视角出发，通过强调宪法规则和选举结果，来说明为什么政治决策在不同政体中遵循着各自所特有的模式。政治决策并不是在某一时刻做出的单一决定。相反，它们由处于不同制度位置的不同行动者做出的一系列决策构成。简单地说，制定一项法律需要在所有决策点连续获得赞成票。通过追踪这些决策点的正式结构以及研究这些决策点上决策者的政党忠诚度，即可了解决策过程的逻辑。

政治决策需要不同政治领域的代表在决策链条上的多个决策点达成一致。立法提案（如国家医疗保险提案）的命运取决于该链条上否决点的数量和位置。如果行政部门的政客们要推行一项新项目，就必须能够在这一链条上的所有决策点上都获得赞成票。与之相反，利益集团影响立法结果的能力取决于它们阻碍法律通过的能力，也就是说，取决于它们说服掌握关键选票的代表阻止立法的能力。然而，否决的概率并不随机。从不同领域的党派构成，以及将决策从一个领域转移到另一个领域的规则中，可以预测出否决的可能性。宪法条款规定了程序规则，确立了民选代表之间的权力划分，从而创造了否决点。正式规则，如行政权和立法权的分离或立法机构分为两院，决定了制定立法所需的决策点数量，因此也决定了潜在否决点的数量和位置。此外，否决机会受到选举结果和政党制度特点的影响，这些因素影响着党派代表在不同政治领域的分布；政治权力取决于选票，但选票是在组织清晰的政治体系中分配的。因此，政治体系的本质正在于政治制度将选票划分到不同辖区的方式，以及这些选票的党派分布。这些直接的政治和制度因素产生了复杂的决策逻辑，为政治领导人和利益集团提供了不同的机会和限制。

关于理性选择的文献为理解这些决策逻辑提供了一些重要启示。根据这些理论，多数裁定原则不足以达成政治协议。由于政治偏好的维度不同，支持某一政策提案的多数票总是会被其他多数票所抵消。制度机制通过制止无限制的选择来阻止所谓的偏好循环，从而可以做出具有约束力的决定。换句话说，正常的政治条件不是共识，而是偏好的多样性。制度性规则通过限制可考虑替代性提案的决策点来解决冲突，这就是他们达成共识的方式。美国的制度研究分析了一些例子，以说明制度机制如何通过限制选择来产生稳定的结果。行政否决权允许行政部门阻止立法提案，从而维持现状。此外，立法机构在历史上分为两院，而两院具有不同的财产资格或选区规模，建立上议院，可以指望其成员通过否决下议院的提案来施加温和的影响。自行选出的议会委员会的成员间存在共同偏好，能够提出改革建议并使其在立法机构中获得通过，因为他们可以否决来自全体议员的其他提案。这种体制机制确保了政策结果和制度安排的稳定性，因为它们允许核心政治代表否决立法提案。[6]

然而在研究欧洲案例时，必须修正制度分析的起始假设。第一个不同之处在于针对美国的研究通常假定行政部门会阻止变革，而立法者或选民则会推动变革，但在这里所研究的欧洲案例中，政治行政部门准备推动政策变革，而否决权则在随后产生。第二个不同之处在于

第三章 博弈规则：法国、瑞士与瑞典的医疗政策制定逻辑

政党和党的纪律的重要性，它们通过约束代表遵守特定的政党路线来减少选择。第三个不同之处是，一些否决点是由特定政治领域（如议会委员会或上议院）中具有特殊利益的政客集中形成的。但与这些案例同样重要的是，否决点出现在多数不受限制的地方，而在这些地方人们可以观察到理性选择理论所预测的偏好循环。在这些案例中，传统的否决点和后一种不确定点对于利益集团的影响至关重要。本章并没有把重点放在某个特定的制度机制上，而是研究了在政策制定过程中发挥作用的政治体系，并展示了不同机制是如何与每个案例的结果相关联的。通过阐明宪法规则和选举结果的影响，我们可以了解政治体系及其中出现的特定机制。

图3-1说明了宪法规则和选举结果对政治决策制定的影响。行政部门引入政策的能力取决于其采取单边行动的能力，即行政决策在随后的决策点得到认可的可能性。如果行政部门在宪法上独立于议会，也就是说，如果其决策不需要议会批准，那么行政部门可以直接采取行动而无需顾及议会。在这种情况下，行政决策就是最终决策，议会没有否决权。

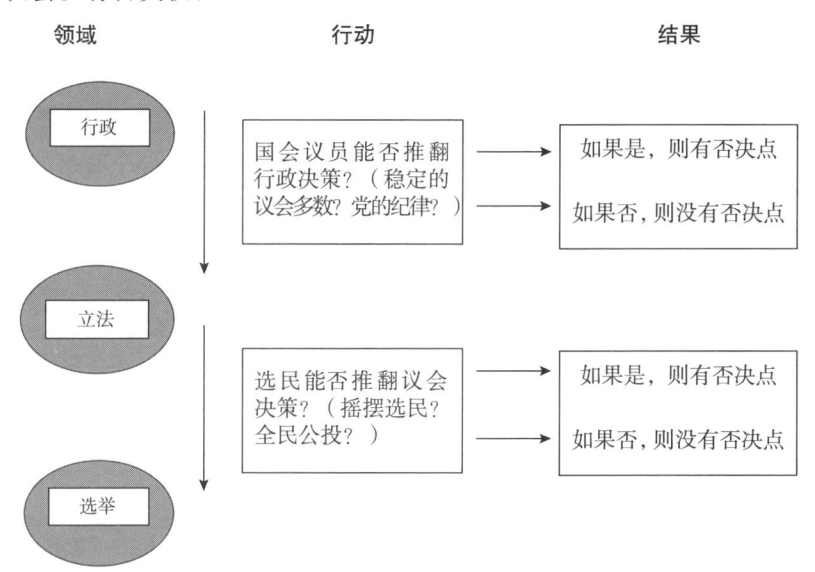

领域	行动	结果
行政	国会议员能否推翻行政决策？（稳定的议会多数？党的纪律？）	如果是，则有否决点 如果否，则没有否决点
立法	选民能否推翻议会决策？（摇摆选民？全民公投？）	如果是，则有否决点 如果否，则没有否决点
选举		

图3-1 政治领域和否决点

但如果宪法要求政治决策需要议会批准，那么决策制定过程就将转移到议会。但在这一点上，党派分野与党的纪律是有影响的。如果行政部门（也就是政府）本身拥有稳定的议会多数，党的纪律约束有力，议会否决行政决策的概率将会很低。在此状况下，议会的大多数成员与行政部门同属一个政党，他们不会偏离行政部门的决定。因此，虽然议会被正式要求批准行政决策，但党派分野会导致议会对立法予以批准；有效的决策点将仍在行政领域。

然而，如果行政部门得不到稳定的议会多数支持，或者如果党的纪律不要求议员在行政部门中与同党成员采取相同立场，那么议会代表推翻行政部门决策的可能性就会大得多。在这种情况下，人们就可以期待重大政策变化甚至来自议会代表的否决；议会将成为一个否决点。

议会领域与选举领域之间的关系也受类似因素制约。在大多数政治体系中，议会决策是制定法律的最后一步。然而，如果存在就立法决策进行全民公投的可能性，那这一正式的宪法规则就允许选民推翻议会的决策。在这种情况下，选举领域就成了一个有效的否决点。此外，当选举变化或选举的临近使议员对选民的反应特别敏感时，选举领域可能成为特定政治体系中事实上的决策点。

总之，宪法规则和选举结果对行政部门引入新政策的能力有着不同的限制。在不同的政体中，这些制度和政治障碍会引导决策走向不同的道路。否决的机会决定了有效的决策点是行政领域、议会领域还是选举领域。具体的否决机制准确地决定了哪些政客或选民有权批准或阻止政策提案。如前所述，否决点并非物理实体，而是决策过程本身的逻辑在策略层面所产生的不确定点。宪法规则或选举结果即使稍有变化，也有可能改变否决点的位置及其策略重要性。这样，正式的宪法规则和选举结果就建立了一个政策制定框架。这就是利益集团影响的背景。

利益集团的"权力"并非凭借其成员数量、资金、与政客的联系等特性而拥有的财产。尽管人们努力从利益集团的社会或经济地位、组织资源等角度理解利益集团的影响力，但这些集团独有的因素不足以解释相关影响。政治影响力还包括了这些集团与政治体系的关系，因此，如果不分析政治制度对政治压力的接受程度，就无法理解政治影响力。这里将论证的是，政客对利益集团的反应并不取决于这些代表的社会出身或个人弱点。相反，特定的制度机制构建了特定政体的决策过程，从而为利益集团提供了影响政治决策的不同机会。根据决策过程的逻辑，利益集团可以采取不同的政治策略，而每个国家的政治制度也为不同的利益集团提供了特权。

本章以下部分将说明这些标准的政治因素如何影响法国、瑞士和瑞典的医疗政策制定。无论党派差异如何，这三个国家的行政政府都准备制定国家医疗保险政策，并限制医疗行业的经济独立性。国家医疗保险法是行政部门在与利益集团和政党代表协商过程中准备的。这些案例之间的关键区别在于行政部门是否有能力在随后的政治领域推动提案得到批准。

在瑞典，行政部门的决策通常会得到议会的确认。民主转型过程中为维护君主制和保守党权力而建立的制度，导致了这种行政主导的模式。比例代表制和间接选举产生的第一议院，帮助社会民主党获得了稳定的议会多数席位。由于行政部门建立在议会多数席位之上，所以行政决策自动由议会投票批准。这种制度设计与选举胜利的结合，有效地将决策限制在行政领域。但在这种情况下，瑞典医生在政治上处于不利地位。在行政领域，他们的观点被雇主和工会等主要生产者集团的观点压倒，此外与法国和瑞士的医生相比，他们也没有其他否决点来推翻行政层面业已达成的共识。

在法国，第四共和国议会为利益集团的影响力提供了意料之外的机会。议会联盟的不稳定性和党纪的缺乏阻碍了行政部门制定法律。行政提案不仅得不到议会投票的支持，相反，每项提案都会遭到议会多数派的反对。因此，议会成为法国政治进程的阻碍，也由此成为事实上的决策点。这种独特的决策结构是法国利益集团施加其影响的背景。法国医生利用其与议会的联系，要求议会在立法上做出让步，而法国议员很难达成任何具有约束力的决策,这无意中为医生们带来了好处,这些医生通常希望阻止立法而不是看到立法颁布。政治体系的相同特征对其他集团既有利也有弊。对执政联盟成员很重要的利益集团,如小商贩和天主教徒,可以在立法上获得好处,而共产主义工会等不属于执政联盟的党派则几乎没有影响力。只有当行政部门为了规避议会的否决点而修改宪法时,法国的医疗立法才得以制定。

在瑞士,宪法赋予选民以全民公投挑战立法的权利,从而将决策引入了选举领域。在这一领域,多数裁定原则的不稳定性对政策变革提案形成了威慑;全民公投的投票结果往往是反对票多于赞成票。因此,全民公投被视为对立法的威胁。这为瑞士医生等利益集团创造了战略机遇,他们发现可以利用全民公投的威胁从政策制定者那里获得让步。瑞士医生从未采取过罢诊行动,他们只是威胁要通过全民公投来阻止立法。其他利益集团,如脊骨神经科医生,也依靠全民公投这一威胁来获得政策让步。相比之下,工会在这一机制中处于不利地位。对于那些希望推动立法的团体来说,全民公投机制只能带来一些代价巨大的胜利。

在每个案例中,制度规则都建立了独特的决策逻辑,为行政权力和利益集团的影响力设定了参数。因此,制度决定了不同利益集团的要求与行政部门的计划目标之间的平衡点。与本书中霍尔、金和韦尔等人的其他一些分析不同,本章作者并不认为制度会排斥或鼓励某些政策主张。本章作者也不认为,制度改变了政治参与者对自身利益的主观认识。这并不是说制度永远不会产生这样的影响。相反,选择一个政策主张同政客和利益集团的观点恰好相似的案例,可以使这些因素保持不变。

本研究特别指出了政治制度对这些行动者在政策冲突中获胜能力的影响。通过提供不同的否决立法的机会,政治体制改变了这些行动者的相对权重,也改变了这些行动者促进类似利益的最佳策略(如邓拉维、哈塔姆和罗思坦的文章)。在瑞典,行政部门可以颁布法律,而不必担心议会或选举领域的否决;由于缺乏反对票,决策权仅限于行政领域。在法国,不稳定的议会多数将决策权转移到了议会领域。在瑞士,决策权转移到了选举领域。博弈规则确立了截然不同的政治逻辑,解释了三种截然不同的政治行为模式和政策结果。

四、三个案例

(一)议会直接统治原则

在法兰西第四共和国时期,法国医生和其他一些利益集团能够从立法部门获得让步。出于几个原因,法国议会构成了否决点。第四共和国的宪法与第三共和国的宪法一样,以议会直接统治原则为基础。行政部门依赖于议会,因为它由议会联盟授权,未经议会批准不得采取行动。在实践中,这一体系的弱点并非源于这些宪法规定,而是法国的选举制度和政党惯例无法产生稳定的议会多数。如果议会多数是稳定的,那行政部门在决策时就会有明确的授权。相反,分散的政党制度和党内纪律的缺乏,使得议会中难以形成并维持决定性的多数。此外,议会多数派与选举联盟之间的脱节(与两轮投票有关,两轮投票使较小的政党得以生存,并阻碍了多数派的形成)意味着,单一的选举结果可以为各种各样的议会联盟提供基础,进一步扩大了议会操纵的范围。

因此,虽然理想的议会制是通过选举确定议会席位的分配,并通过这种分配来任命行政部门,但在法国,选举、议会、行政等不同的政治领域被割裂开来。[7]对所有可以形成的联盟或可以考虑的政策提案而言,几乎没有任何限制,各政党可以自由改变立场且经常这样做,因为不稳定的选举形势鼓励了吸引新选民的机会主义策略。因此,任何对行政决策不满的政党或利益集团都有希望在议会中获得各种可能的结果。此外,鉴于执政联盟的不稳定性,在议会领域重新进行讨论不仅可能导致政策改变,还可能导致政府垮台。这种不稳定性使得行政部门很容易受到政党成员的影响,这些影响尤其来自那些在建立或瓦解执政联盟过程中控制着摇摆票的政党成员,或声称与这些议员有联系的利益集团。在执政联盟不稳定和党纪薄弱的条件下,多数派随时可能瓦解，新的联盟也可能形成，政治博弈就变成了破坏联盟的博弈。

这种破坏执政联盟的潜力，是利益集团在法兰西第四共和国掌权的关键。利益集团向个别议员发出呼吁，特别是在议会委员会处理政策问题和地方竞选期间，个别候选人会迫于压力宣布效忠于特定的地方利益集团。[8]成功取决于接触到位于联盟核心位置的某些成员，而不是建立有大量成员的集权性利益组织。这种战略背景改变了特定利益集团否决立法提案的可能性。因此，对议员来说至关重要进而对执政联盟至关重要的利益集团之间没有理由倾向于合作。例如，医疗行业在议会中的代表比例过高，而医生分布在建立执政联盟所需的几个政党中，因此医疗行业享有摇摆选民所拥有的特权。在第四共和国，医生和药剂师共占5.8%的席位。更重要的是，他们在激进党中占10.5%，在天主教左翼党（MRP）中占6.9%，在工人国际法国支部①（SFIO；参见表3-1）中占6.5%。[9]个体化的讨价还价没有党纪保护，只是增强了这种权力。其他一些利益集团，如农民、小雇主和特殊利益集团（如葡萄酒生产商），在议会中的影响力与其成员所代表的选民人数不成比例。因为有权阻止议会的行动，且各政党一直在努力争取新的选民，所以这些集团不仅可以提出要求，还可以随意将这些要求升级。

然而在几个不寻常的宪法时刻，政府的直接行动打破了议会僵局。解放时期和第五共和国的特定宪法保护措施阻止了议会代表推翻行政部门的决定。当议会成员不再能够推翻行政部门的决定时，议会多数派的不稳定性就不再重要了，否决点也不再重要了。因此，决策中心从议会转移到了行政部门，人们看到了政策制定动力学的相应变化。那些在可以威胁撤回议会对行政部门的支持时几乎没有妥协压力的团体突然被排除在行政决策之外。

---

① 工人国际法国支部成立于1905年，1920年发生分裂，多数派另组共产党，少数派则保留原名。1969年改组成立社会党（PS），1971年与其他左翼组织合并，仍用现名。——译者注

第三章 博弈规则：法国、瑞士与瑞典的医疗政策制定逻辑

法国的国家医疗保险正是在这样的非常时期引入的。行政部门可以通过法令直接颁布立法，议会只是咨询机构，而且议会绝大多数成员都是抵抗联盟的代表。根据全国抵抗委员会（Conseil National de la Résistance）在 1944 年春制定的经济和社会计划，行政部门于 1945 年 10 月 4 日和 9 日直接颁布了《社会保障法令》。尽管雇主和原有的医疗保险承保人（旧互助会和私人保险公司）提出抗议，但行政部门还是利用直接立法的途径引入了全民社会保险体系，为所有受薪雇员提供医疗、养老和工伤保险。该计划旨在建立一个称为"*唯一保险基金*"（caisse unique）的单一类型保险，以最终覆盖所有法国公民的所有风险。该法令将社会保险的覆盖面扩大到了大多数劳动人口，并极大地提高了保险福利。行政部门在第一次议会选举和批准《宪法》的全民公投即将举行的前几天才动议立法，这显然也是一种选举策略。[10]

然而，直接的行政特权是短暂的。几乎从一开始，由于需要对解放联盟的选区让步，政府的计划就是软弱无力的。特别是随着议会民主制的恢复，政党竞争的加剧为各种特殊诉求的冲击提供了机会。医疗行业批评国家医疗保险项目，阻止政府当局对医生的收费进行监管，坚持由医疗保险基金和医疗协会通过地方谈判来确定医生的收费标准。天主教工会和天主教左翼党迫使政府取消一般社会保障计划中的家庭津贴，并为社会保障基金管理委员会的席位引入自由选举——自由选举将增加天主教代表的人数，而共产主义总工会（CGT）则会因此受损。白领雇员和个体经营者抗议将他们纳入与工人相同的保险计划，从而终止了在单一计划下实现全民参保的运动。[11] 缺乏一个坚定的议会联盟给利益集团提供了机会。

这些对特殊利益的让步，造成了之后困扰法国医疗保险体系长达 20 年的问题。利用谈判来规范医生收费的做法没有奏效；过多的特殊计划削弱了社会保障管理机构；不同工会之间的竞争将社会保险选举变成了政治竞争的舞台，阻碍了医疗保险管理机构的统一领导。

尽管医生的收费要通过地方医疗协会和地方疾病保险基金之间的

谈判来调节，但医疗协会根本拒绝谈判。乡村医生原则上愿意谈判；因为无论如何，他们的病人都付不起城市专科医生的高额费用。但城市精英向医疗协会领导人施压，要求他们不能谈判。结果，病人的医疗费用得不到全额报销。为此，社会保险基金试图推动立法。但城市精英医生有能力否决议会的倡议。保险基金组织（FNOSS）对议会主要集团的访问促成了许多议案，但没有一个党派敢于反抗医疗行业，将议案实际提交给议会。[12]在执政联盟不稳定的情况下，经常加入政府的几个政党所组成的代表集团合作稳固且举足轻重。

第四共和国在医疗改革方面同样受阻。1954年和1957年，关于提高医院管理效率的计划提交给了议会。这些报告认为医院应摆脱市议会和市长的地方政治控制；相反，专业行政人员和省长应发挥更大的作用。出于效率的考量，这些报告认为医生不应再在私人诊所和公立医院等多项活动中分散时间，而应在医院全职工作。[13]然而与医生收费的情况一样，议会僵局使所有行动化为泡影。

然而，随着第五共和国的诞生，博弈规则发生了根本变化。根据1958年宪法，行政部门实际上从议会中解放了出来。行政部门的直接选举，通过法令直接进行行政立法而无须议会批准的可能性增加，以及各部门与议会之间的严格分离，建立了一个独立且不再因缺乏稳定的议会多数而受损害的政府。就医疗政策而言，最重要的规定是允许行政部门在未经议会批准的情况下推行立法。这改变了法国的政策制定逻辑。

戴高乐政府在执政两年内就引入了改革，彻底重组了医院系统，并在医疗行业推行了新的收费管制体系。所有这些改革都是通过法令或条例实施的，根本没有经过议会讨论。其中第一项改革即德布雷改革（Réforme Debré），确立了全职、带薪的医院执业制度。作为过渡措施，资深医生可以在公立医院内接待一定数量的私人病人，但这种私人诊所最终将被完全淘汰。[14]医生的收费标准将由政府直接监管。为了向地方医疗协会施压，迫使其就官方收费标准进行谈判，医生个人将可以与这些基金签订合同。与未签订合同的医生相比，这些医生的病人可以得到更优惠的报销比例。自1928年以来，医疗保险基金一直要求签订这些个人合同，但一直遭到法国医学协会的阻挠。现在，法国医学协会对费用谈判的控制得到了削弱，医生个人可以决定是否签约；政府增加了市场竞争的因素，以巩固其新的制度框架。此外，劳动部、卫生部和财政部还将设定最高收费标准，以适用于尚未就收费标准进行谈判的情况。

法国医学协会对政府的"既成事实政治"(politics of fait accompli)大加抗议，并指责说，由于这些法令的实施，"医疗费用将成为国家的事务，同时这一行业在我们看来将不再是一个自由的行业，因为它将彻底失去其经济独立性"。[15]法国医生在法院、议会和市场领域反对这些措施，但没有成功。1960年1月，宪法委员会支持德布雷改革。在立法部门中，参议院的绝对多数（独立党、左翼民主党、农民党或无党派的155名参议员，以及3名前卫生部长）和国民议会的绝对多数（241名众议员，包括戴高乐派新共和同盟代表的大约半数）提出了新的提案，以规范医疗行业与社会保险基金之间的关系。[16]但如今已独立于议会的行政部门立场坚定，拒绝重新考虑这些法令。

转战市场领域同样没有获得成功。迫于塞纳河医学联盟（Medical Union of the Seine）的压力，法国医学协会发起了一次行政罢诊以阻止改革。但与以往不同的是，这次政府成功地分裂了整个行业。个人合同允许许多将从这一体系中受益的医生绕过医学协会的领导。几个月内，罢诊就被中止了。然而，支持和反对收费标准的医生之间的裂痕继续加深。1960年7月，当法国医学协会与社会保障基金签署一项协议时，经济自由派分裂出去，成立了法兰西医师联合会（the Fédération des Médecins de France）。

1960年5月12日法令影响的不仅仅是医疗行业。因为在采取收费控制措施的同时，政府为了配合控制费用的措施和明显改善社会保障福利，还重组了医疗保险和社会保障的行政结构。直接向劳动部部长负责的地区社会保障局局长的权力得到了极大的加强，而民选的行政委员会的权力则被削弱。与解决医生收费问题一样，行政改革并不是一个新想法；自引入社会保障体系以来，人们就一直在讨论这个问题，而且劳工部和雇主都希望这样做。然而，以前的政治环境不允许进行行政改革。现在，改革得到自上而下的推行。社会保障基金和工会——共产主义总工会、法国基督教工人联合会（CFTC）和工人力量联合会（CGT-FO）——支持将费用控制作为增加福利的措施，但坚决反对改革的行政部分，即基金的国家化。同时，小雇主也反对改革，因为他们将失去独立的医疗和社会保障计划的某些特权。唯一支持改革的利益集团是由大工业家主导的雇主协会。这些工业家支持对医生收费进行监管和行政改革，认为这是控制成本的合理化措施。[17]

在法国的案例中，议会的否决点使得一些特定的利益集团能够通过威胁议会多数的能力来施加立法影响。然而，一旦行政部门能够绕过议会，尽管这些传统的否决集团提出抗议，改革还是获得了通过。

（二）直接民主

瑞士政治制度的设计与法国不同，对政策制定的影响也不同。一系列制度机制限制了国家政府的权力。与州政府相比，联邦政府的管辖范围仅限于宪法明确规定的领域；要扩大联邦政府的管辖范围就必须修改宪法。政治行政部门由一个七人委员会即联邦委员会组成，该委员会按照政党比例将权力分配给议会选举产生的代表。立法部门分为两院，一院由比例代表制选举产生，另一院由各州选举产生，由于较为保守的农村州在第二院中的代表人数较多，可以预计比例代表制的效果将会受到削弱。最后，所有立法都要通过全民公投进行直接选举否决。

尽管所有这些规定都减缓了政策制定的速度，但实际上，全民公投才是关键的否决点。1890年，国家医疗保险的支持者成功地发起了一项修改宪法的全民倡议，允许联邦政府立法推行国家医疗保险。在第二次世界大战前后的几个时刻，联邦院代表的各方曾达成一致意见，议会两院也通过了国家医疗保险立法。然而，国家健康保险随后在全民公投的质疑声中被否决。

全民公投对瑞士的政策制定产生了双重影响。全民公投有效地将决策从行政和议会领域转移到了选举领域，而在全民公投的投票中，瑞士选民并不忠于党派。事实上，从统计数据看，全民公投的投票结果常常是消极多于积极的。[18]这些投票遵循集体行动理论的预测，受立法潜在成本影响的选民的投票率高于受潜在利益影响的选民。此外，最近对瑞士全民公投的研究表明，平均40%的选民参与率与社会经济地位相关，收入越高、受教育程度越高的人参与率越高。[19]然而，恰恰是这些选民最不可能受益于国家医疗保险或其他形式的社会保障。

然而，全民公投的意外结果并不局限于具体的失败案例。瑞士的政策制定者不愿意看到立法在经过行政和议会的漫长审议过程后受到全民公投的质疑。不仅结果不确定，而且失败的概率比成功的概率更大。为了避免这种失败，他们试图确保立法是"全民公投的证明"（referendum-proof）。而不无讽刺的是，这使利益集团掌握了很大的权力。[20]利益集团拥有足够的成员来收集发起全民公投所需的签名，并拥有开展全民公投运动所需的组织资源。尽管这些团体无法控制全民公投的投票结果，但他们可以控制是否举行全民公投；因此，利益集团是全民公投的守门人。此外，一般公众没有明确的渠道表达对立法的意见，但利益集团向政策制定者提出了具体到政策制定者可以回应的要求。因此，政策制定者防止立法可能遭到否决的最有效手段是在立法准备的早期阶段解决利益集团的关切："最成功的全民公投是那些没有举行的全民公投。那些可能会反对该法律的圈子并没有这样做，因为该法律包含了他们想要的东西。这就是大部分联邦立法具有妥协性的原因；议会不是以主权的方式制定法律，而总是在全民公投的威胁下制定法律。"[21]

利益集团有能力将问题从行政和议会领域推向选举领域，如果他们的要求不能在医疗保健的政策制定上得到满足，他们就愿意完全阻止立法。即使在行政和议会阶段，政客们也不得不认真考虑利益集团的意见。因为即使是相当小的利益集团也可以依靠全民公投这一武器，所以决策权是向各种较小团体开放的。专家委员会不再像瑞典那样由 10～20 名成员组成，而往往由 50 多名代表组成。此外，由于任何一个团体都可以否决，所以决策必须得到一致通过，以免失败的少数派决定在选举阶段推翻改革。与法国的情况一样，否决立法的可能性降低了这些团体妥协的动机。因此，政策决定被转移到了选举领域，许多规模极小的少数派能够施加巨大的政治影响，并且一致同意被推行为决策规则。

从这一立法过程中，瑞士医生获得了许多让步。与其他国家一样，该国医学行业普遍关注两个方面：其一是国家在医疗保险市场中的作用，其二是行业决定自身收费的自由。瑞士的医疗保险是围绕联邦对自愿互助基金的补贴体系组织起来的。投保人直接向这种互助基金购买自己的保单。互助保险公司必须是非营利性的才能获得补贴，但实际上，许多私营保险公司只是开设了非营利性部门，以获得非营利性承保人的资格。医生的收费将通过地方疾病基金和州医疗协会之间的协议来调节。但与法国的情况类似，协议并不总是能够达成，即使达成也并不总是能够得到遵守。

第二次世界大战后，联邦社会保险局（在联邦院的领导下，由 3 名激进民主党人、2 名天主教保守党人、1 名社会民主党人和 1 名市民党人、农民党人和工匠党人共同管理）制定了改革计划，通过将联邦补贴体系转变为强制性的国家医疗保险计划来扩大政府的作用并控制医生收费。在制定更普遍的强制保险法的同时，行政部门还提交了一份针对低收入者的强制医疗保险和 X 射线防治肺结核项目的提案。

议会两院都批准了结核病防治法——州选举产生的代表全票通过，按比例选举产生的国民议会除 3 票外全部通过。但利益集团将政策进程转移到了选举领域，该法在全民公投中最终被否决。一方面，虽然全民公投是由法国籍的瑞士自由派发起的，但瑞士医学协会、瑞士雇主协会、瑞士农民协会和瑞士小企业协会都在公投运动中发挥了积极作用。另一方面，所有工会、所有雇员协会、教会组织和疾病基金会协会都支持这项法律。

支持这项法律的团体比反对这项法律的团体拥有更多的成员，这是显而易见的事实，那么如何解释这一失败呢？疾病基金自己也想知道，为什么会出现这种情况，并抱怨说基金需要训练自己的会员。[22]尽管政策制定者、疾病基金和工会组织可能理解国家医疗保险的集体利益，以及结核病防治法作为建立国家医疗保险的第一步的作用，但结核病防治法对参加全民公投的个人选民却没有什么吸引力。该法要求为低收入者提供强制性保险。除非是出于某种原因担心没有保险的人，否则任何高收入的人都不会对这种强制性保险特别感兴趣。对于那些低收入者，即无论如何都不会投票的人，法律只强制他们为自己投保，而不是提供政府财政援助。此外，该法最初的推手是一次要求提供生育保险的全民公投，但联邦社会保险局已决定从医疗保险入手。

因此，当国家医疗保险问题从行政和议会领域——这两个领域达成了广泛共识——转移到选举领域时，一套不同的标准就变得相关了。政治精英们关注的是医疗保险覆盖人口的比例、预防性医疗以及他们通过集体筹资和规范医生收费来控制医疗系统总体成本的能力，而选民个体则从个人角度来看待立法的相对成本和收益。此外，作为决定发起全民公投的主要参与者，利益集团能够要求行政部门和议会做出让步。

这一过程在1949年结核病防治法全民公投失败后体现得淋漓尽致。在这次失败的基础上，瑞士医疗协会、雇主协会、农民协会和小企业协会向政府请愿，要求撤回医疗保险改革计划。1954年，社会保险部制定了一项强制性生育保险计划，增加了联邦对医疗保险的补贴，并对医生的收费进行了控制。然而，当与利益集团的初步协商表明他们的立场"分歧太大"而致使政府无法进行改革时，该部撤回了其提案。[23]在任何一个无论多么小的利益集团都可以发起全民公投的政治体系下，鉴于全民公投结果的不确定性，如果没有这些利益集团的一致支持，继续审议提案将毫无意义。

由于对医疗保险体系进行全面改革已在政治上被证明不可行，联邦社会保险局于1961年宣布计划推行局部改革，"改革的设计必须确保其在没有全民公投的情况下被接受的前景"。[24]为此,改革将不包括国家强制医疗或生育保险或限制医生收费,而仅限于大幅增加联邦政府对私人医疗保险的补贴。换句话说,行政部门试图保护自己不受选举领域即否决点的影响。与法国如出一辙,由于不能拒绝利益集团的介入,所以要通过将某些问题排除在议程之外来封闭这一进程。

尽管如此,医学协会还是设法将医生收费问题重新纳入讨论,而它之所以能够这样做,显然与全民公投的威胁有关。医学协会并不满足于政府同意放弃控制医生收费的计划,医学协会称这是"迈向社会化医疗的第一步"。[25]该协会现在希望获得一项裁决,即医生根据病人的收入收取不同的费用是合法的,这是一种被称为分级收费的浮动收费体系。此外,医学协会还要求将疾病基金这一第三方支付给医生的费用改为由患者直接支付,然后再由基金报销。该协会通过增加会费和聘请公关公司,积累了约100万瑞士法郎的资金。这一策略效仿了美国医学协会在1948—1952年反对国家医疗保险的运动,该运动由其14万会员每人25美元的特别摊款资助,这期间共花费了460万美元。[26]然而,瑞士医学协会并不是唯一一个提醒议会其有权否决立法的团体。虽不被该协会承认,瑞士的脊骨神经科医生们还是收集了近40万人的签名请愿,要求将脊骨神经科医生的治疗与执业医师的治疗同等对待。这就造成了一个两难的局面:医学界坚决反对将脊骨神经科医生纳入其中,但由于签名人数众多,脊骨神经科医生显然可以否决改革。

议会对改革的处理是一个漫长的过程,持续了近两年。虽然两院都同意增加联邦补贴,但医生收费问题却带来了麻烦。医学协会的行为受到严厉批评,一位医生的支持者指出,协会领导层已经"被一群或多或少激进的群众所淹没"。[27]尽管如此,最终结果显然有利于能够发起全民公投的团体,而惩罚了那些不能发起全民公投的团体。医疗行业获得了根据收入和报销额度制定收费标准的自由。在瑞士医学协会的抗议下,脊骨神经科医生与执业医师一样被纳入医疗体系。脊骨神经科医生的胜利表明,全民公投的威胁比专业地位更为重要。然而，疾病基金对此并不满意。但在疾病基金组织（Konkordat）的一次代表会议上，大家决定不再进行全民公投，正如该基金组织的主席汉吉（Hänggi）所解释的，没有任何政党或工会愿意反对改革，而脊骨神经科医生对这一结果感到欣喜，他们将在全民公投之战中构成激烈的竞争。

> 这次修订有一点进展总比没有进展好。……因为我们必须清楚一件事：在全民公投的斗争中，"医疗权利"（按病人收入收费）不会起主要作用；相反，人们谈论的将是福利和联邦补贴的改善，也就是投保人的物质条件的改善。很少有人关心的医疗权利方面的基本冲突对大多数人来说仍然是不确定的，他们很难释放出推翻这项法律所必需的反对力量。[28]

因此，经过3年多的辩论，一个本应简单且无争议的改革进程变得旷日持久、冲突不断。全民公投政治既阻碍了国家医疗保险的引入，也阻碍了随后规范医疗收费的努力。由于这些早期步骤实际上被排除在外，关于限制私人执业的讨论也就成了无足轻重的问题。自1945年宪法倡议以来，一直争论不休的国家生育保险问题，不知何故被搁置了。强行诉诸选举领域进行决策的可能性始终存在，这阻碍了互相妥协，甚至允许非常小型的利益集团（如脊骨神经科医生们）在改革进程中发挥核心作用。在瑞士的政治体系中，权力的概念是由全民公投来定义的，博弈规则是由对全民公投如何运作的解释来设定的，正如在法国的案例中，体系的逻辑是围绕着控制不可预测的议会而展开的一样。

（三）多数议会制

与法国和瑞士的政治体系不同，瑞典的政治体系提供了一个没有否决点的决策链。行政部门能够做出并执行政策决定，而在决策链的后段几乎不可能出现否决点。这是制度设计特点与出人意料的选举胜利巧遇的结果。在1866年君主制过渡时期以及随后在1909年和1918年扩大选举权的过程中达成的政治协议，建立了一个具有与法国和瑞士相似的制度制衡机制的体系。议会制约行政部门,而两院制议会中间接选举产生的第一议院则是为了限制比例代表制的影响。然而,法国行政部门与议会之间的冲突导致了僵局,瑞典则建立了一些制度来调解这些冲突。皇家委员会(Royal Commissions)是利益集团和由行政部门任命的政治代表组成的咨询机构,负责起草立法提案和相关的补救程序,在此过程中利益集团被要求提交书面意见,随着君主试图避开议会,议会代表倾向于在皇家官僚机构之外进行政策谈判,皇家委员会的权力范围不断扩大。[29]

1932年,社会民主党在选举中出人意料地获胜并与农民党结盟,这使瑞典的体制发生了翻天覆地的变化,奥利·尼曼(Olle Nyman)称之为从少数议会制向多数议会制的转变。那些旨在阻止民众变革的制度突然转向支持社会民主党。为了让君主制官僚机构避免议会反对而引入的皇家委员会,现在却帮助社会民主党立法。议会上院长期以来一直是保守派控制的否决点,而现在社会民主党的持续统治却得到确保,尽管选举还是会出现波动。[30]

经过这次选举调整后,这一体制的运作就像没有否决点一样。行政部门一旦做出决策,议会就不太可能改变它,因为行政部门依靠的正是稳定的议会多数。同样,由于比例代表制和相当稳定的选举结果,议会的决策一般不会受到选民质疑。与瑞士不同的是,利益集团或选民不能通过全民公投否决立法;这一决策完全由议会做出,在议会多数稳定的情况下,这意味着控制行政部门的政党也可以控制全民公投的使用。与法国不同的是,选民中没有一小部分"激增"选民来吸引政治家脱离议会联盟。[31]只有在极少数情况下出现选举调整或面临选举调整的威胁时,选举领域才会对具体的政策提案产生重要影响。因此政策制定集中在行政部门,利益集团的代表面临妥协的压力,因为行政部门的提案很有可能在议会审议中顺利通过。这种制度的政治逻辑要求在行政领域建立一个多数联盟。

在这种政治体制下,瑞典医疗行业处境维艰。在行政程序中,它的意见总是要与工会联合会、白领工会和雇主协会的意见相权衡。该行业在议会中有较好的人脉关系，但准备否决行政提案的保守党议员人数较多。该行业还成功地在报纸上报道了自己的观点，但只有在极少数存在选举威胁的情况下，这种做法才是有效的。

与法国和瑞士一样，瑞典政府在战后采取了扩大医疗保险和控制医生收费的措施。1946年，国家医疗保险引入，当时社会民主党在议会两院均占多数。并非每个利益集团都完全支持国家医疗保险。但与法国和瑞士的情况不同，医生、雇主和白领工人没有诉诸否决点。由于无法威胁议会或利用全民公投否决，每个团体都表示了疑虑，但也都同意合作。瑞典雇主联合会指出了自愿性保险的优点，并对立即引入国家医疗保险的经济合理性提出质疑，但基本上同意改革。白领工会指出，其大多数成员不会从改革中受益，但以团结的名义表示支持。瑞典医学协会表示，它更倾向于自愿性保险而不是强制性保险，并敦促政府集中精力满足更紧迫的公共医疗需求。不过该协会也对其表示同意，特别是考虑到该提案规定了报销机制和自由选择医生的权利。在这种情况下，医疗行业或其他利益集团并没有否决点。政府拥有颁布法律所需的议会选票，也没有像法国议会或瑞士全民公投那种可以让医生们的观点战胜大多数人的共识的其他政治影响渠道。

形势于两年后发生了变化。反对党正在为1948年的竞选活动做准备，并希望1947年的国际收支危机能够削弱社会民主党的选民基础。一份政府报告的发布为保守派的反击提供了材料，该报告呼吁通过向所有医院和诊所的医生发放政府工资，并取消一切形式的私人诊治来建立国家医疗服务。非社会主义媒体将这一被称为"霍耶改革"（Höjer reform）的提案描绘成一种教条主义的呼吁，其内容是实现医疗社会化，并将医生从自由职业者降格为国家公务员。保守党报纸《瑞典日报》（*Svenska Dagbladet*）发表社论称："霍耶先生的目标清晰得令人恐惧：那就是医生职业的全面社会化和经济地位的平等化。"[32] 医生、雇主和三个非社会主义政党即农民党、自由党和保守党均积极反对改革。1948年，没有任何一项立法提案像霍耶改革一样得到如此多的媒体报道，也没有任何一项立法提案像霍耶改革一样受到如此多的批评。[33]但经济和税收政策方面的改革也是如此：非社会主义政党依靠新闻媒体开展了一场竞选活动，而这场竞选活动被认为是异常激进和意识形态化的。[34]

农民-工人联合政府可能崩溃的未来前景以及选举中的失利，让社会民主党处在了弱势地位。尽管社会民主党议员拥有足够的席位来实施任何改革措施，但潜在的选举失利为社会民主党政策的反对者提供了否决的机会，而这些选举压力为医疗行业创造了一个战略机遇。与勉强接受国家医疗保险不同，现在医疗行业宣布绝对反对霍耶改革。面对这些选举压力，不仅是霍耶改革，社会民主党政府在有争议的新遗产税提案及其经济计划的其他所有方面都完全退让了。

然而当这一时刻刚刚过去，社会民主党政府继续开始推行一系列医疗政策，且往往不征求医学协会的意见。这些政策的总体方向是通过增加医生数量和缩小私人执业范围来削弱医生的市场力量。在医学协会的反对下，医生人数在1947年至1972年增加了7倍。1959年，公立医院取消了私人病床，同时要求所有医院提供公共门诊服务。这些门诊服务与私人诊所的执业医师以及医院医生的私人办公时间形成竞争，因此被视为私人诊所的威胁。最终，1969年，公立医院禁止私人看病，医院门诊几乎免费，病人费用统一为7瑞典克朗，医院医生开始领取全职工资。

该行业从未像1948年那样获得过类似的战略机遇。1969年，保守党议员支持医疗行业，投票反对取消医院私人诊所并将病人费用降至7瑞典克朗的法律。然而，社会民主党以绝对多数顺利通过了这项改革，并得到了中间党派和自由党的全力支持。保守党人抱怨说，议会投票"只是走形式而已……真正的决定是议员们做出的"。[35]

瑞典政府之所以能够采取措施控制医疗市场，是因为它的行动无法在其他领域被否决。这不仅仅是社会民主党在选举中获胜的问题。类似的扩大公共医疗保险、控制医生收费和支付工资的做法也得到了法国戴高乐主义者的支持，并几乎得到了瑞士各政党的全票通过。瑞典政府之所以能够比其他政府走得更远，是因为最初的政策变革没有受到阻挠；相反，这些变革促成了进一步的干预。

这些政策变化既不是医疗行业特殊偏好的结果，也不是经济或组织固有缺陷的结果。瑞典私人执业医师抱怨说，"7 瑞典克朗改革"意味着"通过改变医院医生的就业条件和在经济上控制私人执业医师，瑞典的医疗保健行业在一夜之间完全社会化了"。[36]与法国和瑞士的医生一样，瑞典的私人执业医师将市场自主视为职业自由的关键。事实上，瑞典医生抨击医学协会领导层没有对 7 瑞典克朗改革提出更有力的抗议。该协会本可以组织罢工或其他经济行动来反对改革。而在过去，经济抗议曾取得过相当大的成功。因此，瑞典医疗行业的观点与其他国家并无本质区别，医学协会似乎也没有能力采取集体行动。[37]

瑞典医疗行业与其他行业的显著区别，在于其战略政治地位不同。虽然在过去罢工确实有效，例如提高了医生的收费，但这些胜利都是暂时的。每次罢工成功后，政府都会采取*政治*措施来限制私人市场，例如将私人床位从公立医院中搬出，或是像 7 瑞典克朗改革那样完全取消收费体系。尽管有成员抗议，但瑞典医学协会的领导层认为，该协会"陷入"了一个难以用决心和权力讨价还价的局面。[38]社会民主党政府不仅掌握了确保立法通过的议会投票权，而且与戴高乐政府一样，通过改变市场对医生和患者的激励来支持改革。在法国，个人合同确保了谈判达成的收费标准被广泛接受，因为病人去找同意降低收费的医生看病要便宜得多，医生的罢诊由此被打破。在瑞典，7 瑞典克朗改革降低了私人诊所对病人的吸引力，因为现在医院门诊几乎是免费的，而在私人诊所，病人需要先支付全额费用再报销部分费用。这样一来希望抗议 7 瑞典克朗改革的医生就很难逃到私营部门。

因此，医生通过罢诊来阻止改革的想法似乎只是神话。在经济冲突中，政府可以利用政治手段来改变冲突的条件。我们可以注意到，从政府那里获得最大让步的医疗协会——瑞士医生——从未组织过罢诊，而且似乎还从对医疗保险全民公投的选举反应和政策制定者对其可能发起全民公投的担忧中获益。在瑞典，社会民主党政府之所以能够将选举成果转化为具体政策，是因为皇家委员会内部达成的政治协议得到了稳定的议会多数的支持，持不同政见的团体从而失去了否决的机会。只有当选举调整为否决提供战略机会时，利益集团才会从这种合作谈判的博弈中背离。

五、结论

研究这些改革事件可以得出结论，医疗行业对医疗政策的影响比人们普遍认为的要小。即使有影响，也是由不同政治体系提供的机会造成的，而不是由医疗组织、医疗许可和市场垄断的差异所导致的。否决的机会使政治决策可以在政策程序的不同阶段被推翻，这就为利益集团提供了在三种体系下施加政治影响的不同途径。在瑞典，决策是在行政领域通过基于多数裁定原则的协商一致的过程做出的。在法国，第四共和国时期的决策由议会做出，议会中与摇摆选民有联系的团体有能力否决决策，可当第五共和国宪法允许行政部门绕过议会时，这种否决权就被取消了。在瑞士，通过要求全民公投来否决决策的能力使得反对派利益集团可以威胁否决医疗保险立法。因此，塑造医疗体系的不是专业人士的偏好，而是各种团体和选民阶层的偏好，这些偏好通过对这些压力具有不同敏感性的政治进程加以引导。

宪法规则和选举结果对行政政府引入改革的能力设置了明显的限制。这些限制反过来又成为利益集团的有力工具，这些利益集团希望阻止立法或威胁停止立法程序，除非他们的要求得到满足。因此，这些体制机制的特殊性改变了相关政治行动者的组合，也改变了每种情况下的隐性决策规则（见表 3-3）。瑞士的全民公投允许即使是很小的团体也可以单方面否决立法；这使得这些团体可以抵制利益聚合的压力，并将一致同意作为决策规则。在法国，议会让步的机会使那些在联盟中处于核心地位的团体享有特权：天主教工会、医生、小商人。与此相反，行政决策在解放时期有利于工会，而在第五共和国时期则有利于工业家。在瑞典，行政决策为大型生产商组织提供了特权，只有他们同意，才能做出并执行多数人的决定。这种向国家开放但渠道狭窄的体系鼓励了利益的聚集和大规模的组织建设,即所谓的"组织瑞典"(Organization Sweden)。

表 3-3 领域、行动者和决策规则

	领域	行动者	决策
瑞典	行政	瑞典工会联合会、瑞典雇主协会、瑞典白领员工[和管理人员]中央组织	多数裁定原则
法兰西第四共和国	议会(不稳定联盟)	法国基督教工人联合会、法国白领员工[和管理人员]联盟、中小企业总联合会、法国雇主全国委员会、法国医疗联盟联合会	等级制度/特权(取决于哪个团体对政权至关重要)
法兰西第五共和国(解放时期)	管理人员(由法令统治)	法国雇主全国委员会(解放时期的工会)	
瑞士	选民(公投)	瑞士医疗协会、瑞士雇主协会、瑞士技工协会、瑞士农民协会、脊骨神经科医生(如果愿意否决,潜在疾病基金、工会和雇员协会)	一致同意

在不同案例中,政客和利益集团努力运用每种体系中的制度机制,催生出独特的决策模式。通过增加某些行动的难度并为另一些行动提供便利,制度重新定义了政治选择,并改变了相关行动者的组合。换句话说,制度为这些政治行动者的行动设定了战略背景,从而改变了具体政策冲突的结果。这种制度观打破了制度分析的传统。一些关于制度的最有说服力的论证都将制度视为一个独立变量。例如,选举法可以预测选民投票率的高低,社团主义制度可以预测通货膨胀、经济增长和民众无序的程度。[39]

相比之下,本章依赖于两步因果模型。它明确区分了政治行动者及其策略与发生这种行动的制度框架。政治行动者在制定目标、想法和愿望时是独立于制度的。只有在特定体系下,在策略上考虑到推进特定利益的最佳方式时，制度之间才会变得相关。当然随着时间的推移可能会有一些溢出效应，即某个无法实现的目标在一段时间后会被放弃。但在既定的时间点上，这里提出的模型并不取决于被制度社会化了的行动者来限制他们的目标或利益。

这些制度的起源在时间上也独立于行动者及其策略，制度当然是由参与政治权力斗争的社会行动者创建的。但参与制度设计之争的行动者并不一定与后来参与政策冲突的行动者完全相同，事实上也很少相同。因此，认为制度是某种凝固的社会结构的观点并不是特别有帮助。要理解制度对当下政策冲突的影响，就必须分析制度为当前行动者提供的激励、机会和约束。

在这些制度内可能有不止一种行动方案；事件的发展既取决于历史偶然性和这些行动者的创造性，也取决于制度约束。而且这些行动者也常犯错。制度可以告诉我们什么样的行动路线可能带来成功或失败，但并不能预测这些行动者的最终选择。因此，历史的社会逻辑不能被基于政治制度的新的历史有效性所取代。

政治制度可以被视为政治冲突的最外层框架。制度塑造了政治权力的实际意义，并为制定政治策略的经验法则提供基础，从而帮助界定这些冲突。这些制度解释了政治生活的许多方面，包括成功的利益组织类型、巩固利益的压力、动员成员的效用，以及合作与背离在多大程度上可能成为富有成效的策略。但政治行动者的利益、策略和资源却无法解释制度，所以我更愿意从制度入手思考政治。但是，任何政治观点都不能完全依赖于制度，或利益和行动者；这两部分对于我们理解过去以及我们作为未来主体的角色都是必要的。

【注释】

[1] 有关专业权力理论的观点，参见 Andrew Abbott, *The System of the Professions. An Essay on the Division of Expert Labor* (Chicago: The University of Chicago Press, 1988); Jeffrey Berlant, *Profession and Monopoly: A Study of Medicine in the United States and Great Britain* (Berkeley: University of California Press, 1975); Giorgio Freddi and James Warner Björkman, eds., *Controlling*

Medical Professionals: *The Comparative Politics of Health Governance* (Newbury Park, Calif.: Sage Publications, 1989); Eliot Freidson, *Profession of Medicine*: *A Study of the Sociology of Applied Knowledge* (New York: Dodd, Mead, 1970); Donald Light and Sol Levine, "The Changing Character of the Medical Profession: A Theoretical Overview," *The Milbank Quarterly* 66, Suppl. 2 (1988): 10–32; Theodore R. Marmor and David Thomas, "Doctors, Politics and Pay Disputes: 'Pressure Group Politics' Revisited," *British Journal of Political Science* 2 (1972): 421–42; Magali Sarfatti Larson, *The Rise of Professionalism. A Sociological Analysis* (Berkeley: University of California Press, 1977); Paul Starr, The Social *Transformation of American Medicine* (New York: Basic Books, 1982); Deborah A. Stone, *The Limits of Professional Power* (Chicago: Chicago University Press, 1980).

[2] 瑞典和法国分别于1663年和1892年建立了由政府部门监督的合法垄断行医制度，并规定了无证行医的处罚措施。瑞士在1867年建立了各州执照要求的协调机制，但并非所有州都参与其中，既没有政府机构控制医生数量，也没有对无证行医者进行处罚。因此医疗垄断直到20世纪20年代两个州撤销了允许无证行医的立法后才牢固确立，瑞士医学协会成了一个更有效的授权机构。瑞士医疗行业的执业门槛仍然最低，这一点从较弱的法律限制和由此产生的大量医生就可看出端倪。On Switzerland and France, Matthew Ramsey, "The Politics of Professional Monopoly in Nineteenth-Century Medicine: The French Model and Its Rivals," in Gerald L. Geison, ed., *Professions and the French State* (Philadelphia: University of Pennsylvania Press, 1984), pp. 225–305; on France, Monika Steffen, "The Medical Profession and the State in France," *Journal of Public Policy*, 7, no. 2 (1987): 189–208; on Sweden, Peter Garpenby, *The State and the Medical Profession. A Cross-National Comparison of the Health Policy Arena in the United Kingdom and Sweden* 1945—1985 (Linköping: Linköping Studies in Arts and Sciences, 1989). 有关这些问题的更多讨论和案例研究，参见本章作者的书，*Health Politics*: *Interests and Institutions in Western Europe* (Cambridge: Cambridge University Press, 1992)。

[3] 这些数字最初引用的是每位医生对应的居民人数，即瑞典为1 120人，法国为940人，瑞士为710人。James Hogarth, *The Payment of the Physician. Some European Comparisons* (New York: Macmillan, Pergamon Press, 1963),

pp. 60, 139, 281.

[4] William A. Glaser, *Paying the Doctor: Systems of Remuneration and Their Effects* (Baltimore: Johns Hopkins Press, 1970); Gerhard Kocher, *Verbandseinfluss auf die Gesetzgebung. Aerzteverbindung, Krankenkassenverbände und die Teilrevision 1964 des Kranken- und Unfallversicherungsgesetzes*, 2d ed. (Bern: Francke Verlag, 1972); *Läkartidningen* (Journal of the Swedish Medical Association) 1978: 1986–2000; Roland Mane, "Où va le syndicalisme médical?" *Droit Social* 25, (1962): 516–29; Jean Savatier, "Une Profession libérate face au mouvement contemporain de socialisation," *Droit Social*, 25 (1962): 477–9. Jean-Claude Stephan, *Economie et Pouvoir Médical* (Paris: Economica, 1978), pp. 38–9.

[5] 这是埃克斯坦提出的论点 [*Pressure Group Politics: The Case of the British Medical Association* (London: Allen and Unwin, 1960)]。See also Arnold J. Heidenheimer, "Conflict and Compromise between Professional and Bureaucratic Health Interests. 1947—1972," in Arnold J. Heidenheimer and Nils Elvander, eds., *The Shaping of the Swedish Health System* (London: Croom Helm, 1980), pp. 119–42; J. Rogers Hollingsworth, *A Political Economy of Medicine: Great Britain and the United States* (Baltimore: Johns Hopkins University Press, 1986); Rudolf Klein, "Ideology, Class and the National Health Service," *Journal of Health Politics, Policy and Law* 4 (1979): 484; Stone, *Limits of Professional Power*.

[6] Kenneth A. Shepsle, "Institutional Equilibrium and Equilibrium Institutions," in Herbert Weisberg, ed., *Political Science: the Science of Politics* (New York: Agathon, 1986), pp. 51–81; T. H. Hammond and G. J. Miller, "The Core of the Constitution," *American Political Science Review* 81, (1987): 1155–73; Kenneth A. Shepsle and Barry R. Weingast, "The Institutional Foundations of Committee Power," *American Political Science Review* 81 (1987): 85–104. On decision rules, see Fritz W. Scharpf, "Decision Rules, Decision Styles, and Policy Choices," *Journal of Theoretical Politics* 1 (1989): 149–76. On political logics, Douglas E. Ashford, "The British and French Social Security Systems: Welfare State by Intent and by Default," in Douglas E. Ashford and E. W. Kelley, eds., *Nationalizing Social Security* (Greenwich, Conn.: JAI Press,

1986), pp. 96-122.

[7] Duncan MacRae, *Parliament, Parties and Society in France, 1946—1958* (New York: St. Martin's Press, 1967); Maurice Duverger, *Institutions politiques et droit constitutionnel*. Vol. 2. *Le système politique français* (Paris: Presses Universitaires de France, 1976); Henry Ehrmann, *Politics in France*, 3d ed. (Boston: Little, Brown, 1976), pp. 298-9.

[8] Ehrmann, *Politics in France*, pp. 194, 196-7.

[9] Pierre Birnbaum, *Les Sommets de l'Etat* (Paris: Editions du Seuil, 1977), pp. 50, 71.

[10] Pierre Laroque, "La Sécurité Sociale de 1944 à 1951," *Revue Française des Affaires Sociales* 25, no. 2 (April-June 1971): 11-25.

[11] Henry C. Galant, *Histoire Politique de la Sécurité Sociale Française, 1945—1952*. Cahiers de la Fondation Nationale des Sciences Politiques No. 76 (Paris: Librairie Armand Colin, 1955).

[12] Henri Hatzfeld, *Le Grand Tournant de la Médecine Libérale* (Paris: Les Editions Ouvrières, 1963), pp. 78-103; *Revue de la Sécurité Sociale* (Journal of the health and social security funds), March 1957, pp. 9-12; interview, Clément Michel, exdirector of the FNOSS, June 7, 1984.

[13] Jean Imbert, "La réforme hospitalière," Droit Social 21, no. 9-10 (Sept. —Oct. 1958): 496-505.

[14] Haroun Jamous, *Sociologie de la Décision: la réforme des études médicales et des structures hospitalières* (Paris: Editions du Centre Nationale de la Recherche Scientifique, 1969).

[15] Archives Nationales. Direction de la Sécurité Sociale. Ministère des Affaires Sociales et de la Santé. "Travaux préparatoire à la reforme de la Sécurité Sociale de 1960," SAN 7515, Feb. 24, 1960.

[16] *Le Monde*, May 19, 1960, May 21, 1960; Jacques Doublet, "La Sécurité Sociale et son évolution [octobre 1951-juin 1961]," *Revue Française des Affaires Sociales* 25, no. 2 (April-June 1971): 41.

[17] Archives, SAN 7517 on position of CGT; cf. *Droit Social*, no. 3 (March 1960): 179, and no. 4 (April 1960): 242 for other union opinions. Doublet, *Sécurité Sociale*, pp. 41-2 for details on the special service.

[18] J. F. Aubert, "Switzerland," in D. Butler and A. Ranney, eds., "*Referendums.*" *A Comparative Study of Practice and Theory* (Washington, D. C.: American Enterprise Institute for Public Policy Research, 1978), pp. 46, 48-9.

[19] Schweizerische Gesellschaft für Praktische Sozialforschung (GFS) "Analyse der eidgenössichen Abstimmung vom 6. Dezember 1987," GFS Publications 12, no. 34 (March 1988).

[20] Aubert, "Switzerland"; Christopher Hughes, *The Parliament of Switzerland* (London: Cassell, 1962); Alfred Maurer, "Switzerland," in Peter A. Köhler and Hans F. Zacher, eds., *The Evolution of Social Insurance. 1881— 1981. Studies of Germany, France, Great Britain, Austria and Switzerland* (London: Frances Pinter; New York: St. Martin's Press, 1982), pp. 384-453; Leonhard Neidhart, *Plebiszit und pluralitäre Demokratie. Eine Analyse der Funktion der Schweizerischen Gesetzreferendums* (Bern: Francke Verlag, 1970).

[21] Aubert, "Switzerland," pp. 48-9.

[22] *Konkordat der schweizerischen Krankenkassen*, *Tätigkeitsbericht* (Concordat of Sickness Funds, annual report), 1958—1960 (Solothurn: Konkordat, 1960), p. 47.

[23] "Botschaft des Bundesrates an die Bundesversammlung zum Entwurf eines Bundesgesetzes betreffend die Änderung des Ersten Titels des Bundesgesetzes über die Kranken-und Unfallversicherung (vom 5. Juni 1961)," *Bundesblatt* (Swiss Federal Government Proceedings) 113, no. 25, I (1961): 1418.

[24] Department of Social Insurance cited in Neidhart, *Plebiszit und pluralitäre Demokratie*, p. 337.

[25] Cited in *Amtliches Stenographisches Bulletin der schweizerischen Bundesversammlung*. *Ständerat* (Parliamentary debates of States' Council). *Stenbull SR* (1962): 119.

[26] Kocher, *Verbandseinfluss auf die Gesetzgebung*, p. 147.

[27] Obrecht, *Stenbull SR*, 1963, p. 104.

[28] Hänggi, March 24, 1964, cited in Kocher, *Verbandseinfluss auf die Gesetzgebung*, p. 131.

[29] Gunnar Hesslén, "Det Svenska Kommittéväsendet intill år 1905. Dess uppkomst, ställning och betydelse," unpublished Ph. D. dissertation, filosofiska fakultetet i Uppsala humanistiska sektion, Uppsala. 1927, pp. 357, 360, 377; Ste-

第三章　博弈规则：法国、瑞士与瑞典的医疗政策制定逻辑

ven Kelman, *Regulating America, Regulating Sweden: A Comparative Study of Occupational Safety and Health Policy* (Cambridge, Mass.: MIT Press, 1981), pp. 131-2; Hugh Heclo and Henrik Madsen, *Policy and Politics in Sweden: Principled Pragmatism* (Philadelphia: Temple University Press, 1987).

［30］Olle Nyman, *Svensk Parlamentarism 1932—1936. Från Minoritetsparlamentarism till majoritetskoalition*, Skrifter Utgivna av Statsvetenskapliga Föreningen i Uppsala genom Axel Brusewitz No. 27 (Uppsala: Almqvist and Wicksell, 1947); on role of First Chamber, Douglas V. Verney, *Parliamentary Reform in Sweden, 1866—1921* (Oxford: Clarendon Press, 1957), p. 217.

［31］MacRae, *Parliament, Parties and Society in France*.

［32］*Svenska Dagbladet*. Swedish Conservative newspaper (*SvD*), March 10, 1948, pp. 3-4.

［33］Anita Jarild Ög, "Diskussion kring Medicinalstyrelsens betänkande, 'Den öppna läkarvården i riket,'" unpublished paper from the pro-seminar in Political Science, Uppsala University, 1962, p. 10.

［34］Nils Elvander, *Svensk Skattepolitik 1945—1970. En Studie i partiers och organisationers funktioner* (Stockholm: Rabén och Sjögren, 1972).

［35］*Riksdagens Protokoll FK* (Parliamentary debates of the First Chamber), 39 (1969), p. 72.

［36］Gunnar Biörck, *SvD*, Nov. 17, 1969, p. 4.

［37］对此有更全面的讨论和替代性解释，参见 Mack Carder, and Bendix Klingeberg, "Towards a Salaried Medical Profession: How Swedish was the Seven Crowns Reform?" in Arnold J. Heidenheimer and Nils Elvander, eds., *The Shaping of the Swedish Health System* (London: Croom Helm, 1980), pp. 143-72; Arnold J. Heidenheimer, "Conflict and Compromise between Professional and Bureaucratic Health Interests. 1947—1972," in Heidenheimer and Elvander, pp. 119-42.

［38］*Läkartidningen*, November 5, 1969, pp. 4625-8, November 19, 1969, p. 4826, Dec. 1969, p. 4964; cf. Carder and Klingeberg, "Towards a Salaried Medical Profession."

［39］我很感谢沙普夫的这一观点和这些例子。关于他对策略和制度约束问题的讨论，参见 Fritz W. Scharpf, *Crisis and Choice in European Social Democracy*, trans. Ruth Crowley and Fred Thompson (Ithaca, N. Y.: Cornell University Press, 1991), pp. 7-14.

第四章 从凯恩斯主义到货币主义的运动：制度分析与20世纪70年代英国的经济政策

彼得·A. 霍尔（Peter A. Hall）

20世纪70年代，英国经济政策发生了一场革命。当这个十年开始时，英国通常被视为凯恩斯时代（Keynesian era）的典型案例。[1] 80年代的英国却以不同的方向再次引领潮流。在首相撒切尔的领导下，货币主义（monetarism）的经济政策制定模式取代了它们的前辈凯恩斯主义。我们如何解释这种方向的转变，这是本章所要解决的经验问题。

对于那些想了解制度在政治生活中作用的人来说，20世纪70年代英国经济政策的演变同样带来了一系列重要的理论挑战。首先，该演变促使我们探索制度与政治变迁的关系。制度通常与连续性联系在一起：制度在本质上是惰性的（inertial）且与人类行为的规律性有关。因此，政治学者已经阐述了国家制度如何在时间的推移中保持政策连续性。[2] 然而，英国这一宏观经济政策制定的案例却涉及政策调整甚至可以说是根本性变革。本章据此考察制度在政策变迁过程中的作用，研究制度因素是否有助于解释政策的变迁和连续性。

我非常感谢博尔德研讨会的与会者，特别是阿什福德、卡岑斯坦、兰格、朗斯特雷思、斯考切波、斯坦莫、凯西·西伦（Kathy Thelen），以及朱迪思·戈尔茨坦（Judith Goldstein）、加勒特、罗斯玛丽·泰勒（Rosemary Taylor），对本章草稿提出的建议。对于该研究的支持，我要感谢德国马歇尔基金会（German Marshall Fund）。

第四章 从凯恩斯主义到货币主义的运动：制度分析与 20 世纪 70 年代英国的经济政策

从凯恩斯主义到货币主义的政策制定模式的转变，也为我们与历史制度主义相关的分析提供了案例。正如本书中多数章节所表明的那样，从历史制度主义视角看待世界的学者普遍强调制度在政治生活中的作用，但他们并非仅仅关注制度。相反，这些学者考察了一些变量在决定政治结果过程中的作用，这些变量通常包含制度、利益与观念等。[3] 英国从凯恩斯主义转向货币主义的漫长过程，涉及世界经济的根本性变革、社会与政治利益之间的冲突以及相互竞争的经济理论之间的较量。因此，通过研究这个过程，我们也能够将制度的影响置于更广泛的相互竞争的利益与观念矩阵中。

在这个矩阵中，制度以各种方式与利益和观念相互作用。通过提供与社会化过程相关的惯例以及对特定行为的激励，制度有助于构建关键政治行动者的利益。通过使有组织的活动和政治观点的表达对某些群体来说或多或少可行，制度影响了关键社会群体的利益所受到的压力。在多数情况下，已经制度化到政策过程的惯例会过滤新信息，影响了表达新观念的力度。在某些案例中，制度充当个人或集体意图的载体；在另一些案例中，制度改变行为的方式会给一个国家带来完全出乎意料且具有重大意义的后果。正如我们将看到的，与英国经济政策制定相关的制度并没有完全决定我们所关心的全部结果，但制度以某种对这些结果产生重大影响的方式构建了观念的流动与利益的冲突。

一、英国的政策演变

从 1970 年之后的 20 年来看，英国的政策演变非常明显。撒切尔政府在 20 世纪 80 年代初期所推行的经济政策与前任政府自第二次世界大战以后几乎没有中断地坚持的政策之间的差异很好地体现了这一点。[4] 撒切尔时期，通货膨胀取代失业成为宏观经济政策解决的核心问题。撒切尔政府拒绝依赖积极的财政政策，转而努力实现预算平衡。过去一度被视为次要的货币政策成为宏观经济管理的主要工具，至少最初以货币供应量的增长率为导向。撒切尔政府终止了长期以来被视为具有英国特色的收入政策,并在公共支出和税收增长35年后,寻求降低两者的水平。[5]

很大程度上,这些变化代表了一场可以用*政策范式*(policy paradigms)的概念来描述的观念革命。在宏观经济政策制定等技术复杂的政策领域,政策制定者通常受一套整体观念的指导,这些观念具体说明了如何看待他们所面临的问题,通过政策可以实现哪些目标,以及使用何种技术来实现这些目标。关于这些问题的观念相互交织所形成的相对连贯的整体,可以被称为政策范式。就像一个格式塔(gestalt),它建构了政策制定者看待世界的方式及自己在其中扮演的角色。[6]

与凯恩斯主义和货币主义相关的经济学说是这种政策范式的理想案例,每个理论都基于完全不同的经济模型。说到底,经济只是一套肉眼无法感知的人际关系和物质流动。为了理解经济必须进行解释或者建模,而不同的模型会开出不同的政策"处方"。因此,凯恩斯主义者与货币主义者的政策建议之间的差异绝非偶然,它们源自对经济运作方式截然不同的构想。

凯恩斯主义者倾向于认为私营经济不稳定,需要政府干预;货币主义者主张私营经济基本稳定,政府干预可能弊大于利。凯恩斯主义者认为失业是总需求不足导致的问题,而货币主义者认为"自然"失业率由劳动力市场的结构性条件决定,劳动力市场相对而言不受通货再膨胀政策影响。凯恩斯主义者认为通货膨胀是过度需求或工资压力过大引起的问题,可以通过收入政策来解决;货币主义者则主张通货膨胀始终是一种货币现象,只有通过控制货币供应来约束。[7]

因此,20世纪七八十年代,英国见证了指导经济管理的基本政策范式的转变。撒切尔政府的政策不仅仅是对某些政策的临时调整,而是与货币主义经济学的连贯愿景密切相关。今天,主流经济学已经综合了货币主义与凯恩斯主义范式的部分内容。但在20世纪70年代,这两种相互竞争的学说争夺对英国政策的控制权,并且货币主义范式取得了胜利。

第四章 从凯恩斯主义到货币主义的运动：制度分析与20世纪70年代英国的经济政策

然而，如果要追溯制度对这场革命的影响，我们就不能仅仅关注它的发生。就我们的目的而言，英国政策转变的具体轨迹同样重要，并且最好将其理解为一系列阶段。特别需要注意的是，尽管基本范式指导政策直到1979年第一届撒切尔政府当选时才发生变化，但在1976年至1979年，前任工党政府已经朝着货币主义方向迈出了几步。

希思领导下的保守党政府在1970年至1974年采取的经济政策可以被视为英国走向货币主义的起点。它们代表了凯恩斯主义政策制定的巅峰。尽管希思当选时承诺削减公共支出，降低政府对经济的介入水平，并朝着更开放的市场竞争方向转变，但在1971—1972年，面对失业率与通货膨胀率的上升，他的政府以经典的凯恩斯主义方式大幅增加公共支出，实行宽松的货币政策，制定法定收入政策并提供大规模的工业补贴。[8]简言之，希思最初与凯恩斯主义方式决裂的努力以突然转向凯恩斯主义方式而告终。

1974年，哈罗德·威尔逊（Harold Wilson）领导下的新一届工党政府的成立标志着英国政策演变的第二阶段。工党政府上台时，正好赶上了1973—1974年油价冲击导致的通胀水平上升和经济停滞。作为回应，政府通过注入资金来抵消经济衰退的影响，希望工会坚持自愿收入政策。[9]简言之，英国当局对20世纪70年代中期经济冲击的初步反应是高度凯恩斯主义的。

然而，1976年，英国的经济政策转向了货币主义方向。早在1976年10月，新任工党首相詹姆斯·卡拉汉（James Callaghan）就打破了战后传统，他在党内会议上表示财政刺激不能再用来应对不断上升的失业率。在一年之内，货币目标在经济政策制定过程中变得相当重要，政府开始了二战后英国有史以来最大幅度的公共支出削减。简言之，英国的经济政策甚至在撒切尔上台之前就发生了重大变化。然而，正如一些评论家所指出的，1976—1978年的政策制定者充其量只是"不相信货币主义的货币主义者"。[10]他们对推进货币主义政策发展毫无热情，也没有完全放弃作为战后共识基础的凯恩斯主义原则。

1979年，撒切尔领导的保守党政府当选，开始实施全面的货币主义政策，彻底放弃凯恩斯主义的基本原则。这是本章所考察的政策演变的最后阶段，尽管随着20世纪80年代的推进，货币主义政策本身也经历了另一个变迁过程。

在一些方面，英国经济政策的变化与世界其他地方相似。到20世纪80年代末，许多国家对凯恩斯主义的通货再膨胀犹豫不决，反而更加关注控制货币总量、减少税收与支出，以及扩大市场机制在资源配置中的作用。然而，英国案例具有鲜明的特点，值得进一步研究。英国从凯恩斯主义到货币主义的政策制定模式的转变不但遵循特定的轨迹，而且发生得相对较早并且异常突然与激进。其他国家倾向于以犹豫不决且零敲碎打的方式效仿英国。在其他大多数案例中，他们的政府改变了政策的某些方面，但其他方面则保持不变。很少有政府像撒切尔政府那样充满热情且始终如一地接受货币主义政策。[11]

二、利益、观念与制度

英国从凯恩斯主义转向货币主义政策的动力是复杂的，其中制度、利益与观念均扮演了重要角色。在转向作为本章主要关注点的制度的影响之前，有必要先介绍该过程的其他组成部分。

（一）经济发展

大多数国家都经历的两次经济变化对货币主义运动产生了重大的因果性影响，这一影响在英国尤其突出。第一次经济变化是20世纪70年代全球经历的通货膨胀大幅加速。1975年春天，英国的通货膨胀率急速上升，并达到了每年25％的峰值。第二次经济变化是在1973—1974年石油和大宗商品价格上涨之后，随着失业率上升出现了经济生产的普遍停滞，英国与大多数工业国家都经历了这种情况。这些经济变化的起因存在争议，但无论原因如何，结果是显而易见的。英国的经济状况在20世纪70年代急剧恶化。[12]

转向货币主义很大程度上正是对20世纪70年代经济表现持续不佳以及凯恩斯主义政策明显无力扭转局面的回应。通常情况下，对过

第四章 从凯恩斯主义到货币主义的运动：制度分析与20世纪70年代英国的经济政策

去政策结果的幻灭促使人们寻找新的替代方案。

然而仅凭经济发展并不能解释英国为什么选择货币主义作为替代方案，也不能解释英国政策演变的具体轨迹。经济变化与政策反应之间没有一一对应的相关性。英国对通货膨胀和失业率上升的最初反应显然是凯恩斯主义的。在相当长的一段时间之后，政策才转向货币主义方向。此外，别国实践表明，英国所奉行的货币主义并不是应对20世纪70年代经济困难的唯一可能对策。许多其他国家针对类似问题采用了截然不同的政策。因此，对英国政策历程的解释必须包含一些额外变量。

（二）争夺社会利益

与大多数政策相似，宏观经济政策倾向于维护某些社会群体的物质利益，而不利于其他群体。尽管凯恩斯主义和货币主义政策均具备某些普遍的优点，但两者也不例外。意识到这一点，工人阶级的组织代表在20世纪70年代普遍支持凯恩斯主义政策，而资本的代言人则更强烈地倾向于货币主义政策。在英国资本的各个组成部分中，金融界人士往往比实业家更倾向于支持货币主义政策。在劳工运动中，公共部门的雇员往往比私营部门的工人更强烈地抵制货币主义政策。

即便物质利益冲突在政策过程中并不明显，但忽视政策颁布过程中利害攸关的物质利益冲突是错误的。即使在隐蔽或高度调解的情况下，权力和资源的斗争也总是政治运作框架的关键部分。[13]正如我们将看到的，利益不同的广泛社会群体之间的权力分配，是从多个方面推动凯恩斯主义转向货币主义的一个因素。尤其是在20世纪70年代，有组织的劳工和金融资本对政策制定的相对权力发生了变化，加速了货币主义的初步发展；迈向全面货币主义的倒数第二步，是由一场激烈的选举竞争促成的，保守党为了获得关键社会群体的支持，从工党背后的社会联盟中拉走了工人阶级的很大一部分。[14]近年来，英国从凯恩斯主义到货币主义的转变最终涉及工人阶级和资产阶级之间一系列更广泛的冲突，其中出现了明显的赢家与输家。[15]

然而，无论是在英国还是其他国家，政治和经济制度通过将争论引向特定方向来调解这些冲突，以牺牲其他人的利益为代价而使某些人享有特权，并且一直在深刻地影响着权力平衡。如果说货币主义代表了英国社会中某些群体对其他群体的胜利，那么就不能仅以这种方式来看待货币主义政策取代凯恩斯主义政策的过程。英国政策进程中的制度不仅塑造了竞争性群体看待自身利益的方式，而且塑造了追求利益的相对权力。

（三）观念的变化

正如竞争性政策范式的概念所强调的，从凯恩斯主义到货币主义的政策制定模式转变归根结底是一个关于观念转变的故事。货币主义的可用性和吸引力是英国宏观经济政策变化方向的核心。凯恩斯主义的处方没有改变持续存在的通货膨胀与失业问题，政策制定者自然而然地开始寻找替代方案；在提出的替代方案中，货币主义显示出独特的优势。尤其在凯恩斯主义的方案越来越笨重且更侧重失业问题时，货币主义直接涉及英国关注的通胀问题。

然而，英国的政策演变主要不是由经济学家观点的变化导致的。由于凯恩斯主义和货币主义政策范式在经济方面存在高度分歧，所以很难获得明确证据证明经济科学的一种范式优于另一种。因此，20世纪70年代和80年代初期，当英国政策转向货币主义时，政府体系内外的绝大多数经济学家都仍然坚定地保持着凯恩斯主义的立场。[16]在这种情况下，政策转变先于而非跟随经济学家的专业意见。在撒切尔时期，保守党出于政治与经济原因支持货币主义，然后将货币主义政策强加给了一群相当不情愿的经济官员。

与许多其他案例一样，这一案例中新观念的影响在很大程度上取决于当时的情况，一些是经济的，但另一些是高度政治的，所有这些都受到制定政策与获得政策权力的制度框架的约束。货币主义观念的存在并不能保证它们会被政策制定者所采纳。问题在于如何解释为什么是这些观念而不是其他观念被这些行动者采纳，以及为什么这些行动者而不是其他人能够获取政策权力。[17]

第四章　从凯恩斯主义到货币主义的运动：制度分析与20世纪70年代英国的经济政策

（四）制度因素

本章的核心关注点是政策制定的制度背景在英国政策演变过程中的作用。我们应当如何概念化英国制定经济政策的制度背景？这里使用的"制度"是指构成政体与经济中个人之间关系的正式规则、合规程序和习惯做法。制度可能或多或少是正式的，但总是用来规制在其中运作的个人的行为。[18]

关于英国经济政策的方向和政治经济中的权力分配，可以从三个制度层面来思考，每个制度层面都对这些结果有特定的影响。

第一，在总体层面，我们熟知的与民主政体和资本主义经济联系在一起的基本组织结构有助于劳资之间的总体权力平衡，并有利于某些政策路线而非其他政策路线。在这个层面值得注意的是，关于定期选举和经济制度的宪法规定将生产资料的所有权留在了私人手中。许多学者都探讨了这一总体结构框架对经济政策的影响。[19]这一总体结构框架往往对政策方向施加非常广泛的约束。

第二，从低一级的层面来看，每个国家和社会的基本组织所固有的一些特征同样可以说影响了社会群体之间的权力分配，以及最容易制定或实施的政策类型。在这个层面，我们看到各国之间的差异更大；大量文献将这些制度差异与不同的经济政策模式联系起来。与这一层面相关的制度特征可能包括工会运动的结构（包括其密度、集中度与集权度）、资本组织（包括其管理形式、雇主组织的性质、资本各部分之间的关系，以及它们融入国际经济的方式）、政治制度的性质和国家结构（包括政党制度的性质、国家内部的行政责任分工及其对外部建议的接受程度）。[20]

第三，虽然不像上述因素那样能界定清晰，公共机构和组织的标准操作程序、规章与惯例同样应当被视为对政策结果具有一定影响力的制度因素。其中一些可能相对正式而另一些相对非正式，但两者同样有效。这一类型的制度因素比前两个层面的制度因素更易变：规定比政体更容易发生变化。然而这类惯例和规定并不是暂时性的。它们可以使某些社会群体的倡议和利益优先于其他群体，从而对权力分配与政策方向产生重大影响。[21]

三、政策进展

(一)希思政府的政策(1970—1974年)

尽管从 1970—1974 年希思政府的政策开始描述货币主义转向不是常见的做法,但这提供了一个基点,可以告诉我们很多关于随后的变化的重要性。这是一个狗没有吠叫的案例。希思政府的很多目标与撒切尔十年后所追求的目标相似。他的竞选纲领强调了降低税收、减少公共支出、恢复市场竞争与限制国家干预经济的重要性。然而,面对不断上升的失业率和通货膨胀率,希思放弃了上述目标并转向传统的凯恩斯主义的通货再膨胀。[22] 这与第一届撒切尔政府形成了鲜明对比。面对更严重的经济衰退,撒切尔政府拒绝改变高度通货紧缩的货币主义政策路线。

我们如何解释这两个政府的不同行为?有人认为撒切尔只是更有决心。她自称是"信念坚定"的政治家,但希思也被公认为是非常固执的政治领袖。撒切尔的任期是在希思政府的几年之后,这一点非常重要:她的行为显然受到了常规看来希思政策大转变的负面教训的影响。然而,可能更重要的是撒切尔上台时货币主义范式的状态。1979年,货币主义范式已经成为占统治地位的凯恩斯主义范式的全面替代方案,在伦敦金融城和媒体界拥有重要的制度支持基础,几所大学的经济学家也很支持这一范式。撒切尔能够顶住来自政府内外的巨大压力,在很大程度上扭转 1980—1981 年的政策,原因就在于她可以利用货币主义范式来解释其他人眼中的意外事件,并将她对变革要求的抵制变得合理化。

相比之下,在面临改变其最初政策立场的类似压力时,希思缺少具有同等连贯性的概念框架或制度支持来抵制逆转路线的要求。20世纪 70 年代初,货币主义思想在美国和英国的经济学家中颇为流行,但它们在英国政策制定体系中没有坚实的制度支持基础。尽管希思政策的许多要素与撒切尔后来所追求的颇为相似,但前者只不过是以相

第四章　从凯恩斯主义到货币主义的运动：制度分析与20世纪70年代英国的经济政策

对临时的方式制定的松散的愿望集合，缺少成熟的政策范式所提供的连贯支持。因此当希思遇到意想不到的经济状况，似乎需要改变政策时，除了已经在政策进程中制度化的凯恩斯主义范式之外，他没有其他可以依靠的指导。面对不断上升的失业率与通货膨胀率，通货再膨胀和收入政策成为必要的应对措施，政府相应地采取了这些政策。

值得注意的是，20世纪70年代初期，凯恩斯主义范式在英国政策进程中已经被多么深刻地制度化了。英国政府的结构有助于特定政策范式的制度化。在美国政体中，许多不同的机构在政策进程中都有发言权，政策进程受不同的外部建议的影响，而英国制度则赋予财政部的一些高级公务员对权威经济建议的实际垄断权。财政部是一个由职业公务员主导的小型的、等级森严的组织，只有它可以访问最新的经济数据以及作为政策预测基础的政府的宏观经济模型。1970年，财政部计量经济学模型中的方程系统及其用于制定预算判断的标准操作程序都已经将凯恩斯主义的经济观点制度化了。[23]在政府之外，几乎没有其他可靠的替代性建议来源。仅有的另外能够提供经济预测的机构是英国国家经济和社会研究所，而它同样是坚定的凯恩斯主义者。鉴于凯恩斯主义在英国政策进程的制度中根深蒂固，希思政府执政后不久就退回到传统方式也就不足为奇了。

（二）工党政府执政初期的政策（1974—1975年）

1974年，一场由石油价格大幅上涨引发的经济危机以及威尔逊领导下的工党政府的当选，开启了20世纪70年代英国经济政策演变的第二阶段。新政府将如何应对新的经济危机？

凯恩斯主义在财政部内部的制度化的程度再次成为政府应对危机措施的核心。尽管石油价格上涨对英国经济产生了显著的财富效应，而且不断上升的通货膨胀率正在改变储蓄率和财政乘数，从而使经济能够抵抗传统的通货再膨胀，但财政部官员很难理解这些发展。他们的计量经济学模型所生成的预测是基于过去数据的回归得出的参数，这些参数不能反映这些潜在经济关系的最新变化。计量经济学的结论总是滞后的。部分原因在于，许多财政部官员倾向于将1974年的经济停滞视为正常的衰退，且需要采取通货再膨胀的政策来应对。[24]

然而，在这一点上，英国政体的几个制度性特征同样重要。其中最突出的是选举的约束。工党在1974年2月以少数党政府的身份当选，预计不久将举行另一次选举。因此，政府具有扩大选民支持的强烈动机，即以通货再膨胀政策刺激经济发展。此外，由于工会在工党内部享有特别的制度性权力，工党政府很难对其实施不受欢迎的紧缩措施。这些困难因工会日益反对20世纪60年代的收入政策而加剧。因此1974年的工党政府希望通过与工会订立的模糊的社会契约来限制工资；根据该契约，工会应该自愿限制工资以换取有利的经济、社会和劳资关系政策。政府为了得到工会的配合，推行扩张性支出政策，但面对通货膨胀的快速上升，许多工会自然而然地寻求大幅加薪，这让政府束手无策。公共部门的工资同样迅速上涨，进一步扩大了公共支出。

因此，仅仅1974—1975年，公共支出就增长了6.1%；政府在这两年内的公共支出达到整个任期内最初公共支出计划的一半。1974—1975年的公共部门赤字超出了所有人的预期，几乎上升到国内生产总值（GDP）的10%。如果我们认为，每个政府都有一个特定的经济增量，它反映了其在执政期间能够承受的通货再膨胀与债务融资公共支出的数量，那么1974—1979年的工党政府在执政第一年就在无意间花光了全部增量。这一情况为即将到来的政策巨变埋下伏笔。

（三）政策变革（1976—1977年）

1976—1977年，英国的经济政策在某种程度上已经朝着货币主义的方向转变了。这两年是英国货币主义运动的关键过渡阶段。一方面，这两年的大幅削减开支和紧缩性货币政策反映了凯恩斯主义者在这种情况下可能采取的正常水平的通货紧缩立场，同时伴随着对货币总量增长率的新担忧。这一时期的政策制定者承认他们的部分灵感来源于对凯恩斯主义处理当代经济管理问题的能力的幻灭。另一方面，这些政策并不代表他们完全接受了货币主义范式。这是为补救凯恩斯

第四章 从凯恩斯主义到货币主义的运动：制度分析与20世纪70年代英国的经济政策

主义范式崩溃而采取的临时措施。实施这些政策的人基本上仍属于凯恩斯主义者。货币主义范式在1979年新一届保守党政府当选之后才被全面接受。

那么，应该如何解释经济政策在1976—1977年的转变呢？一些人将其归因为国际货币基金组织（International Monetary Fund）的要求，英国在1976年秋天向其寻求有条件的贷款；国际货币基金组织在这方面确实发挥了作用。[25]然而，政策转变早在1976年秋季国际货币基金组织谈判之前就已经开始了，并在1977—1978年政府再次获得可操作性空间后继续进行。即使在工党内阁内部，也有很多人认为，1974—1975年的超支以及随之而来的国际收支问题需要新一轮的开支削减。[26]

此外，1976—1977年的紧缩政策很快超出了谨慎的凯恩斯主义者的共识。这一时期推行的大量经济政策实际上是金融市场强加给政府的。在这方面，1974—1975年以及1976—1977年之间发生的根本性的政策转变反映了最有趣的社会力量之间权力分配的转变。1974—1975年的扩张政策在很大程度上是对有组织的劳工权力的回应。因此许多评论家认为20世纪70年代是工会在英国政治中获得压倒性权力的十年。但这并不是故事的全部。工会权力在1974—1975年达到了顶峰。1975年春，在同意执行严格的收入政策之后，工会开始失去对政府和普通民众的影响力。1976—1977年，通过金融市场运作的金融资本的力量急剧上升。如果说20世纪70年代初期工会的权力有所增加，那么这十年的后五年则见证了政策权力向金融市场的关键转移。

在某种程度上，金融市场日益强大的权力是以往政策的直接结果。20世纪70年代早期的扩张政策导致公共部门赤字上升，政府不得不从金融市场借入更多资金；而对债务日益依赖，促使政府越来越关注金融市场对经济政策的看法。[27]除此之外，这些年来政府债券市场（金边债券市场）的制度实践发生了一系列变化，极大地增强了市场相对于政府的权力。这是一个典型的意料之外的结果的

113

案例。

相关变化始于1971年，当时希思政府引入了一系列与《竞争与信贷控制白皮书》（White Paper on Competition and Credit Control，CCC）相关的改革，旨在通过取消对信贷数量的控制来促进银行业的竞争。一旦取消自1958年以来一直作为货币政策支点的数量控制，政府将主要通过改变利率，尤其是英格兰银行确定的银行利率（最低贷款利率），来对货币总量和经济中的总体信贷水平施加影响。这里无法讲述竞争与信贷控制的全部故事。[28]只需说改革的主要目标是信贷控制和银行系统，而不是政府债券市场竞争条件的管理。尽管人们当时尚未完全理解，但这项改革对政府债券市场产生了巨大的副作用。

在《竞争与信贷控制白皮书》发布之前，英格兰银行按照"出纳员"的市场管理方法管理政府债券市场。简言之，其前提是通过利率变化最小化使债券价格最低，从而将持有政府债券的风险降至最低，以此来确保政府的债券需求。[29]由于现在新的竞争与信贷控制系统下的货币控制主要通过利率波动来实现，基于限制利率变化的金边债券营销系统被证明与其并不兼容。因此当局开发了一种新的方法，可以称为"经济学家"的金边债券管理方法。[30]如果说所谓的"出纳员"方法的前提是通过最小化投资者可能遭受的损失来使金边债券具有吸引力，那么"经济学家"方法的前提是金边债券可以通过为投资者提供高额利润的可能性而变得有吸引力。为了出售金边债券，当局会将利率上调到足够高的程度，以使市场认为利率不会再上升。投资者相信利率接下来会下降，于是购买金边债券，因为债券价格将随着利率下降而上涨，投资者将持有一种快速升值的商品。该理论认为，金边债券可能不像旧体制下那样安全，但它会在带来高回报的基础上保持可销售性。英国官员最初没有意识到竞争与信贷控制需要一个新体系来销售金边债券，但到了1974年，他们被迫实施了新体系。

然而，新体系的实施导致金边债券市场的购买者和经纪人的行为产生了诸多变化。第一，它极大地增强了市场的凝聚力，即金边债券

第四章 从凯恩斯主义到货币主义的运动：制度分析与20世纪70年代英国的经济政策

购买者共同行动的程度。此前，金边债券的购买量在时间分布上相对平均，但为了避免新体系下的损失，投资者必须在利率似乎达到峰值的时候采取行动。这进一步强化了市场中始终存在的从众本能。因此，当局可能会在几个月内只出售少量金边债券；然后在银行利率上调一个档位之后，一天之内突然卖出数百万英镑的债券。

第二，金边债券市场的这些新做法使准确预测利率变化对经纪人和购买者来说变得更加重要。在新体系实施的最初几年，许多经纪公司的破产事件充分说明了这一点。因此经纪公司开始雇用越来越多的年轻经济学家来监控政府政策，以便预测利率变化和金边债券价格。经纪人对政府的整体经济政策产生了更浓厚的兴趣；为了客户的利益，他们开始在越来越多的通告中公开预测这项政策。直到1976年，数十种此类出版物在伦敦金融城流通，包括菲利普斯和德鲁（Philips and Drew）的《经济预测》、格林韦尔（Greenwell）的《货币公报》、卡佩尔（Capel）的《讨论文件》、梅塞尔（Messel）的《月度监测报告》、罗和皮特曼（Rowe and Pitman）的《市场报告》、维克斯·达·科斯塔（Vickers da Costa）的《英国经济》以及许多其他出版物。这些出版物中的观点得到了投资者的普遍关注，并获得了优质媒体的报道。财政大臣本人开始抱怨这些"青少年城市涂鸦者"（teenage City scribblers）施加的影响。

新的市场实践及其引发的通告，既提高了市场对政府政策变化的反应速度，又使这种反应变得越来越单一。随着市场凝聚力的增强，它对政府的影响力也随之增强。正如投资者通常会一窝蜂地购买金边债券一样，他们同样会在形势似乎不利时一起观望。投资者越是踌躇不前，政府就越是不顾一切地出售金边债券，当局就越有可能不得不提供更好的条件，要么提高利率，要么降低公共部门借款需求（public sector borrowing requirement，PSBR）来排除利率上涨。简言之，金边债券市场的新动态越来越具有自我实现的特征。市场的凝聚力使金边债券的购买者越来越容易从政府那里获得政策让步。[31]

第三，伦敦金融城内部似乎越来越关注货币供应量的增长率。由

结构化的政治：比较分析中的历史制度主义

于他们的主要任务是预测利率和债券价格的走向，大多数涌入伦敦金融城的年轻经济学家自然对货币总量感兴趣。这些经济学家逐渐发现，政府不得不出售的金边债券的数量取决于货币供应（money supply, M3）增长率、银行对私营部门的贷款水平和公共部门借款需求的规模之间的关系，而这些都能够相当准确地预测。一旦政府像1976年那样为货币供应设定一个目标，政府出售金边债券的需求就能非常准确地预测出来。[32]一旦这样的预测成为可能，市场就可以毫无风险地等待政府提高利率或削减公共支出和公共部门借款需求，因为这些经济学家知道如果要实现目标，当局几乎别无选择。实际上，凭借无与伦比的凝聚力与丰富的信息储备，市场实际上可以勒索政府。[33]

最有趣的是，这些发展并不涉及金融界与政府的任何阴谋。众所周知，伦敦金融城从未同情过工党政府，但这一时期内，迫使政府做出让步的周期性不愿购买金边债券的行为，并不是有组织的运动产生的。这仅仅是个人投资者试图跟随市场线索，以实现自身利益最大化的一系列决策的综合结果。如果市场的制度化实践中没有激励统一行动的相关措施，那么这些个人投资者将愿意为了自己的利益而脱离集体。[34]

类似的情况也出现在20世纪70年代的外汇市场。虽然本章不能详细论述，但外汇市场在20世纪70年代同样给政府带来了巨大的压力。十年间欧洲货币市场的大规模增长产生了大量资本，这些资本可以相对快速地从一种货币转移到另一种货币，外汇市场开始对许多与英国债券市场相同的信号做出反应。结果，两个市场的投机压力开始相互增强，政府经常发现自己无法同时推销金边债券或抵御英镑挤兑，除非政府进一步提高利率或削减公共支出。

任何一方都没有失去金融市场的新生力量。财政部常务秘书对这一时期的看法是："如果市场认为某个国家所实施的政策可能会损害在该国持有的或以该国货币标识的资产，那么它们很可能会采取迫使政策变化的行为方式。市场行为已经成为影响政策制定的重要因

第四章 从凯恩斯主义到货币主义的运动：制度分析与 20 世纪 70 年代英国的经济政策

素。"[35]一位经纪人近乎思辨地指出："金边债券市场在某种意义上是沃尔特·白芝浩（Walter Bagehot）所说的制衡的当代延伸。这是对工党政府、社会主义以及他们过多增加公共支出倾向的一种制衡。在我们追求货币目标的当下尤为如此。"[36]

因此，1976—1978 年，政府被迫多次提高利率和减少公共支出。反映新形势的一个方面是，每年由财政大臣发布的重要财政报表数量的急剧增加；另一个方面是政府重新关注货币政策，例如尽管对出口产生不利影响，但政府仍然在 1977 年秋季决定让汇率升值，而不是允许外汇流入以扩大货币供应。[37]在 1976—1977 年不可思议的货币主义政策背后，是一系列加剧金融市场压力的制度变革。

（四）撒切尔治下全面转向货币主义

如果说 1976—1978 年是过渡时期的话，那么只有在 1979 年 5 月撒切尔领导下的新保守党政府当选之后，政策制定才全面转向货币主义模式。撒切尔政府一上台就开始大幅度地转变经济政策的方向。它取消了外汇管制，为英镑的货币供应增长率设置了固定目标，并将最低贷款利率上调 3 个百分点后达到 17% 以实现其目标。新政府的第一个预算采用了基于中期金融策略的新的宏观经济管理办法，为未来几年的货币供应增长率设定了明确的目标。降低通货膨胀率成为政府的首要目标，而降低公共部门赤字是实现这一目标的主要手段。尽管货币政策在 1980 年底略有松动，但 1981 年的预算再次出现通货紧缩，这一阶段英国的失业率出现了自 1930 年以来最大幅度的增长。通过这些措施，撒切尔政府走上了一条与战后英国经济管理特征彻底偏离的道路。[38]

为了解释通往货币主义决策模式的最后一步，我们必须回答两个问题。为什么撒切尔和保守党在经济政策上采用货币主义政策？为什么他们会在 1979 年当选？答案再次聚焦于利益与观念的复杂互动，其中制度因素发挥了关键的中介作用。

解释应当从先前范式和被称作凯恩斯主义共识的崩溃开始。经济形势的变化开启了这一进程。20 世纪 70 年代，英国的通货膨胀率和失业率同时上升，这对大多数凯恩斯主义者关于两个变量的平衡假设提出了质疑，并产生了凯恩斯主义模型难以预测或解释的影响。一个结果是一系列错误的预测。随之而来的自然是一些严重的政策失误，且未能产生预期的结果。这种政策失误引发了特定时期的一系列制度发展。

财政部在经济政策问题上享有的垄断权力开始受到侵蚀，一系列与强调外部*市场重要性的经济思想*相关的新制度开始在英国发展。随着经济问题的加剧，财政部的凯恩斯主义者令人满意地处理这些问题的能力似乎有所下降，一些外部机构被建立起来以提供对经济和经济政策的替代性分析。其中最突出的是经纪公司的研究部门，这些部门随着上述金融市场的变化而扩大，其通告形成了对经济问题有影响的秘密出版物。相继成立的独立机构同样获得重要地位，如伦敦商学院的经济预测中心、剑桥经济政策小组和保守党建立的政策研究中心。1976年，当一些心怀不满的议会议员迫使财政部公布其预测英国经济模型的细节时，这些机构获得了重要的额外资源。

105 　　20世纪70年代，英国媒体关于复杂经济问题的报道量空前增加，其中很多带有货币主义风格。1975—1979年，《泰晤士报》《金融时报》《经济学人》《每日电讯报》和其他报刊发表了数千篇带有货币主义倾向的文章。政府面临大量的意见，更重要的是，这些年里很少有英国经济学家持有货币主义观点。那么，为什么有这么多记者接受它们呢？许多人开始普及货币主义观念，因为他们正在寻找一个可对政府政策进行明智批评的立场。正如一位有影响力的记者指出的："对白厅和伦敦金融城内许多有思想的人来说，这是一段极其屈辱的历史……我们中的一些人有意识地决定将这些人逼得无路可退。"[39] 其他人接受货币主义分析只是因为后者成了当时的"角度"。正如有人曾解释的那样，"我们将货币主义视为统治英国的凯恩斯主义正统学说的主要替代物，我们从这个角度对它感兴趣"。[40]

作为一项制度，媒体是国家与社会之间重要的传输带，这一点有时会被那些专注于传统利益中介渠道的人所忽视。然而，因为媒体会

第四章 从凯恩斯主义到货币主义的运动：制度分析与20世纪70年代英国的经济政策

针对特定问题寻找角度，所以它们更像是一个放大镜而不是反映民意的镜子。经济记者在20世纪70年代对货币主义问题的激烈讨论是货币主义在英国普及的关键。

英国政党制度的性质同样在货币主义观念的发展过程中发挥了重要作用。在英国体制中，通常只有两个政党可能竞选上台，而获胜者通常独自执政，在野党总是寻求一个连贯的立场，并从这个立场出发对政府的表现进行有效攻击，尤其是在选民非常关心的问题上。[41]因此，许多保守党人开始对货币主义表现出兴趣，将其作为攻击工党政府乏善可陈的经济政策的连贯立场。他们受到强大的制度激励来接受并推行可替代的经济学说。

此外，货币主义观念对保守党右翼人士有特殊吸引力，他们在1974年希思领导下的温和派选举失败后获得了影响力。他们在货币主义学说中为长期以来支持的许多政策举措找到了高度连贯的理论依据。货币主义理论为削减公共支出和税收、减少公共部门赤字、拒绝收入政策、缩小公共部门与限制工会的法律权力提供了令人信服的经济理由。[42]因此，基思·约瑟夫（Keith Joseph）爵士和撒切尔有意自学货币主义学说，并成立政策研究中心，以便在党内更广泛地传播这些观念。

1979年保守党的胜利是多种情况综合作用的结果。然而证据表明，两个因素对结果产生了至关重要的影响。[43]一个是保守党政策立场的受欢迎程度，其中一些涉及经济的立场与货币主义观点密切相关。另一个是选民对上届工党政府收入政策的强烈反对，这种反对因民众对1979年"不满之冬"期间公共部门爆发的自发性罢工的不满而加剧。

鉴于英国经济表现不佳，工党面临一场艰苦的选举战。但选民强烈反对政府在1974—1979年为确保自愿限制工资而做出的曲折努力。在这方面，劳工组织与英国货币主义的兴起有关。英国工会的分散性导致政府尤其难以成功地实施收入政策。每一轮危机谈判都会产生政治成本。政府本身的权威似乎已经因不断安抚工会的努力而被削弱；

而工会的受欢迎程度在1974—1979年急剧下降。

面对这场危机，货币主义似乎提供了恢复政府权威的方案。货币主义者主张，政府可以简单地通过坚持严格的货币增长目标来控制通货膨胀和工会。他们认为货币目标将迫使工会接受适度的经济增长，否则就会面临失业风险。实际上，1979年保守党竞选的潜台词之一是攻击工会。撒切尔政治纲领中最受欢迎的内容是禁止二次罢工，并承诺将停止向罢工者家属支付社会保障金。凭借这些承诺，以及出售公共住房和降低所得税的进一步承诺，撒切尔组建了一个选举联盟，吸引了许多中产阶级选民，工人阶级的重要部分离开了工党。[44]

四、结论

正如这份简短的总结所表明的，英国经济政策从凯恩斯主义到货币主义的转变是一个包含诸多要素的复杂过程。其中，经济发展、社会群体之间的利益冲突和新观念均发挥了作用。然而，整个进程是由英国政体与政策进程的制度性框架建构而成的。

制度是做什么的？让我们来总结一下英国政策制定制度框架中每一个层面的制度对政策进程的影响。总体而言，英国的政策制定是在以资本主义生产关系和民主选举制度相结合为标志的框架内进行的。一方面，该框架并没有规定用货币主义的方案来解决20世纪70年代的经济困难，正如许多其他具有类似政治经济框架的国家所采取的不同路径一样。另一方面，该框架倾向于对政策制定者施加广泛限制，这些政策制定者强烈反对涉及对现有生产关系进行重大变革的激进计划。企业家反对此类计划的力量异常强大，因为他们控制着对经济繁荣至关重要的生产与投资手段，而选举的限制很快就会将商业信心的丧失和繁荣的任何衰退转化为选票的流失。

与实际政策进程更密切相关的是英国的国家和社会组织。其中最突出的是英国工会运动的组织。工会运动强大到足以产生强大的通货膨胀压力，但其组织的碎片化特征，也足以使与收入政策相关的失业和通货膨胀问题的新法团主义解决方案变得尤其难以实现。正如我们

第四章 从凯恩斯主义到货币主义的运动：制度分析与20世纪70年代英国的经济政策

所看到的，1974—1979年，工党政府在说服一个四分五裂的工会运动遵守工资标准方面所遇到的困难，为其在1979年的选举失败和货币主义观念在许多方面的流行铺平了道路。在这种情况下，我们可以看到为代表工人阶级等社会群体的利益设计的制度本身如何影响这些利益的定义与表达。一个不那么碎片化的工会运动可能比英国工会更倾向于追求新法团主义的解决方案，并且可能更有效地实施这些方案。[45]

英国政治体制的一些特征似乎同样影响了政策进程。一方面，与欧洲大陆的联合政府模式相比，英国以激烈的两党制为特征的政党体系赋予保守党强烈的动机去寻求货币主义之类可明确替代工党政策的方案。另一方面，保守党一旦执政，就有能力对经济政策进行彻底的改革，部分原因在于英国的"责任内阁制"政府体系赋予了内阁及其首相巨大的权力。很难想象德国、法国或美国的政府会像英国那样与过去决裂；事实上，他们这样做的努力都比英国政府更快地消散了。[46]

这一分析表明，尽管我们习惯将制度视为倾向于产生政治规律的惯性因素，但某些类型的制度配置可能会系统性地倾向于变革。我们在英国发现的责任内阁制政府和两党制政治体制的结合可能正是这样一种配置。[47]两党制使在野党有强烈的动机去创新政策方针，以便在选民心目中树立不同的形象，并以此为基础对执政党进行有效攻击。一个责任内阁制政府体制能够有效地集中权力，从而允许新政府在政策上实现创新。[48]

英国媒体异常集中的特征同样在这一事件中扮演了重要角色。20世纪70年代，4家报纸主导了英国优质报纸的全国市场，其中3家报纸在英国经济学家尚未接受货币主义的阶段，就大量报道了货币主义的观念和问题。这种报道加剧了英国政府在1976—1977年面临的货币主义政策压力，并为那些试图说服保守党相信货币主义政策优势的人铺平了道路。[49]在这种情况下，特定的制度设置为一套新观念的支持者提供了一个有影响力的平台，让他们可以利用这个平台推广新观念。

这个案例至少提醒我们，与民主政体相关的选举制度和大众媒体能够成为启动政治变革的重要制度场所。虽然国家本身的许多制度特征趋于惰性，但民主政治体制包含创新的途径。货币主义政策实际上是政客们为回应媒体和选举领域的激励矩阵而强加给一群不情愿的官员的。

英国官员采用的标准操作程序构成了对政策轨迹产生重大影响的第三个层面的制度。财政部的惯例与政策制定程序充当了对外部经济发展做出反应的过滤器。希思政府和威尔逊政府最初在某种程度上都以典型的凯恩斯主义方式应对失业率与通胀水平的不断上升，原因在于凯恩斯主义的经济管理方法已经常规化为财政部的标准程序。它们在 20 世纪 70 年代初被纳入计量经济学模型，日益成为决策的核心。这一建立在对过去经济关系估计之上的模型未能预测出 20 世纪 70 年代经济中不断变化的关系，导致了许多错误的预测和人们对凯恩斯主义希望的幻灭。

英国财政部本身的结构进一步加强了这些惯例的惯性影响。它在相当秘密的情况下运作，由在宏观经济政策制定方面拥有极大权力的职业公务员组成。货币主义学说在英格兰银行更快地获得了影响力，并在最终向官员施压的政客中获得了影响力，部分是因为英格兰银行的高级官员与金融界关系密切。

同样，我们已经看到金融市场操作程序的变化如何改变了投资者面临的激励结构，从而在 1976—1979 年加大了对政府推行货币主义政策施加的压力。这是一个制度改革产生重大意料之外的结果的经典案例，展示了特定社会利益的力量如何被他们所置身其中的制度框架所塑造。20 世纪 70 年代后半期，与竞争和信贷控制相关的制度改革极大地增强了金边债券市场中金融家相对于英国政府的力量。尽管决策的背后往往隐藏着社会群体之间的更广泛的权力和资源斗争，但这种斗争由政治与经济制度来调解，这些制度将斗争导向特定方向并以牺牲其他群体的利益为代价为某些群体提供特权。这些制度改变并传递了这些群体的偏好，它们可能会对结果产生至关重要的影响，即使

第四章 从凯恩斯主义到货币主义的运动：制度分析与 20 世纪 70 年代英国的经济政策

往往是无意的。

总之，单靠制度本身不能解释 20 世纪 70 年代英国经济政策的变化。后者是一个复杂过程的结果，在很大程度上是由经济新发展产生的问题、金融和选举市场上表现出的社会利益竞争压力以及新旧经济观念的明显可行性所驱动的。然而，英国政策制定所处的制度环境很大程度上决定了政策的具体轨迹。政策过程的制度化惯例构成了政策制定者对经济新发展的解释。劳工市场和金融市场的结构加大了某些政策路线的压力，而媒体与选举领域的制度性特征使一些经济观念比其他经济观念更具公众吸引力和政治吸引力。

制度从这种分析中脱颖而出。作为有意构建的关键中介变量，制度通常比制度创造者预期的更重要。制度不能替代作为政治行动最终动力的利益和观念，但它们对哪些利益与观念占据主导地位具有强大的影响力。制度不仅在政治惰性的情况下是一种力量，在政治变迁的情况下同样如此。因此，制度值得被给予关注。

【注释】

[1] 关于凯恩斯主义时代英国政策的基本回顾，参见 F. T. Blackaby, ed., *British Economic Policy 1960 - 74* (Cambridge: Cambridge University Press, 1979); Andrew Shonfield, *Modern Capitalism* (New York: Oxford University Press, 1969); and J. C. R. Dow, *The Management of the British Economy 1945—1960* (Cambridge: Cambridge University Press, 1964).

[2] 检验政策稳定模式的新制度主义研究的例子包括：Peter A. Hall, *Governing the Economy: The Politics of State Intervention in Britain and France* (New York: Oxford University Press, 1986), ch. 9; Geoffrey Garrett and Peter Lange, "Performance in a Hostile World: Economic Growth in Capitalist Democracies, 1974-82," *World Politics* 38, no. 4 (July 1986); Fritz Scharpf, "Economic and Institutional Constraints of Full-Employment Strategies: Sweden, Austria, and West Germany, 1973-82" in John Goldthorpe, ed., *Order and Conflict in Contemporary Capitalism* (New York: Oxford University Press, 1984), pp. 257-90; Sven Steinmo, "Political Institutions and Tax Policy in the United States,

Sweden and Britain," *World Politics* 61, no. 4 (July 1989): 500-35; and John Zysman, *Governments, Markets and Growth* (Ithaca, N. Y.: Cornell University Press, 1983).

[3] 反映此观点的一般性陈述，参见 James March and Johan Olsen, "The New Institutionalism: Organizational Factors in Political Life," *American Political Science Review* 78, no. 3 (Sept 1984): 734-49. 也可参见第七章及该作者的其他文章 ["Ideas and Politics: The Acceptance of Keynesianism in Britain and the United States," in Peter A. Hall, ed., *The Political Power of Economic Ideas: Keynesianism across Nations* (Princeton, N. J.: Princeton University Press, 1989), pp. 53-86].

[4] 尽管有 1979—1983 年、1983—1987 年和 1987—1991 年三届撒切尔政府，但为了简单起见，我将它们统称为撒切尔政府。

[5] 研究撒切尔政府的经济政策，参见 Peter Riddell, *The Thatcher Decade* (Oxford: Basil Blackwell, 1990); Geoffrey Maynard, *The Economy under Mrs. Thatcher* (Oxford: Basil Blackwell, 1988); and Martin Holmes, *The First Thatcher Government* (Brighton: Wheatsheaf, 1985).

[6] 参见 Peter A. Hall, "Policy Paradigms, Social Learning and the State," *Comparative Politics* (forthcoming).

[7] 参见 Peter A. Hall, *The Political Dimensions of Economic Management* (Ann Arbor, Mich.: University Microfilms, 1982), ch. 1; K. Cuthbertson, *Macroeconomic Policy* (London: Macmillan, 1979); K. A. Chrystal, *Controversies in British Macroeconomics* (Oxford: Philip Allan, 1979).

[8] 关于医疗政策，参见 Hall, *Political Dimensions of Economic Management*, ch. 2; Martin Holmes, *Political Pressure and Economic Policy* (London: Butterworths, 1982); and Jock Bruce-Gardyne, *Whatever Happened to the Quiet Revolution?* (London: Charles Knight, 1974).

[9] 参见 David Coates, *Labour in Power?* (London: Longman, 1980); and Hall, *Political Dimensions of Economic Management*, ch. 3.

[10] 参见 William Keegan and Rupert Pennant-Rae, *Who Runs the Economy?* (London: Temple Smith, 1979); Samuel Brittan, *The Economic Consequences of Democracy* (London: Temple Smith, 1977).

[11] 有关这一时期其他几个工业化国家经济政策轨迹的说明，参见 Peter

第四章　从凯恩斯主义到货币主义的运动：制度分析与 20 世纪 70 年代英国的经济政策

A. Hall, "State and Market," in Peter A. Hall, Jack Hayward, and Howard Machin, eds., *Developments in French Politics* (London: Macmillan, 1990); Paul Roberts, *The Supply-Side Revolution* (Cambridge, Mass.: Harvard University Press, 1984).

［12］关于这一时期经济运行情况的总体回顾，参见 Andrea Boltho, ed., *The European Economy* (Oxford: Oxford University Press, 1982), esp. chs. 1, 2.

［13］对于这种立场的有影响力的陈述，参见 Peter A. Gourevitch, *Politics in Hard Times* (Ithaca, N. Y.: Cornell University Press, 1986).

［14］这是加勒特提出的一个很好的观点，"The Politics of Structural Change: The Construction of Social Democracy in 1930s Sweden and Neoliberalism in 1980s Britain," Cornell University Western Societies Program, Occasional Papers, forthcoming.

［15］关于强调这一点的分析，参见 Joel Krieger, *Reagan, Thatcher and the Politics of Decline* (Cambridge: Polity Press, 1986); Stuart Hall and Martin Jacques, eds., *The Politics of Thatcherism* (London: Lawrence and Wishart, 1983); and Bob Jessop et al., *Thatcherism: A Tale of Two Nations* (Cambridge: Polity Press, 1989).

［16］当然，到了 20 世纪 90 年代，货币主义理论的许多方面已经融入了新古典经济学的传统智慧，但在本研究所考察的时期，情况并非如此。关于政策范式在这一点上的不可通约性的进一步讨论，参见 Hall, *Political Dimensions of Economic Management*, ch. 1.

［17］关于解释新经济思想影响的这种方法的进一步详细说明，参见 Hall, eds. *Political Power of Economic Ideas*，特别是引言和结论部分。

［18］简洁的类似公式参见 G. John Ikenberry, "Conclusion: An Institutional Approach to American Foreign Economic Policy," *International Organization* 42, 1 (Winter 1988).

［19］进一步的阐述参见 Adam Przeworski and Michael Wallerstein, "The Structure of Class Conflict in Democratic Capitalist Societies," *American Political Science Review* 76 (1982): 215-38; Adam Przeworski, *Capitalism and Social Democracy* (Cambridge: Cambridge University Press, 1985); Charles Lindblom, *Politics and Markets* (New York: Basic Books, 1977); Fred Block, "The Ruling Class Does Not Rule: Notes on the Marxist Theory of the State," *Socialist Review*

33 (May—June, 1977): 6-28; Claus Offe, *Disorganized Capitalism* (Cambridge, Mass.: MIT Press, 1985); Claus Offe, *Contradictions of the Welfare State* (Cambridge, Mass.: MIT Press, 1984); and Hall, *Governing the Economy*, ch. 10.

[20] 相关论点的有限例子可参见 Hall, *Governing the Economy*, ch. 9; Peter Evans, Dietrich Rueschemeyer, and Theda Skocpol, eds., *Bringing the State Back In* (Cambridge: Cambridge University Press, 1985); John Goldthorpe, ed., *Order and Conflict in Contemporary Capitalism* (New York: Oxford University Press, 1986); Bernard Elbaum and William Lazonick, eds., *The Decline of the British Economy* (Oxford: Oxford University Press, 1986); Suzanne Berger, ed., *Organizing Interests in Western Europe* (Cambridge: Cambridge University Press, 1982); Robert Boyer and Jacques Mistral, *Accumulation, Inflation, Crises* (Paris: Presses Universitaires de France, 1983).

[21] Cf. Hugh Heclo and Aaron Wildavsky, *The Private Government of Public Money* (London: Macmillan, 1979). 组织理论中的许多文献在这里都是相关的。有关概述参见 Paul C. Nystrom and William H. Starbuck, *Handbook of Organizational Design* (New York: Oxford University Press, 1981); Graham Allison, *The Essence of Decision* (Boston: Little, Brown, 1971); Stewart Clegg and David Dunkerley, *Organization, Class and Control* (London: Routledge and Kegan Paul, 1980); Herbert Simon, *Administrative Behavior* (New York: Free Press, 1976).

[22] 参见 Michael Stewart, *Politics and Economic Policy in the UK since 1964* (London: Pergamon, 1978), ch. 5.

[23] Cf. Paul Ormerod, *Economic Modelling* (London: Heinemann, 1979).

[24] Cf. Barbara Castle, *The Castle Diaries, 1974-76* (London: Weidenfeld and Nicolson, 1980); Harold Wilson, *The Final Term* (London: Weidenfeld and Nicolson, 1980); Ninth Report from the Expenditure Committee, *Public Expenditure, Inflation and the Balance of Payments*. H. C. 328 (London: HMSO, 1974).

[25] Cf. H. Fay and S. Young, *The Day the Pound Died* (London: The Sunday Times, 1977).

[26] 参见 Castle, *Castle Diaries, 1974-76*, p. 546 et passim. 此处给出的说明英国经济政策的大量文件可以在此找到，Hall, *Political Dimensions of Eco-*

第四章 从凯恩斯主义到货币主义的运动：制度分析与20世纪70年代英国的经济政策

nomic Management。

[27] 公共部门借款占国内生产总值的百分比从1962—1967年的3.2%上升到1972—1977年的6.8%。在1980年之前的5年里，政府不得不出售价值418.25亿英镑的公共部门债券；到1980年，它拥有价值约570亿英镑的未偿债券，相当于GDP的42%，而此时美国的债务占GDP的16%。1977年，政府债券吸收了英国资本市场90%的份额，而美国国内资本市场的份额仅占30%。参见Adam Ridley, "Public Expenditure in the United Kingdom: The Biggest Crisis of Them All," in Ruble and Veler, eds., *Wachsende Staatshaushalte* (Bonn: Ahntell, 1978), Table 10; *The Times* (London), Nov. 26, 1979, p. 17; *The Bank of England Quarterly Bulletin* (June 1979), pp. 138 ff.

[28] 有关竞争和信用控制的更详细的说明，参见Michael Moran, *The Politics of Banking* (London: Macmillan, 1988); Hall, *Political Dimensions of Economic Management*, ch. 3; K. K. Zawadzki, *Competition and Credit Control* (Oxford: Basil Blackwell, 1981)。

[29] 从投资者的角度来看，这意味着金边债券是一种安全的、低回报的投资，如果利率下降，人们可能会从中获得丰厚的利润。

[30] 该方法和"出纳员"理论在此文中有解释，David Gowland, *Monetary Policy and Credit Control* (London: Croom Helm, 1978), pp. 28 et passim。

[31] 这种杠杆作用的主要限制在于，大型机构投资者在等待英国国债市场波动时，通常会将流入的资金投入隔夜票据（overnight paper），一段时间后，由此导致的资产组合失衡开始让他们更强烈地倾向于重返英国国债市场。

[32] Cf. G. T. Pepper, "The Uses of Monetarism for Practical Working Economists," *Journal of the Institute of Actuaries* 96, no. 1 (1970): 403.

[33] 这些城市通告所做的是定义并且在这个过程中建立金融界对各种政府政策的"信心"。他们的目的非常明确。仅举一个例子，股票经纪人罗和皮特曼在1979年预算发布后立即编写的报告中宣称："如果……金融市场认为，预算中宣布的财政政策的后果将是借款需求超过85亿英镑，信心将受到损害，利率将不得不再次上调以控制货币增长。" *Market Report* (March 1979): p. 3.

[34] 虽然我在这里不对它加以论述，这种动态也有助于博弈理论的解释。这些发展是由政府策略的改变引发的，政府改变了债券投资者的收益矩阵，投资者相应地改变了他们的行为，然后设计出改善他们获取相关信息的方法。反过来，为这一目的而设计的新制度使市场行为的协调更加可行，并增强了市场

中的经营者相对于政府的杠杆作用。

[35] Sir Douglas Wass, "The Changing Problems of Demand Management." Lecture to the Johnian Society, Cambridge University, Feb. 15, 1978, p. 99.

[36] Interview, London (July 10, 1980).

[37] 相关细节，参见 Hall, *The Political Dimensions of Economic Management*, ch. 7.

[38] 虽然这里没有论述撒切尔政府的政策轨迹，但应该指出的是，货币主义政策本身在20世纪80年代发生了一些重大变化。特别是，货币控制被证明比撒切尔预期的要困难得多，到20世纪中期，货币供应量已成为货币政策所要求的几个目标之一。尽管如此，80年代政策的性质仍然截然不同，指导政策的理念与前几十年盛行的理念也大相径庭。有关撒切尔政策的更广泛的讨论，参见 Riddell, *The Thatcher Decade* and Peter Smith, *The Rise and Fall of Monetarism* (Harmondsworth: Penguin, 1988).

[39] Interview, London, Aug. 11, 1980.

[40] Samuel Brittan, private communication.

[41] Cf. A. M. Gamble and S. A. Walkland, *The British Party System and Economic Policy 1945-83* (Oxford: Oxford University Press, 1984).

[42] 参见 Andrew Gamble, "The Free Economy in the Strong State" in Ralph Miliband and John Saville, eds., *The Socialists' Register 1979* (London: Merlin, 1979), pp. 1-25; and Robert Behrens, *The Conservative Party from Heath to Thatcher* (Farnsborough: Saxon House, 1980).

[43] 参见 Ivor Crewe, "Why the Conservatives Won" in Howard Penniman, ed., *Britain at the Polls, 1979* (Washington, D. C.: American Enterprise Institute, 1981), pp. 263-306.

[44] Geoffrey Garrett, "Endogenous Electoral Change: The Political Consequences of Thatcherism," paper presented to the Conference of Europeanists, Washington, D. C., April 1990.

[45] 关于这一点，有大量的研究；尤其是 John Goldthorpe, ed., *Order and Conflict in Contemporary Capitalism* (Cambridge: Cambridge University Press, 1984) and Peter Lange, Geoffrey Garrett, and Michael Alvarez, "Government Partisanship, Labor Organization and Macroeconomic Performance, 1967-1984," *American Political Science Review* (forthcoming).

第四章　从凯恩斯主义到货币主义的运动：制度分析与 20 世纪 70 年代英国的经济政策

[46] 在德国，政府通常不仅受到联盟伙伴的约束，还受到强大的联邦参议院和独立的中央银行的约束。因此，著名的科尔新政府的和平革命（wende）被证明是相当温和的。在美国，国会、美联储银行和独立的司法机构限制了新政府追求连贯经济政策的能力。因此，里根政府迅速放弃了控制预算赤字的承诺，并很快遇到了对其税收改革的反对。在法国，如果反对派在议会中有充分的代表，政府可以同时受到总统和议会的权力约束。因此，1986—1989 年希拉克政府的计划虽然受到撒切尔思想的启发，却从未取得同样的结果。参见 Peter Katzenstein, *Politics and Policy-making in West Germany* (Philadelphia: Temple University Press, 1987); Andrei Markovits, ed., *The Political Economy of Germany* (New York: Praeger, 1982); David Stockman, *The Triumph of Politics* (New York: Norton, 1985); Howard Machin and Vincent Wright, eds., *Economic Policy and Policy-Making in Mitterrand's France* (London: Pinter, 1985).

[47] 有关类似但略有不同的论点，参见 John Keeler, *The Limits of Democratic Reform* (Oxford: Polity Press, forthcoming), ch. 3.

[48] 当然，必须在此提出的警告是，两党选举竞争的动态可能导致各方在一组类似的平台上汇聚，以确保尽可能多获取来自政治光谱中心的选票。Cf. Anthony Downs, *An Economic Theory of Democracy* (New York: Harper & Row, 1957). 很可能，选民的极度不满是创新动力运行的必要触发条件，而不是趋同的动力。

[49] 参见 Wayne Parsons, *The Power of the Financial Press* (London: Edward Elgar, 1989); and Peter A. Hall, *Political Dimensions of Economic Management*, ch. 6.

129

第五章 政治结构、国家政策与产业变迁：美国与普鲁士的早期铁路政策

科琳·A. 邓拉维（Colleen A. Dunlavy）

114   政治与产业变迁间的历史性关联兼具理论与实践意义，至今仍是一个引人关注的复杂主题。18世纪后期以来的政治通过何种方式塑造了工业化模式？产业变迁在多大程度上又反过来改变了国内的权力格局？这些看似简单的问题在过去数十年间引发了学者们的争论。波兰尼（1957）与亚历山大·格申克龙（Alexander Gerschenkron 1962）等人基于20世纪30年代的经历的经典探究，为一代又一代学生的后续讨论搭建起最初的框架；更为晚近的经济学、历史学和政治学研究者，则通过更新和扩展同样兴盛于20世纪30年代的经济制度主义，开辟了令人兴奋的新的研究领域。[1]正是出于对了解政治与经济间微

感谢伯格、小艾尔弗雷德·D. 钱德勒（Alfred D. Chandler, Jr.）、乔舒亚·科恩（Joshua Cohen）、雷纳·弗雷姆德林（Rainer Fremdling）、哈塔姆·黛安娜·林德斯特伦（Diane Lindstrom）、梅里特·罗·史密斯（Merritt Roe Smith）的建议和意见。我还受益于博尔德研讨会上各位专家的意见（尤其是卡岑斯坦的意见）、本书编辑的鼓励，以及多宾、理查德·R. 约翰（Richard R. John）、史蒂文·刘易斯（Steven Lewis）和塞西尔·O. 史密斯（Cecil O. Smith）的审读。本章的内容是邓拉维1991年著作的修订版，也是一项将由普林斯顿大学出版社（Princeton University Press）出版的大型研究的一部分，该研究得到了欧洲研究理事会、德国学术交流中心、林肯教育基金会、富布赖特委员会、社会科学研究理事会、国际研究与交流理事会、美国国家历史博物馆（史密森尼学会）、美国学术团体理事会（由国家人文基金会资助）以及威斯康星大学麦迪逊分校研究生院的慷慨支持。

130

第五章 政治结构、国家政策与产业变迁：美国与普鲁士的早期铁路政策

妙历史互动的共同兴趣，上述新、旧两种研究取向产生联结。

在政治与产业变迁的历史研究中，这种新的经济制度主义做出了众多且实质性的贡献。这种新的经济制度主义者主要关注解释经济表现，他们清楚地认识到政治的重要性，不仅体现在人们熟悉的意义上（公开的利益斗争），而且体现在减少不确定性和促进经济、政治交流的制度上。[2]更重要的是，在最好的情况下，这种历史分析探讨了制度在综合层面的运作，不仅明确关注单个企业和企业之间的关系，而且明确关注作为规定和执行财产权的制度的国家（North 1981; North and Weingast 1989）。

但细看下来，相关文献似乎并不完整。问题不在于因果箭头的方向。如果范围足够大，几乎每一位研究政治对产业变迁影响的学者，都会遇到一位意见相反的学者，他们主要关注工业变革如何影响政治，而其他人则试图评估相互影响。相反，这种不平衡通常出现于政治与经济领域的常用分析单位上。如果将政治或经济要素的研究与这两个领域的总体结构的研究进行广泛区分，这一点就会变得显而易见。对构成经济或政治的众多离散要素的研究在这两个领域有很多，主要关注资本家、政客或国家官员，工人或选民，企业或政党，市场或选举，行业协会或官僚机构，财产权或公民权，经济意识形态或政治意识形态。但是，从宏观结构层面进行的研究——关注的不是离散的组成部分本身，而是它们之间的*关系*以及它们所形成的结构——往往将视野局限于经济领域。在这种模式下工作的学者关注产业结构、劳动力市场结构、经济结构等，这并不奇怪，因为工业化本身通常被视为结构变化的过程。但他们很少将同样的视角应用于政治。在对政治的看法上，这些文献仍停留在意志自愿（volitional）的视角上，将个人或群体而非政治结构视为与之相关的因果力量。[3]从严格的非意志自愿（nonvolitional）的视角考察政治制度结构的影响，是该领域的前沿问题，但在很大程度上尚未得到探讨。

正是在这一前沿问题上，新经济制度主义研究与本书讲述的新*历史*制度主义研究有所交集。正如其在经济学中的反对者，这种研

究思路认为制度与个体是密切交织的：个人追求目标、制定政策，甚至创造或改变制度，所有这些都是在我们熟悉的意志自愿的意义上进行的；但与此同时，他们自身的策略选择也被其所处的制度环境所塑造（March and Olsen 1984；Smith 1988）。然而，在将这一洞见应用于政治领域时，新历史制度主义者更进一步，不仅用它探讨了特定制度的后果，而且用它探讨了国家范围内政治制度结构的后果。例如在本书中，伊默古特（参见第三章）和哈塔姆（参见第六章）都将国家政治结构置于他们各自研究的国家医疗保险政治和工人阶级形成的中心位置。此外，霍尔关于经济政策的研究（1986，参见第四章）展示了对资本、劳动和国家的制度组织敏感的分析方法的强大力量——实际上，这种方法是从结构性视角看待经济和政治。在对国家政治结构的关注中，新历史制度主义为理解政治与产业变迁的关系提供了新工具。

本着这种精神，本章对美国和普鲁士早期铁路政策制定的内容和过程进行了比较研究，这是一项关于两种政治结构对新兴产业轮廓影响的更广泛研究的一部分。当然，全面的研究还将探讨两种政治结构对政治与经济之间的关系（如铁路利益的组织过程）和经济本身（如铁路技术的发展）的影响，[4]但像本研究一样，关注国家政治结构和产业变迁的政治要素（产业政策）之间的关系的案例研究，足以说明这种方法。从研究脉络来看，下文可分为四部分：第一部分解释了为什么这两个案例可以进行具有启发意义的比较。第二部分概述了19世纪30年代和40年代美国与普鲁士的铁路政策，认为在19世纪40年代中期，相较于普鲁士中央政府，美国联邦政府的政策实际上更倾向于不自由。第三部分从两种政治结构的角度解释了这种出乎意料的差异，以及它们在资本主义背景下产生的独特政策制定模式。第四部分将故事延续到19世纪50年代，在这10年中，铁路发展引发的产业变迁反过来又引发了一场制度变迁，最终削弱了美国的干预力量，而增强了普鲁士的干预力量。

此类研究有助于理解国家干预的历史模式，但系统性比较的意义

第五章　政治结构、国家政策与产业变迁：美国与普鲁士的早期铁路政策

远不止于此：与单一国家研究不同，单一国家研究往往将背景条件视为理所当然，而比较研究则强调了不断变化的产业背景下经济政策制定的结构性维度。简而言之，19世纪30年代和40年代美国和普鲁士干预的对比故事强调了政治结构的性质如何塑造国家促进资本主义企业发展的能力（在美国增强了这种能力，在普鲁士则削弱了这种能力），而这反过来又决定了国家能够维持监管举措的程度。19世纪50年代的逆转使因果箭头回到了原点，表明这种庞大的资本密集型技术——新产业资本主义的先驱——如何重塑经济背景，改变了两种政治结构的意义，并因此改变了铁路政策的基调。

一、比较的理由

为什么要将美国与普鲁士加以比较？这样的选择在不久前会被一众研究者视为欠缺基本考虑，因为传统观点认为两国工业化模式有着鲜明的对比。普鲁士或德国工业化问题常被当作一个代用品，学者们通常将这一过程描述为起步晚、发展快且被国家、银行、卡特尔等制度"自上而下"地推动。另外，对美国工业化的研究倾向于将其作为早期工业化的代表，其过程"自下而上"，由价格变化或美国人的才智、主动性及价值观驱动，公、私两域的众多制度则贡献寥寥。[5]

但更细致的观察弱化了这种反差。在19世纪的大多数时候，普鲁士（以及后来的德意志帝国）实际上正是美国的一个典型对照组，或至少是历史研究中的一个相近案例。于尔根·科卡（Jürgen Kocka 1980：16-23）指出，关于这两个国家的研究披露了其在工业化模式上的惊人相似性。[6] 19世纪30年代以前，早期工业主义的特征在两国都已清晰可见，[7]且都以资本主义形式为主。[8]但到了19世纪末，美国和保留其普鲁士内核的德意志帝国，已经成为英国工业霸权的主要挑战者。至此，美国与普鲁士工业主义在组织方面的性质已极其相似，在世纪之交，美国的托拉斯与德国的卡特尔都拥有巨大规模。[9]总之，认为两国工业化出现适度的"倒退"或许不无道理。[10]

这一特征也可通过另一理由得到解释。德意志邦联时期三月革命

前（1815—1848年，Vormärz）的普鲁士[11]和南北战争前的美国曾被认为在"强国家-弱国家"的光谱上分居两端，但几十年的研究证明这一观点已越发站不住脚。对美国方面研究的修正开始于20世纪40年代，当时一些学者开始重估联邦政府在南北战争前的工业化进程中所扮演的角色。[12]或许可以称之为认真对待联邦制的首次研究尝试，这些对国家立法和政治言论的研究，一道终结了关于南北战争前自由放任政策的神话。自那时起，研究南北战争前政治经济的学者就调整了观察视角，将注意力转移至国家与联邦法院在经济增长中扮演的角色上。[13]与此同时，其他一些学者对南北战争前联邦政府的角色进行了更贴切的观察，并觉察出存在于联邦立法系统和行政系统的干涉主义倾向，[14]这一倾向逐渐累积并呈现出的清晰结果，在南北战争前的美国，自由放任已经变得不可能了。目光转向普鲁士，随着那些与传统观点相抵触的证据不断累积，史学家们也开始重新审视国家在工业化中的角色。最初，只有为数不多的史学家对19世纪前半叶国家介入经济活动的程度有所质疑，相反，他们争论于此种介入的效果优劣、是有意为之还是无意间促成。总而言之，对既有观点的第一波修正发现，三月革命前的德意志邦联的政策实际上是相当矛盾的，其中有些政策鼓励工业化，但其他政策要么阻碍经济变迁，要么与之毫无关联。[15]然而史学家克莱夫·特里比尔科克（Clive Trebilcock 1981：74—78）更进一步，揭穿了19世纪德国的"指导（directed）经济神话"。他认为，最迟到1840年，即便是普鲁士业已从表征18世纪的那种"死板的"国家干涉模式中转换出来，转而主要以提供建议、指导的方式出台一揽子旨在鼓励工业化的间接政策。如其所指（1981：78），"这些方式并不容易与传统上对'威权主义'德意志国家的行为预期相调和"。简言之，双方的修正已经模糊了对这两个国家的传统想象：南北战争前的美国，其政府力量比之前所认为的要更大，而普鲁士却更小。在此意义上，"适度倒退"或许是一个恰当的表述。

但实际情况是，19世纪前半叶，两国的政治结构存在很大差异。

第五章 政治结构、国家政策与产业变迁：美国与普鲁士的早期铁路政策

分权的程度是一处关键差异，分权包括垂直层面的政府层级与水平层面的政府分支两个维度。在美国，联邦主义着意于权力的纵向划分，州政府不仅在公共政策制定中具有发言权，甚至能够改变其宪法结构本身。[16]此外，州政府还有权决定其内部结构，并控制基层政府活动。因此南北战争前，美国政治结构的权力重心在其中层，而非顶层或基层。[17]反之，在三月革命前德意志邦联时期，尽管实践中存在适度分权，但中央政府能够有效决定公共政策与国家结构本身。[18] 1823年成立的各省议会是对政治地方化诉求做出部分让步的产物，但除了范围受到严格限定的省级事务外，省议会主要通过顾问性权力影响公共政策，更没有足以改变政治结构本身的正式权力。政治结构顶端的真正权力掌握在国王手中，国王的权力则主要靠官僚制加以制衡。立法权体现在枢密院和部长会议两个机构中，但它们直接听命于王权。尽管这两个机构也频繁产生相当大的影响，但它们的权力也确实仅限于在紧急关头提供建议。在非正式的意义上，国王身边那群顾问的权力比枢密院和部长会议的都要大。这些正式、非正式制度合在一起组成了普鲁士中央政府。对中央权力唯一的真正挑战，来自处于地方贵族的牢固掌握之下的基层政府、地方议会和地方法官系统。[19]在地方贵族与中央政府官员利益一致的情况下，双方会形成相互锁定的权力结构，事实上这是常事。纵向分权的差异由此定义出了两种相互区别的政治结构，一种是联邦制，另一种则是单一制。

此外，这两种结构在每一层级政府中的差别，还体现在政府部门权力相互独立的程度上。在美国，横向分权得到较好发展，有助于限制联邦和州一级的行政权力。这自然使立法机构更为突出，并在州政府和国家层面具有相当高程度的正式民众代表。[20]因此，在实践中，国会和州立法机构都倾向于主导各自政府层级的政策制定过程，其权力主要由法院调节，少数情况下由州一级强大的行政人员调节。[21] 三月革命前德意志邦联的政府分权则更不明显。作为施泰因-哈登贝格改革（Stein-Hardenburg reform）的一部分，行政权和司法权已经实现某种程度的分离，但在正式制度层面，普鲁士的行政和立法功能

仍难以分割。由于代表机构只能扮演建议性的角色，中央和地方官僚体制主导了政策制定的过程。[22]

无论是从纵向还是从横向去看，美国与普鲁士的政治结构都显示出相当程度的差异性。1848年以前普鲁士"单一官僚制"国家的标识性特征，是其在国家层级行政体系的双重权力集中。在美国，联邦主义和（横向）分权的结合造成政治结构高度碎片化，联邦司法权在政策制定中的显要位置是权力双重分散的一个标志。因此，这一时期的经济政策产生于两种政治结构的不同部分，例如，成立公司或授予征用权事宜，在美国由州立法机构决定，而在普鲁士则归中央官僚机构管辖。因此，如果要了解不同政治结构对经济政策制定以及产业转型过程的影响，对发生在这两个国家的事件进行比较至少会提供一些线索。[23]

由于铁路工业在这两个"适度倒退"国家工业化过程中起到枢纽作用，早期铁路发展为比较研究提供了宝贵资源。就此而言，我们发现了两国铁路发展的时间、速度和性质极为相似，但国家政策却存在有趣的差异。在这两个国家，铁路计划最早出现在19世纪20年代，铁路基本网络在19世纪50年代已经奠定。[24]普鲁士从未在铁路里程上与美国匹敌——当然也没有国家能够做到——但到了1850年它已经领先德意志其他各邦，而德意志各邦又在欧洲大陆国家中处于领先地位。[25]尽管规模存在差异，但两国的铁路建设在原材料及工业产品需求和打开国内市场两方面，对其产业转型产生强大推动。[26]同时，由于19世纪70年代两国的大多数铁路为私人所有和经营，这些项目对资本的空前需求引起了美国和普鲁士资本市场的广泛转变。铁路公司作为第一个使用股份制形式的企业组织，率先向公众发放大量工业证券，并将公众引入股票市场。总之，它们构成这两个国家各自的第一个"大企业"。[27]由此，铁路向两国的政策制定者展示了工业资本主义的特殊问题。但正如我们在下一部分试图证明的那样，尽管存在类似之处，但铁路政策在这两个国家最初是沿着不同的方向发展的。

二、早期的铁路政策

由于相关讨论涉及"自由主义"这一极为麻烦的术语，相关定义就成为首要任务。在不过分要求精确度的情况下，人们可以简单地通过指向通常与约翰·洛克（John Locke）和亚当·斯密（Adam Smith）相关的思想流派来定义它。[28] 在古典意义上，"*政治自由主义*"在限制专制或寡头权力并存在对较广泛的人口正式代表的政治结构中更加盛行。美国政治结构的纵向与横向分权正是为此设计的，可以合理认为南北战争前美国在结构上实现了"政治自由主义"。而至少在相对意义上，三月革命前德意志邦联时期普鲁士的政治结构中由于其权力的双重集中，可以被认为是一种"政治上的不自由"。[29]

"*经济自由主义*"也可以至少通过一种直接的方式定义，此处的核心关切与其说是政治制度的结构，不如说是为这些制度所产生的经济政策的性质。因此，问题不在于政治制度结构能够为个人提供政治事务中何种程度的自治，而在于经济政策的一般模式所承认的个人在经济事务中的自主程度——经济政策在此处即铁路政策。为了在相对意义上评估国家政策，可以简要认为，经济自由主义在国家干预较少的地方更为盛行，这些国家通常只为市场运行提供适当环境而并无其他动作；与之相对，在国家干预较多的地方，经济自由主义较少得到发展。换言之，国家的经济政策越是有利于国家的决策权平衡，就越倾向于"干预"，也就越不自由。[30]

而从现实层面看，铁路政策从一开始就是一项尤为复杂的事务。在美国，由于联邦主义则更是如此，以至于哈里·沙伊贝尔（Harry Scheiber 1975：97）就以"马赛克"一语描摹各州的政策。但当我们从"美国国家"的整体视角来看待这一事件，并相应地将各州政府的政策视为来自一个统一的国家时，联邦制的混乱问题就会消失。从这个意义上说，各州政府之间的政策差异与普鲁士国家对待各省的差异别无二致。然而即便没有联邦制这一复杂因素，铁路与国家之间的关系也涵盖了一系列不同的主题。因此为了将任务简化一些，本部分聚

结构化的政治：比较分析中的历史制度主义

焦19世纪三四十年代"国家-铁路"关系的两个方面，这一关系历来被视为积极干预与消极干预的标志：国家直接或间接参与铁路发展，以及保护现有国家收入来源免受铁路竞争影响的努力程度。

简单地说，在19世纪30年代和40年代，美国国家直接和间接参与铁路发展的规模要比普鲁士大得多。在19世纪20年代末30年代初，两国对铁路项目的热情都有增无减，但普鲁士与美国不同，在整个19世纪40年代都没有国有铁路投入运营。正如我们将看到的，私营企业修建了普鲁士在1848年革命前开通的所有铁路。与此相反，美国各州政府和铁路公司的最初关系更多地体现出"国家主义"色彩，一些耳熟能详的事实证明了这一点。19世纪30年代，宾夕法尼亚、佐治亚、密歇根、印第安纳和伊利诺伊等州政府大胆进军国有企业领域，自行建造并运营铁路。19世纪40年代的经济衰退和财政困境迫使一些过度扩张的州政府出售铁路，但也并非所有州政府都进行了撤资。费城和哥伦比亚铁路是宾夕法尼亚州公共工程主线的一部分，直到1857年，该州政府始终保有其所有权；而佐治亚州的西线铁路和大西洋铁路在整个19世纪都为州政府所有。弗吉尼亚州和田纳西州则逆势而动，在19世纪50年代发挥着铁路企业家的作用。[31]

各州遵循类似的模式对私营铁路进行投资，事实证明，美国各州政府（以及经其批准的市政当局）在为私营铁路提供财政援助方面比普鲁士国家最初所做的要慷慨得多。个别时候，私营铁路中美国各州、市政府的投资与私人投资相当甚至超过私人投资，从而使运输业内出现大量由私人管理的"混合企业"。例如，到1839年，马里兰州对巴尔的摩和苏斯克汉纳铁路的投资已占其资本总额的63%，巴尔的摩市出资超过28%；因此私人资本只有不到9%。19世纪30年代起，弗吉尼亚州将一项政策扩展到了铁路公司，即针对那些有价值的内部改良项目，州政府在公众认购60%股份后立即购入40%的股份；到19世纪40年代末，弗吉尼亚州实际上自己购买了这些项目60%的股份。1841年西部铁路竣工之际，马萨诸塞州在其资本中的占比

第五章　政治结构、国家政策与产业变迁：美国与普鲁士的早期铁路政策

已达70%。到19世纪50年代末，巴尔的摩和俄亥俄铁路公司近一半的股份资本和一半以上的贷款资本，都来自马里兰州，以及弗吉尼亚州的巴尔的摩市和惠灵市。此类事例不胜枚举。[32]

总体上看，南北战争前州政府和地方政府对美国州立和私营铁路的投资达到了极高的水平。在19世纪30年代，仅州政府就在所有铁路资本中占比约40%。[33]此后因19世纪30年代末经济形势低迷以及随之而来的财政危机，投资步伐有所放缓，此即卡特·B. 古德里奇（Carter B. Goodrich 1950：148-151）所说的对国有企业的普遍"反感"。但是尽管经济衰退打击了国有企业的传统——一些打击甚至被写入新的州宪法——但却无法完全抹杀这一传统。正如古德里奇所言（1950：148），"此番政策转向绝非一劳永逸"。除了西北部的旧州外，国有资本的财政援助很快又重新流入，而在援助减少的地方也有市政当局接手。[34]南北战争前，州政府和地方政府对铁路的投资约占10亿美元总投资的25%~30%。在普鲁士铁路的推动者、柏林银行家约瑟夫·门德尔松（Joseph Mendelssohn）看来，州政府的贡献不言而喻。他在1844年宣称美国铁路不同于德国，是由州政府修建的，而德国铁路一向由私人资本"艰难缔造"，几乎得不到国家协助，且看不到有所改变的迹象。[35]

事实上，在普鲁士铁路发展的第一阶段（19世纪20年代至1842年），普鲁士国家极少投资私营铁路。这些年里，国家只在铁路发起人遇到财政困难时两次出手相助，援助总额也仅为140万美元（200万塔勒），不到当时已发行的2 100万美元铁路股票和债券的7%。除此之外，直到1842年前，铁路都不曾从国家获得系统的资金注入；如亨德森（Henderson 1975：48）所指出的，普鲁士的铁路建设只是"丢给私人企业（去做）"。[36]

然而，在19世纪40年代初，正当人们开始"反感"美国国营企业时，普鲁士铁路投资的疲软迫使国家官员重新评估他们的政策立场。当时，新国王腓特烈·威廉四世的鼓励、技术本身的进步以及省议会要求采取行动的压力，促使他们开始对新的交通技术有了更积极

的看法。最终，国家开始提供更系统的援助。在征得省议会代表的同意后，国王腓特烈·威廉四世批准了向具有全国性意义的铁路建设提供援助的一揽子计划。其中包括每年高达140万美元（200万塔勒）的持续支出，用于保证这些铁路股份的利息；35万美元（50万塔勒）用于铁路勘测；一个有着420万美元（600万塔勒）初始资本的铁路基金。铁路基金的作用是购买由国家提供利息担保的铁路股份。在19世纪40年代的实际操作中，州政府通常会购买铁路公司1/7的股票，并为剩余的公开持股部分提供3.5%的利息担保。[37]

虽然蓝图宏伟，但是国家投资实际上仍相对较少。到1846年年底，共有约8 800万美元（1.26亿塔勒）的铁路资本获得特许，铁路基金在总额370万美元（535万塔勒）的名义股票中支付了约240万美元（338万塔勒），而其利息担保义务总额约为75万美元（110万塔勒）。[38]即使有了这一新的增量，普鲁士对早期铁路发展的直接财政影响仍难称显著。正如弗雷姆德林所述，普鲁士担保利息的资本在铁路特许资本总额中的比例，从新政策元年（1843年）39%的峰值下滑到1848年的19%。与此同时，其名义股票持有量在铁路特许资本总额中的占比由1844年7%的峰值下降到1848年的4%。[39]所以从总体上看，到19世纪40年代末，在铁路发展方面，美国直接或间接的国有企业所发挥的作用比普鲁士要大得多。正如理查德·蒂莉（Richard Tilly 1966：485）所指出的，普鲁士吝啬的铁路政策"与美国在1815年后实施的大量'内部改良'计划对比明显"。

此外，在南北战争前的大部分时间里，一些州政府也能够保护现有投资免受铁路竞争的影响。例如，纽约州和宾夕法尼亚州都对铁路货运征收过境税，以保护州政府在运河方面的投资。[40]纽约州的法律最初禁止伊利运河沿岸铁路用于货运。而到了19世纪40年代中期，州立法机构允许与州运河平行的铁路在冬季运河关闭时运输货物，前提是必须向州运河基金缴纳通行费。到19世纪40年代末，运河已经可以全年运货，所以他们必须按全年额度支付通行费。像这样的限制直到1851年才被彻底废除。[41]而即使到了那时，重新征收通

第五章 政治结构、国家政策与产业变迁：美国与普鲁士的早期铁路政策

行费的呼声依然存在。正如1855年州长迈伦·H. 克拉克（Myron H. Clark）在给立法机构的特别致辞中所说：

> 对于州来说，没有什么利益比它的内部建设工程更为重要，因为内部建设对发展和繁荣具有极广泛的影响。它们是规划者智慧和远见的永恒纪念碑，在开发资源、增加财富、促进联邦普遍繁荣方面发挥了不可估量的作用。因此为了其本身的重要性，也为了州的既得权利，立法机构有责任对其进行严格保护。[42]

该州各地的"运河公约"运动直到1859年或1860年仍在鼓动重新征收通行费，直至南北战争结束后才消散。[43]

类似维护运河干线系统的策略也出现在宾夕法尼亚州。19世纪30年代末，州长约瑟夫·里特纳（Joseph Ritner 1901：384-386）否决了两项为与州工程平行的项目提供援助的所谓的"总体改良"法案。他称如果立法机构坚持通过这些"毁灭性政策"，还不如放弃州立工程。该州立法机构在1846年确实特批了宾夕法尼亚铁路，该铁路与州立工程并行；但为保护州立工程，立法机构要求铁路公司对每年3—12月期间运距超过20英里的货物缴纳每吨每英里5厘的过境税，并在1848年降至3厘但全年都需缴纳，直至1861年取消。[44]

普鲁士官员最初也担心铁路竞争会影响国家收入，只不过着眼点放在了客车旅行上。虽然邮政服务并不以盈利为正式目的，但其收入却对国家总预算是一种补充，而普鲁士邮政当局几乎垄断了邮政公路的客运业务。因此，当第一批铁路计划发布后，邮政局局长冯·纳格勒（von Nagler）和普鲁士大臣们很快就认识到了铁路对国家财政收入的威胁。[45]

但邮政局局长要求向铁路公司征税的努力很快就在私营公司的抵制下失败了。纳格勒起初要求铁路公司对政府预期的收入损失进行"补偿"，甚至已经从个别铁路公司那里获得了协议。但铁路公司持续的强烈反对促使大臣们在1837年对此进行了广泛讨论。这些问题最终导致1838年的铁路法规定铁路公司每年应当缴纳与其净利润挂钩的税款，这实际是一种类似于美国各州对与州运河并行的铁路所征收

的税。但最终，国王在铁路公司的一再抗议下出面进行了干预，在法律生效前废除了相关条款，铁路税直到1853年通过的新法律后才真正开始征收。[46]

因此，在这两个政策领域，美国各州立法机构比普鲁士官员更愿意或至少更有能力进行干预。来自其他政策领域的证据，如军队的影响和铁路运价监管，也指向了同样的结论："经济自由主义"更能说明普鲁士而非美国铁路政策的特点。[47]概言之，从早期铁路发展的角度来看，这两个政治经济体堪称互为镜像：政治结构不自由的普鲁士采取了更加自由的铁路政策，而政治结构更加自由的美国则采取了不太自由的铁路政策。

三、对差异现象的解释

是什么导致了这些相当引人注目的政治结构和经济干预模式？为什么一个相对民主的政府在制定政策时会更具干预性？为什么一个相对专制的国家在很大程度上会放弃直接干预？为解决这一困惑，有几种答案值得考虑：传统的力量，体现为交通行业中国家扮演适当角色的观念；社会经济利益的配置；政治制度的结构。[48]本部分将对此依次展开讨论。

是否大多数美国人只是简单认为，铁路与所有其他公共道路一样，应该受到政府的大力建设和监管，而普鲁士人往往对这两种形式的干预嗤之以鼻？对美国来说，这种解释还算合理（尽管有传统的力量），但这对于普鲁士来说却行不通。事实上，在传统上两国都要求政府在交通建设和行业规制方面发挥主导作用。

首先是交通建设方面。在美国，州和国家层面的事件几乎没有让人怀疑民众对既定传统的持续支持程度。南北战争前，"运河狂热"在铁路出现之前蔓延于州和地方政府，他们贡献了所有运河投资的近3/4；需要指出的是，政府所占份额的4/5是用于公共工程的（Goodrich 1968：366-367）。正如我们所见，铁路时代的州政府和地方政府继承了积极行动的传统，只是在形式上有所减弱。此外，从艾伯

第五章 政治结构、国家政策与产业变迁：美国与普鲁士的早期铁路政策

特·加勒廷（Albert Gallatin）1808年的全面计划开始，即使在国家层面，关于让联邦政府在道路和运河建设中发挥主导作用的提议也屡屡出现。1812年战争结束后，詹姆斯·麦迪逊（James Madison）总统向国会强调了"由国家修建全国范围内道路和运河的重要性"，这为南北战争前的辩论奠定了基础。19世纪30年代，至少有一位官员，即埃德蒙·P.盖恩斯（Edmund P. Gaines）将军，对麦迪逊的想法非常重视，他为一项雄心勃勃的计划进行了长期而艰苦的游说，该计划旨在让军队修建4 000多英里的铁路，预计耗资6 400万美元（Campbell 1940：369-373）。可以肯定，联邦政府对国内改良工程的援助，是南北战争前最具争议性的政治问题之一，而国会那些较为温和的倡议在进入立法阶段后也常常出于宪法原因而遭到总统否决。但这并不能抹杀国会多次通过立法，赋予联邦政府更强有力角色的事实。[49] 而全国各州立法机构和市议会实际通过的政策，也体现了政府支持交通建设的坚定传统。

普鲁士政府支持交通建设的悠久传统在铁路时代之前业已结束，但其铁路建设却脱离了这一传统。普鲁士农民被要求修建和维护当地的道路，就像美国公民要缴纳公路税一样。但国家承担修建运河的责任，这一传统可以追溯到14世纪，到18世纪末，公路建设也开始动用大量国家资源。尽管官员们在19世纪初采取有力举措以实现普鲁士经济的自由化，但其影响并未扩展到交通领域。事实上，在私人资本修建铁路的几十年间，国家一直在自行修建高速公路。需要指出的是，随着铁路时代的到来，大部分公众舆论似乎都支持国家建设铁路，或至少支持国家发挥更大的作用。"经济自由主义者"特别是其中来自西部省份的势力，普遍支持由国家来建设的想法。各省议会于1841年向王室请愿，要求使用预期的国家收入盈余推动铁路建设。而当弗里德里希·威廉四世（Friedrich Wilhelm Ⅳ）于1842年召集各省议会代表审议国家能否以及如何鼓励私人修建铁路时，代表们主动讨论了国家修建铁路的问题。在赞成以任何形式修建铁路的代表中（97名代表中有89人），赞成由州修建铁路的有47人，反对的有42

143

结构化的政治：比较分析中的历史制度主义

人。[50]简而言之，关于国家在铁路建设中扮演适当角色的传统观念可以解释为什么美国各州政府如此大力推动铁路建设，但却无法解释普鲁士政府在这方面的犹豫。

监管方面也是如此。在两国铁路最初都只被视为一种新型高速公路，因此要按传统的方式进行监管。美国各州政府一开始就将其监管运输公司的传统特权延续到了铁路上。例如，铁路费率最初由个别特许条款管辖，后来由一般立法管辖。正如乔治·H. 米勒（George H. Miller 1974：30-31）所解释的："立法管制费率是早期铁路时代的正常做法……除非存在相反的立法合同，否则（州）更改铁路收费的权力是天经地义的。"[51]在普鲁士，1838年通过的铁路法也为国家保留了监督私营公司活动的广泛权力，彰显了普鲁士以传统方式监管铁路的意图。约瑟夫·恩克林（Josef Enkling）总结道："如果'法条'付诸实践"，普鲁士铁路从一开始就应该是"混合企业"（gemischtwirtschaftliche Unternehmungen）。但通常情况下，大多数规定在1848年之前根本没有执行。[52]在铁路发展的最初几十年里，美国促进和监管运输企业的传统展现出顽强的生命力，但普鲁士传统却并非如此。尽管两国对国家在运输项目中的作用的理念类似，但铁路政策却朝着不同的方向发展。

另一种解释——至少在美国比较突出而在普鲁士相对缺乏——可能在于支持和反对这些项目的利益格局。也就是说，人们可能会认为铁路建设在普鲁士比在美国面临的反对要更多，而这一差异又反映在各州的推进力度上。但把这一论点视为普鲁士铁路历史的标准论断是站不住脚的。事实上，两国利益格局大致相同。在这两个国家中，商业和政治（包括军事）因素大体上都为铁路发展带来了很大程度的支持。如前所述，1842年，即使在普鲁士贵族势力强大的省议会中，90%的代表都表态支持铁路建设（"Die Verhandlungen ..." 1881）。但当涉及具体项目时，务实的反对意见就压倒了人们的热情。因为在这两个国家，国内改良工程的长期、普遍利益与特定项目对当地经济造成的短期、破坏性影响之间存在内在矛盾，也就不可避免地产生了

第五章 政治结构、国家政策与产业变迁：美国与普鲁士的早期铁路政策

冲突。即使是普鲁士容克贵族也是基于这种实用主义的考虑而反对铁路建设的。正如迪特里希·艾希霍尔茨（Dietrich Eichholtz 1962：42）谈到容克贵族在德意志邦联时期铁路史中的作用时写道："我们肯定不能说容克贵族对铁路建设的反对是原则性的。"因为在 1848 年之前的几十年里，他们越来越多地转向市场生产。当他们积极反对铁路建设时，他们像南方的种植园主和马萨诸塞州西部的农民一样，担心铁路对贸易模式的改变于己不利。在这两个国家，铁路问题都引发了利益冲突，利益格局破裂的纹理也是类似的。[53]

如果观念和利益都不能完全解释早期铁路政策的模式，那么解答难题的关键就在别处。仔细研究每种政治结构对政策制定过程的限制，就会发现关键在于每种政治结构在资本主义背景下产生的独特动力。

19 世纪 30 年代末的普鲁士官僚放弃了最初的怀疑态度，开始接受鼓励修建铁路的观点。但这项任务需要的资金远超君主政体所能支配的范围。理论上普鲁士政府可以像美国各州政府一样，通过征税或借贷为铁路建设提供资金，但实际并非如此。经过拿破仑战争后的长期恢复，到 19 世纪 40 年代初，普鲁士的国家预算才刚刚达到进行期待已久的减税的足够条件。因此，政府各部在政治上很难要求为铁路建设大规模征收新税。他们也无力通过借贷来筹集资金，因为其所需的政治代价更为高昂。按 1820 年《国债法》的规定，国家无须经议会批准的贷款额度上限为 1 260 万美元（1 800 万塔勒）。这一让步显然是拿破仑战争后君主制的债权人所要求的，正如诺思和巴里·温加斯特（Barry Weingast）在 1989 年所说的，这是一个"可信的承诺"。政府官员一直想方设法与之共存（偶尔也会规避），直到带来前所未有的资本需求和高知名度的铁路出现，这一问题被摆到明面上。筹集资金推行一项在经济上不那么自由的政策，必须在政治上以自由的方式进行，为筹措建设资金，王室必须召开议会。[54]在当时的王室看来，这代价实在太大。可以肯定的是，1842 年召开的省议会代表会议标志着国王对自由主义的要求做出了一点让步，但实际上没多

少变化。普鲁士国家不自由的特征得到保留，铁路建设仍在私营企业的支持下进行。

政府官员在做出这一选择后发现，如果要修建他们渴望已久的铁路，就必须满足铁路公司一定程度上免受政府监管的要求。铁路工人们高呼"恐慌的资本"，迅速将政府的困境转化为优势，并利用这一优势有效规避政府监管。[55]这些公司一再警告，政府的监管会吓跑该行业的投资者。[56]莱茵铁路公司的负责人戴维·汉斯曼（David Hansemann）是一位支持国家建设的"经济自由主义者"，在此问题上他尤其敢言。他在对1838年国家铁路法的评论中写道（1841：110-111）："如果国家想通过私营企业来满足人们对铁路的巨大渴望，那么它也必须为潜在的资本提供一切可能的利益和安全投资的保证；这是吸引和留住资本的最佳手段，这一点怎么强调都不为过。"在他看来（1841：24-27），问题的核心在于折中：如果国家希望私人资本修建铁路，那么"国家至少要为铁路系统制定良好的法律法规，不仅要让本国资本家还要让外国资本家，对铁路系统产生持久的信任，这样才能吸引资本参与更大的铁路项目"。[57]简而言之，私人资本将建造铁路，但前提是能在建造过程中为其服务索要价码。

因而从某种意义上说，铁路时代一度延续了1815年以来普鲁士政府与资产阶级之间的独特妥协的惯例。正如沃尔夫冈·克利（Wolfgang Klee 1982：100）所写的那样："必须取得经济进步，必须向企业家们（尤其是莱茵地区的企业家们）表明，在没有议会或宪法的情况下，也可以实现理想的经济条件，这些条件在西方其他国家的资本家看来就像是自由经济的天堂。"显然，促进经济增长的一种方式是国家自己修建铁路，比利时就是这么做的。但君主政体的普鲁士没有这样的财力资源，其要想获得相应财力只能通过实现政体自由化来实现。[58]因此，为了能在抵制政治自由化的前提下促进经济增长，政府官员不得不顺应形势，给予铁路建设很大程度的自由，使其免受国家干预。

在美国，19世纪30年代和40年代的铁路政策模式也反映了政

第五章 政治结构、国家政策与产业变迁：美国与普鲁士的早期铁路政策

治结构本身的限制。由于美国各州立法机构拥有更大的正式代表权和更明确的权力分立，所以美国政策制定的动力也就有所不同，首先州立法机构事实上更容易接受竞争性的政治要求。因此，尽管美国的铁路发起人通常能够调动政治力量获得铁路特许经营权，但事实证明，他们的对手在特许经营权的授权下往往能够对他们施加限制。正如一些历史学家所指出的，这一"轮番模式"（Charter log-rolling）不仅建设了大量铁路，[59]而且当针对特定项目的反对声足够大时还产生了监管措施。

宾夕法尼亚铁路公司征收过境税的政治根源，反映了立法决策本身鼓励干预经济政策的方式。1846年，巴尔的摩和俄亥俄铁路公司向宾夕法尼亚州立法机构申请，将其线路从马里兰州的坎伯兰延伸至匹兹堡；但与此同时，费城的利益集团支持拟议中的宾夕法尼亚铁路，该铁路将与哈里斯堡和匹兹堡之间的州运河平行。这两个对立的项目引发剧烈冲突，宾夕法尼亚州西部和西南部各县坚定地支持巴尔的摩和俄亥俄铁路公司，而东部地区则为宾夕法尼亚铁路公司游说。有一次，西部的22个县甚至威胁道，如果巴尔的摩和俄亥俄铁路公司不能获得特许，他们将脱离宾夕法尼亚州。[60]

宾夕法尼亚州立法机构最终通过三项措施解决了这一冲突。首先，它暂时批准了两家公司的特许经营权以兼顾东西部。其次，为了让费城的利益集团满意，它规定巴尔的摩和俄亥俄州的特许经营权与宾夕法尼亚铁路公司在筹集资金和开工建设方面的进展挂钩；如果该公司未能在规定时间内做到这一点，巴尔的摩和俄亥俄州的特许经营权将生效。最后，立法机构在宾夕法尼亚铁路公司的章程中加入了一条规定，要求该公司缴纳货运过境税。这实际上是西南部各县同意的代价，他们不仅从宾夕法尼亚铁路的建设中获益甚微，还担心州运河运输量的下降会带来更高的税收，货运过境税则可视为一项"安慰奖"。[61]

简而言之，由于美国各州的自由结构造成州政府层面的利益冲突，宾夕法尼亚铁路公司在获得特许经营权的同时也面临过境税的巨

大压力。德国历史学家托马斯·尼佩代（Thomas Nipperdey 1983：192）指出普鲁士政府一旦承诺进行私人投资，就会介入保护铁路免受利益竞争的影响，他总结道："在完全民主的秩序下，铁路几乎不可能建成。"但美国南北战争前各州立法机构的经验表明情况并非如此。普鲁士不仅会修建更多的铁路，而且更多的铁路公司还需要支付运河通行费、过境税等。

铁路发展初期的情况表明，经济自由主义在美国的盛行程度低于普鲁士。如果再对联邦制给予适当的重视，会发现这正是因为两种政治结构对资本主义背景下的政策制定施加了不同的限制。由于这两个经济体大体上都是资本主义国家，私人利益控制资源分配并对国家权力施加限制；因此，普鲁士中央政府和美国各州立法机构以各自的方式，在修建第一批铁路时与私人利益集团进行了谈判。但事实证明，普鲁士的国家结构并不自由，依赖私人资本修建铁路，这使得普鲁士国家受到更多的限制，而私人利益集团则获得了更多的权力；因此，州政府官员在监管铁路方面受到了限制。相比之下，美国各州立法机构在更为自由化的结构中运作，这在逻辑上允许并鼓励进行更多的干预。这清楚地警示我们，不要以为经济自由主义和政治自由主义必然是一个时代的产物。普鲁士促进经济增长和维护非自由主义政治结构的双重目标，要求其采取自由主义经济政策；而美国更具代表性的决策过程则鼓励不甚自由的经济政策。

四、变革的 19 世纪 50 年代

然而以上两种模式皆不长久。到 20 世纪末，两国都已转变为领先的工业强国，铁路发展是这一工业变革进程的开端。在启动这一变革的过程中，定义新工业秩序的两大现象，即资本密集度和不断扩大的地理规模，是由铁路引入的。资本密集度在铁路领域有两个表现：一是单个企业拥有前所未有的资本量；二是高固定成本，这从根本上改变了竞争行为。铁路公司是第一批交易和财产所有权都远距离扩展的商业企业，带来了企业地理规模的巨大扩张。然而，由于政治结构

第五章 政治结构、国家政策与产业变迁：美国与普鲁士的早期铁路政策

的不同，与工业资本主义的首次相遇在两国产生了差异化的后果。在普鲁士，根据格申克龙的理解，铁路建设所需的空前巨额资本推动其政治程度有限的自由化。在美国，铁路高昂的固定成本和地理上的无序扩张，削弱了各州传统的监管权威。这些制度上的变化反过来又改变了两国铁路政策的干预方向。随着工业变革的进程，美国各州立法机构的权力受到结构性限制，美国铁路政策的干预力度也日益减弱。与此同时，在新近自由化的普鲁士，铁路政策发生了"美国式转变"，州政府官员开始以更大的力度推动和监管铁路建设。

转变的迹象出现在 19 世纪 40 年代初，如前所述，当时美国和普鲁士的铁路政策开始朝着相反的方向发展。美国各州政府开始将州铁路剥离出去，此即古德里奇（1968）所言"州进-州退"经济政策模式的第二阶段；同一时期，普鲁士国家也开始试探性地向铁路领域挺进。这种趋势在 19 世纪 50 年代得到延续，且势头更猛、规模更大。

1842 年，普鲁士国家政策的改变拉开了序幕，几年后，铁路建设问题再次迫使王室在自由化的道路上越走越远。1847 年，国王召集省议会（联合议会）举行联席会议，寻求批准一揽子财政政策，其中包括三四千万塔勒的国家贷款。这一数字是 1820 年《国债法》允许王室无须议会批准的借款额度的两倍，目的是为修建从柏林通往普鲁士最东北部的柯尼斯堡的东部大铁路提供资金。但代表们坚持己见，要求遵守《国债法》的规定，国王也拒绝让联合议会拥有完全的议会权力。革命则于次年发生。[62] 从这个意义上说，在普鲁士的政治背景下，铁路建设所需的空前巨额资本促成了其政治结构的转变。

完全自由的政权从未出现过。新的政治结构最终产生于保守派对革命的"过激行为"的纠正。王室领导着一个由地方议会保守派、官僚机构、贵族、新教正统派和常备军军官团组成的联盟，撤销了 1848—1854 年的许多改革举措，保留了其宪政形式但加强了贵族、官僚机构和君主制在其中的权力。在国家层面，该联盟攻击的中心是议会。不仅恢复了国务委员会，更重要的是上议院（the Upper House）在 1854 年被改造成贵族院（House of Lords）。这样做的结

果是，以前上议院3/4的席位是给纳税大户的，现在只有贵族中拥有老牌庄园的精英才有资格获得席位，而包括资产阶级贵族在内的其余90％的贵族则被排除在外。这些变化之所以成为可能，是因为以财富为基础的三等制度取代了普选制。此外，国家权力仍然相互交织，因为行政部门继续通过其大臣影响其他部门，这些大臣不仅参加立法机构，还参加终审法院［奥伯法庭（Ober‐Tribunal）］。甚至国王也保留了相当大的权力，因为大臣们为国王而非议会的意愿服务。官僚控制确实得到了削弱，因为议会两院现在通过它们对国家开支的批准权影响政策，其中就包括铁路政策。因此，革命及其后果产生了一种君主立宪制，其中中央政府的官员虽然仍有权有势，却要与议会共享决策权。[63]

一旦政治自由化有所实现，非自由主义的旧结构对经济政策的限制就失去了效力。正如克利（1982：118）所指出的，国家贷款必须获得议会的批准，这使得国营铁路从政治角度来看代价高昂。但现在有了议会和宪法，国家也获得了更大的自由度，以筹集"培育"国营铁路所需的资金。19世纪50年代初负责铁路政策的是埃尔伯菲尔德银行家族的奥古斯特·冯·德·海特（August von der Heydt），他是新成立的商业、工业和公共工程部的负责人。此人因热衷于将普鲁士铁路国有化而被称为"国有铁路部长"，他还通过各种手段接管了一些私营铁路的管理权。[64]因此正如蒂莉（1966：495）所言，这场革命带来了"普鲁士财政史上的一个转折点"。由于得到了议会的支持，国家大幅增加了借贷和支出，以促进铁路发展。

与此同时，由于海特对剩余的私营铁路的监管采取了1848年前从未有过的方式，监管与（企业）建设相结合的政治动向于1842年首次出现，并在革命后更加明显。如前所述，他于1853年重申了国家对铁路征税的权力，确保了对铁路净利润征税政策的通过。[65]然而，他努力的核心目标是，重新建立政府对费率和时间表的控制权。为了实现这一目标，他设法将推进建设与监管明确挂钩，这种做法曾在1842年国家政策转变后不久就初步尝试过。例如，当私营公司想

第五章 政治结构、国家政策与产业变迁：美国与普鲁士的早期铁路政策

要增加资本或获得利益保证时，他们就必须接受由国家控制费率和时间表的章程修正案。[66]与之相关，海特还在主要铁路上开通夜车服务以方便邮件投递，并因其影响广泛和成功而在当时被称为"夜车事件"。[67]最后，在另一项著名的倡议中，海特压低了从上西里西亚到柏林的煤炭运费。[68]总之，普鲁士雄心勃勃地推行促进铁路发展的计划，并竭尽所能地在19世纪50年代收回了自己的监管权。

因此，在普鲁士，铁路对资本的需求所形成的空前的资本密集度引发了一场革命；这场革命改变了政治结构，进而改变了政策制定过程；随着政治自由化举措的有限推进，经济政策反而变得不那么自由了。1848年之前，普鲁士因环境受限而几乎没有什么采取行动的空间（无论是建设还是监管）。而1848年后，普鲁士几乎可以任意借贷。此外，随着主要私营线路投运和国家投资的增加，铁路公司用来抵制监管的"恐慌的资本"的论调也失去效力。以上两种趋势都增强了政府部门的影响力。因此，19世纪50年代的普鲁士铁路政策，类似于美国早期政治结构所产生的不太自由的政策。

与此同时，在19世纪50年代，美国各州政府却开始发现自身的处境与1848年前普鲁士的困境有相似之处。由于部分剥离了铁路业务，州政府失去了一些因推动建设而获得的监管杠杆。铁路资本密集度（表现为高固定成本）及其地理规模扩张引发了一场实质性的革命。各州立法机构监管运输费率的传统方法，无法应对高固定成本引发的特殊竞争，因此联邦立法机构中的费率监管彻底政治化。当铁路开始跨越州界时，立法机构面对的问题也随之升级。在随后的政治斗争中，美国铁路公司为"恐慌的资本"的论点量身打造了适用于联邦立法机构的第二个版本，在19世纪50年代轻车熟路地利用这两个版本来逃避监管。州立法机构发现联邦政治结构和横向分权削弱了他们的权力。要了解铁路如何促成这一转变，就需要仔细研究各州立法机构的传统监管方法。

米勒（1971）在一份研究报告中指出，美国各州的立法机构最初试图以传统的运输价格监管方式来监管铁路费率，即设定公路使用费

的上限，或至少保留降低上限的权利。[69]这反映了公路或运河等传统运输形式的两个特点：公路或运河本身归一方所有，该方在非竞争条件下确定使用费，而提供客运和货运服务的各方（如船夫或驿站公司）之间则存在竞争。因此，立法机构对公路或运河的使用费进行监管，并依靠承运商之间的竞争将运输费保持在合理水平。这种方法起初似乎也适用于铁路，因为早期的大多数铁路公司并没有面临来自其他铁路线路的有力竞争；与收费公路或水运公司一样，它们在提供道路供公众使用方面享有垄断地位。即使到了19世纪30年代末期，出于安全和管理效率的考虑，铁路上也不允许出现多个承运人，[70]铁路在提供两种服务方面的垄断地位意味着传统方法似乎仍然可行。因此，立法机构只需通过设定最高费率对两者进行监管即可。正如米勒所强调的，立法机构在垄断条件下监管运输价格的权利有来自传统的坚实支持。[71]

但铁路从一开始就带来另一种之前所没有的监管问题：费率歧视。由于铁路公司是第一家以如此高昂的固定成本运营的企业，因此它们的费率歧视达到了前所未有的程度。与可变成本不同，固定成本不会随着运输量或运输距离的增减而发生显著变化。铁路的固定成本包括管理费用、建筑物和设备折旧、保险、税收、利息和日常维护等项目；可变成本一般包括工资、装卸和运行列车的其他费用，以及随列车运行强度而变化的某些维护费用。[72]高固定成本是19世纪后期大规模生产的标志，它通过在困难时期增加生产和降低价格的做法，从根本上改变了竞争行为，[73]这种现象首先出现在铁路上。

从一开始，铁路的管理者就明白高固定成本意味着什么。米勒（1971：17）指出："经济生活中的这一基本事实，是费率制定政策背后大多数早期假设的依据。"正如他所解释的：

> 由于运营的总成本不与运输量成正比，所以大业务量十分可取，这样就可以将日常管理费用分摊到最大数量的单位上。反过来，这似乎也证明了低诱导费率的合理性。同样明显的是，成本也并不与运输距离成正比，因为短途运输和长途运输的转换和终

第五章　政治结构、国家政策与产业变迁：美国与普鲁士的早期铁路政策

点站费用是一样的。因此，以低于短途运输的每英里费率寻求长途运输似乎是可行的。

交通流量的不对称为费率歧视提供了额外的支持。[74] 米勒（1971：17）称，"几乎从一开始"，这种考虑"就与单纯基于距离的费率结构大相径庭"。

面对铁路公司的歧视性费率结构，传统的监管模式很快显得力不从心。立法者过去在制定章程时只关注高费率问题，但低运价和长短途差价意味着某些托运人支付的费率低于惯例费率。因此，成文法中规定的最高费率并不能解决这个特殊的新问题。然而，常识告诉我们，基于距离的歧视是尤为不公正的，因为交通费一直与运输距离成正比。因此，运货100英里的人应比运货距离只有一半的人多付一倍的费用，这就是19世纪50年代"按比收费"运动的基本前提。"从一开始就很清楚"，米勒（1971：23）指出：

> 在这些歧视行为中，即使不是全部，也有相当一部分违反了与共同承运人相关的基本法律原则：公共交通公司有义务公平对待所有客户，不偏袒任何一方。如果它们没有做到这一点，法院就应该提供救济。因此，为保护人们免受不平等待遇，人们首先求助于法院，期望在普通法中牢固确立自己的权利。

但事实并非如此，普通法同样不够完善，因为传统上它也以高收费率来定义问题；只有当收取的费率"高于惯例或现行费率时"（1971：28），才会出现不公正的歧视。米勒（1971：32）解释说，"只要较高的费率本身是合理的"，"就没有救济……普通法没有对削减费率的做法提供保护"。因此，在19世纪40年代末50年代初，遭受歧视的选民又将问题提交给了州立法机构。

大约同一时间，铁路业务的新发展将立法机构引入了新工业秩序中独特的监管问题中，同时也暴露了立法机构权力受到的结构性限制。随着东部干线在1849年至1854年竣工，直通运输量增加，竞争加剧。这反过来又加剧了小型、短途，以及那些不在干线附近的托运

客户和社区的抱怨,因为他们承受了更高的费率。此外,当干线之间形成常态化竞争,传统上立法和司法监管所依据的前提似乎变得越发无关紧要,因为各条干线是作为"公路"而非"承运人"展开竞争的。长途干线的开通也提出了最棘手的问题:各州立法机构是否有能力监管正在迅速发展的第一项州际业务(州际铁路——译者注)。因此,当立法机构在 19 世纪 50 年代重新直面费率监管问题时,支持其费率监管权的长期共识在工业变革的重压下瓦解了。正如米勒(1971:32)所言:"铁路改革成了一个政治问题。"

随着这一变化,那些早年设计在美国政治结构中的裂痕产生了新的意义。在其后从 19 世纪 50 年代持续到 80 年代的政治斗争中,联邦制和三权分立成为铁路公司尝试用来取得优势的武器。正如哈里·N. 沙伊贝尔(Harry N. Scheiber 1975:115-116)所言,美国的政治结构为"'囿于'特定州的歧视政策或严格监管的商业利益提供了几条出路"。至少在理论上,企业可以采取"横向"路线,从(政策)"敌对"的州转向(政策)"友善"的州。事实上,美国的这些"铁道游击队"和他们的普鲁士同行一样,很快就接纳了"恐慌的资本"这一论点。19 世纪 50 年代出现了这种论调的两种变体,它们都利用了联邦制的结构性限制。其中一种与普鲁士铁路公司所依赖的论据非常相似:监管会吓跑投资者,从而抑制铁路的进一步发展;另一种说法在州际交通发展起来后对联邦结构特别有用,它警告说监管损害的是现有道路的资本,因为直达线路会避开监管其铁路的州。1850 年,罗德岛(Rhode Island)的托运客户就纽约、普罗维登斯和波士顿线路的费率歧视提出抗议,从而爆发了第一场重大争论。19 世纪 50 年代中期,平等税率立法即将出台,反对者指责该立法将"惊扰资本,压垮企业";他们警告说,税率监管将"有效阻止任何新铁路的出现"。[75]到了 19 世纪 50 年代末期,随着另一场经济萧条的到来以及与邻州铁路公司竞争的加剧,第二种说法开始发挥作用。现在,立法者们开始担心监管对运力的分流作用;正如约翰·K. 托尔斯(John K. Towles 1909:318-319)所解释的,"其他线路的竞争迫使罗德岛

第五章 政治结构、国家政策与产业变迁：美国与普鲁士的早期铁路政策

人对自己的铁路放手"。

随着铁路发展的推进，"恐慌的资本"论点的两种说法在重要性上有所差异。在路网稀疏的地区，强调对新投资威胁的"普鲁士式"论调往往更有分量。在这些地区，拥有铁路运输但遭受费率歧视的社区倾向于支持监管。然而，当修建铁路得到"穷人"社区的政治支持时，他们担心倘若监管将新投资吓跑，那么他们将无法得到铁路服务。[76]然后，随着铁路网密度的增加，警告监管会将直通运输分流到其他州的"美国式"变体也相应变得更加突出。[77]正是出于这种考虑，伊利运河沿岸铁路的运河通行费在1850年被取消。接下来的10年，纽约州铁路公司与纽约商人结成联盟，抵制运河通行费和均衡费率，认为对直通运输征收更高的费率会将商业分流到其他沿海城市，使纽约市走向衰落。[78]宾夕法尼亚州也存在类似的争论。由于宾夕法尼亚铁路公司继续征收吨位税，州长詹姆斯·波洛克（James Pollock）在1858年警告说："西部的产品被迫由其他州的竞争铁路运往其他市场，而不是我们自己的市场。"几年后，宾夕法尼亚铁路公司及其支持者最终接受这一理由，取消了自1846年以来一直征收的吨位税。[79]一旦州际交通成为现实，联邦制同时削弱了立法政策制定过程中固有的监管力度，并增强了美国式"恐慌的资本"论调的影响力。

此外，到了19世纪70年代，铁路公司及其反对者都学会了以第二种方式利用联邦制，这一次是"向上"寻求国家立法而非州立法。[80]对于铁路公司的反对者而言，这似乎是监管一个全国性行业的唯一途径，而对于铁路公司而言，这成为抵御敌对州立法机构的一种手段。值得注意的是，一旦铁路跨越州界，国家立法也可以更好地满足其需求。早在1854年，新英格兰的一位铁路官员就暗示了这一点。他认为尽管他和他的同事们都认为立法规范共同承运人责任、列车速度、员工守则等事项将有助于该行业的发展，但州一级的立法"……是不合适的，因为在一些铁路所经过的不同州很难获得任何统一的法律"。[81]在这一点上，双方均对国家立法兴致盎然。[82]

结构化的政治：比较分析中的历史制度主义

　　一旦铁路问题被彻底政治化，三权分立也就成了"铁道游击队"抵制监管的重要武器。从这个意义上来说，商业利益也可以横向移动——不是威胁将运输线转移到邻近的州，而是避开敌对的立法机构，转而求助于州法院。早在1850年，新英格兰的铁路工人就选择了这种策略。尽管他们更希望得到州立法机构的帮助，但他们担心这么做的后果。波士顿和洛厄尔的一位官员警告说，如果铁路公司将他们的问题提交给立法机构，"将是弊大于利"。波士顿和伍斯特铁路公司的托马斯·霍普金森（Thomas Hopkinson）也有同感。他"非常担心负担会不减反增。几年后，他再次建议谨慎行事，认为"让铁路公司直接承受立法者如此多的善意关注是一项糟糕的政策"。[83]与此同时，另一位官员确信，"铁路公司在新罕布什尔州法院比在该州的立法机构有更多机会"。[84]此外，如果州法院也表现出敌意，商人们可以再次利用联邦制，将他们的申诉从州法院"向上"转到联邦法院。随着直通运输变得越来越重要，铁路公司以公民身份多样化为由，越来越频繁地采用这种替代方案。最著名的是格兰杰案，在该案中，铁路公司明确尝试了米勒（1971：172）所说的"在联邦法院寻求庇护"。[85]

　　简而言之，在新的工业秩序中，美国国家的联邦立法结构使监管资本主义企业的巨大困难进一步加剧。从19世纪50年代开始，铁路跨州扩张使问题变得更加突出，如沙伊贝尔贴切描述的那样，在经济形势发生变化的情况下，美国的政治结构就像一个矩阵（参见Elazar 1987：37），为获得州政府特许的铁路提供了另一条"逃生通道"。在试图应对工业资本主义的过程中，州政府的监管努力最终失败，部分原因是他们在联邦结构中的管辖权根本无法胜任这项任务，还因为它们是在政府各部门分权的结构中运作的。[86] 1886年，最高法院宣布各州对州际费率的监管违宪［瓦巴什诉伊利诺伊州案（Wabash V. Illinois）］，铁路监管的冲突直接转移到了国家层面。这就明确了必须由国会进行监管。僵持10年之后，国会很快通过了《州际商业法》（1887），成立了美国第一个独立监管委员会（Fiorina 1986；Gil-

第五章 政治结构、国家政策与产业变迁：美国与普鲁士的早期铁路政策

ligan, Marshall and Weingast 1990），新颖之处不在于其所涉及的利益和采取的解决方案，而在于它们是在国家层面协商达成的。不管多不情愿，最高法院和国会中的州政府官员都屈服于新工业。与此相反，普鲁士官员领导的是一个统一的国家，从一开始就拥有必要的管辖权；一旦铁路资本问题引发了1848年的革命，国家结构发生了变化，他们就会善加利用。[87]

五、结论

两国之所以能够推行政治结构和经济政策的这一惊人模式，实际上要归功于两种政治结构的自身性质。两国政治结构影响政策制定过程的独特方式，在早期推动铁路政策朝着截然相反的方向发展。最终，美国和普鲁士分别作为典型的"弱国家"和"强国家"的传统形象成了"真理"，但实际上只是铁路的资本密集度改变了两国的政治结构。从早期铁路政策的角度来看，两国并不符合人们的常规印象。当普鲁士国家面对资本密集型的新技术时，其大肆吹嘘的实力很大程度上是虚幻的，而美国各州政府在铁路时代的开端伴随着推进建设和监管的坚实传统，这一传统现在很大程度上被从19世纪50年代就困扰他们的困难所掩盖。如果仔细考虑联邦制，并将普鲁士中央政府和美国州政府并列作为功能等价物，那么美国州政府在早年的干预主义方面得分较高，因此在两者中显得更为强势。联邦制的面纱背后是一种适度中央集权的产业化模式，这一模式由立法决策和州际竞争的紧迫性所驱动。

然而，铁路的资本密集度和不断扩大的地理规模最终引发了两国的变革，改变了普鲁士国家的正式政治结构，同时转移了美国政治结构中的监管权力。在普鲁士，铁路建设所需巨额资金的筹集问题，将政治自由化推向了革命的边缘。只有在普鲁士的政治结构经历了一定程度的自由化之后，国家才能行使它一开始就在理论上拥有的权力。鉴于美国各州议会在19世纪三四十年代表现出的干预主义倾向，这种结果似乎一点也不矛盾。但从长远来看，部分自由化且不受联邦制

157

和三权分立束缚的普鲁士国家,更有能力监管第一批"大企业"。与此相反,在美国,州立法机构的传统监管权力受到铁路费率制定特殊性的挑战。19世纪50年代,当立法机构面对州际铁路时,其权力逐渐缩小。与普鲁士国家不同的是,美国各州政府缺乏超越其边界的管辖权,也没有州际协调政策,[88]所以没有能力维持其政策,因为铁路公司可以利用政治结构本身来抵御州立法机构。经过几十年的政治斗争,以及一场奠定联邦权力永久扩张之势的内战后,美国各州监管工业资本主义的部分权力才在国家层面得到重构(Bensen 1990;Skowronek 1982),尽管因铁路引发的冲突一直持续到今天。

美国和普鲁士铁路政策的变幻莫测,使资本主义社会政治结构和产业政策制定的两个普遍观点凸显出来。首先,它们告诫人们不要认为可以直接从制度结构本身"读出"特定制度对经济政策的影响。也许我们最多只能说,立法决策的过程特征是鼓励干预的。若要进一步概括,就必须适当关注政治结构和经济背景的更多细节。就像本书中的第四章和第六章一样,对铁路政策的比较研究,表明不同政治体制的意义最终取决于其运作的特定环境。美国各州立法机构最初长于促进和监管私营企业,但在大规模资本密集型企业崛起后,在联邦立法结构中的地位削弱了其效率。同样,普鲁士中央政府看似无所不能,而资本密集型企业的出现终于暴露出它对私人经济利益的依赖。

其次,这两个案例为伊默古特的"否决点"概念提供了更多的启示。美国铁路政策的历史证明了伊默古特所指出的断裂的极端重要性。当权力被构成一系列政治制度的离散要素分割时,它就会出现断裂,从而为施加政治压力提供机会。毫无疑问,在某种程度上,联邦制和三权分立从一开始就赋权给商业利益并阻碍了立法控制;但在新的工业背景下,美国政治结构中的"否决点"变得显而易见,铁路的资本密集和地理扩张决定了州立法机构对私营企业的监管。普鲁士的故事强化了美国这方面的教训,因为美国在19世纪50年代的监管正是由这种开放性的缺乏所促成的。[89]

然而普鲁士在1848年之前的经验揭示了另一种不同的权力分立。

第五章 政治结构、国家政策与产业变迁：美国与普鲁士的早期铁路政策

这种权力分立源于1848年前普鲁士政治经济中普遍存在的特殊权力划分，即政治权力属于王室，但经济权力主要掌握在私人手中。从某种意义上来说，普鲁士在一个更大的参照系中出现了政治和经济权力领域之间的脱节。因此，王室不得不依靠私人资本来实现其最重要的政治目标，即通过发展铁路来实现经济增长。就像19世纪50年代的美国铁路一样，普鲁士铁路公司利用这种依赖性来抵御监管。当普鲁士国家官员最终被迫推动政治结构自由化时，政体与经济之间的差距得以缩小，国家的脆弱性得以减轻。

一直以来，美国各州在这方面很强势，因为立法决策允许并鼓励各州推动和监管铁路建设。相反随着经济环境变化，各州立法机构最终在联邦制和权力分立的美国政治结构中步履蹒跚。此外，其他政策领域的历史经验表明，铁路方面的政策制定模式长期看来并非独一无二。[90]如果说1850年以来美国铁路政策的相对弱势，构成了"美国例外论"这一更大谜题的一部分，那么这一更大谜题的关键似乎还在于美国特殊政治结构所产生的微妙、普遍而持久的影响。

【注释】

[1] North 1981; Williamson 1985; Bates 1990; North and Weingast 1990.

[2] 参见 Chandler 1977; North 1981; Williamson 1985; Bates 1990. Cf. Bates 1988. 为了方便起见，我将"实证政治经济学"（positive political economy）（Alt and Shepsle 1990）纳入"新经济制度主义"一语的指涉范围，因为前者在政治领域的应用是后者的代表性成果。两者都将"选择的逻辑"（logic of choice）（Coase 1988：3）应用于各自的领域。

[3] Cf. Smith 1988：96-7; Gordon 1989：84; Bates 1990. 诺思（1981），与他的同事不同，在计算得来的自我利益和效率追求之外，他还将意识形态视为激励个人或群体行为的一个因素。

[4] 相关细节参见 Dunlavy 1988 and 1990.

[5] 相关例子，参见 Henderson 1958 and 1975 on Germany; and North 1966 and Cochran 1981 on the United States. 制度在诺思的后续作品中得到了更多的重视。

结构化的政治：比较分析中的历史制度主义

[6] 亦见于 Bowman 1986 and Chandler 1990.

[7] 关于德国，参见 Hoffmann 1963：96；Tilly 1966：484-97；Hardach 1972：65-70；Henderson 1975：23；Mottek 1987：77. 关于美国，参见 North 1961：69-70, and 1963：45；Bruchey 1968：76-91, and 1988：26, 59；and Cochran 1981：78-100.

[8] 随着铁路时代的到来，两国也有了相当发达的公共经济部门。普鲁士拥有大量制造业和采矿企业，其特点在于通过海外贸易公司（Seehandlung）和矿业局（Oberbergsamt）掌控这些企业。美国的国有企业主要以州政府参与银行业和运输业的形式出现。然而，在这两个国家中，公共部门所占的比重都没有大到不能称为资本主义经济的程度。关于普鲁士的经典著作有亨德森1958年和1975年的作品。关于美国的情况，参见 Callender 1902；Taylor [1951] / 1968：352-83；and Goodrich 1960。普鲁士东部和美国南部的农业在多大程度上采取了资本主义形式是一个颇有争议的问题；相关介绍参见 Bleiber 1983, esp. pp.102-6；Harnisch 1983：116-44；and Bowman 1986：36-67.

[9] Horn 1979：124-5；Kocka 1980：18-19.

[10] Cf. Gerschenkron 1966.

[11] Vormärz 指的是从1815年维也纳会议到1848年三月革命的时期。

[12] 开创性的州级研究是 Heath 1954；Primm 1954；Hartz 1968；and Handlin and Handlin 1969。这些由社会科学研究委员会赞助的研究起源于罗斯福新政时代；有关该项目的详细信息，参见 Handlin and Handlin 1969：viii-x and appendix G。相关项目还包括 Goodrich 1960；Harry N. Scheiber 1969。历年文献综述，参见 Lively 1955；Broude 1959；Goodrich 1970；Pisani 1987；and Scheiber's numerous insightful essays。最近的一项研究给这一研究领域提出了新问题，参见 Gunn 1988.

[13] 赫斯特（Hurst）在1956年发表的研究成果具有开创性。文献概述参见 Scheiber 1981 and Pisani 1987. 关于法院的创新结构视角，参见 Hattam 1990.

[14] Smith 1985；O'Connell 1985；Hoskin and Macve 1988；Bourgin 1989. 尽管布尔金（Bourgin）的书最近才出版，但与SSRC的研究一样，它是新政经验的产物；详情见其前言。

[15] 参见 Hardach 1972：73-7；Sperber 1985：280-4. 有关普鲁士国家活动的概述，参见 Ritter 1961.

第五章 政治结构、国家政策与产业变迁：美国与普鲁士的早期铁路政策

[16] Friedrich 1968：5-6；cf. Elazar 1968 and 1987.

[17] Scheiber 1975. 州政府的内部政治结构取决于其宪法中的规定，仅受（国家）宪法的限制（第四条第四节），即它们拥有"共和政体"。宪法没有详细说明这一主题，人们普遍认为，在宪法通过时存在的州政府形式隐含地定义了"共和政体"。Congress, Senate 1938：548-9。

[18] 该论断借鉴了 Koselleck 1976：65-8, and 1980：219-36；Bleiber 1983：99-100；Ruf 1983：173-7. Cf. Heffter 1950 and Obenaus 1984. 弗里德里希·威廉三世于1797年继位，1840年去世；随后弗里德里希·威廉四世继位，并于1861年去世。尽管比美国弱，但一定程度的分权实际上是整个19世纪普鲁士的特点，这反映了该国持续存在的异质性经济和社会结构，并在"部长集权与省级地方主义之间持久的国内冲突中"得到证明。Schütz 1983：28-31. Cf. Koselleck 1976：58, 63.

[19] 中央政府官员任命地方长官，但他们是从区议会提名的候选人名单中任命的。由于地方贵族在后者中掌握优势，所以他们可以确保县官来自自己的队伍。1812年，县官由县长取代，县长由州而非县议会直接任命；然而，由于贵族的反对，县官制度很快就恢复了。直到1872年，地方治安官才成为公务员（Ruf 1983：176）。

[20] 到1830年，只有5个州仍然保留了选举权的财产资格，而另外8个州都要求选民必须是纳税人。此外，大多数州已转向州长和总统选举人的普选。当然，只要奴隶和（在某些州的）自由黑人没有投票权，就仍然存在向男子选举权转变的明显例外（Porter 1918：110, 148；Morris and Morris 1982：198）。

[21] 关于州政府的结构，参见 Morris and Morris 1982：132-3, 198. 19世纪30年代，奥尔巴尼（Albany）摄政团在纽约州发展出了一个强有力的行政部门，其权力在银行、教育和内部改善领域最为明显。迈克尔·谢瓦利埃（Michael Chevalier）在1835年赞许地指出，"一段时间以来，在纽约州的行政管理中出现了一个伟大、统一和中央集权的特征，并使它获得了帝国国家的称号"（Chevalier 1969：370-7, quotation from p. 371, original italics）。

[22] 见[18]。各省议会由国王亲自任命的元帅领导。在这些团体中，贵族地主拥有一半的选票，城市地主占1/3，农民地主占1/6，贵族作为个人投票，其他人作为集体投票。

[23] Cf. Sewell 1967；Skocpol and Somers 1980.

[24] Kocka 1987. 以下作品提供了普鲁士铁路发展的最佳概述：Klee 1982；

结构化的政治：比较分析中的历史制度主义

Fremdling 1985. 关于美国的情况，参见 Meyer et al. 1917；Fishlow 1965；Taylor [1951] /1968：74-103。

[25] 1850 年，美国拥有 14 000 多千米的铁轨，而英国则有 9 800 千米；德意志联邦为 7 100 千米（包括普鲁士的 3 000 千米）；法国为 2 900 千米；比利时为 900 千米。按人均计算，美国每 10 000 名居民拥有 6 千米铁轨，而普鲁士仅有 1.8 千米。Taylor 1960：526-7；U. S. Bureau of the Census 1960：Ser. A2, p. 211；Mitchell 1978：315-16；Fischer et al. 1982；Fremdling 1985：48。

[26] 关于美国的情况，参见 Fogel 1964；Fishlow 1965；O'Brien 1977；Fogel 1979. 关于德国的情况，参见 Fremdling 1977, 1983, and 1985。

[27] 关于普鲁士的情况，参见 Bösselmann 1939：48-49, and Obermann 1972；关于美国的情况，参见 Chandler 1954, 1965, and 1977；关于比较视角，参见 Kocka 1987 and Chandler 1990。

[28] 关于历史和理论见解，参见 Deane 1978 and Hall 1987。Cf. Grampp 1965. 像哈茨（Hartz 1955）一样，格兰普（Grampp）对他的主题下了如此广泛的定义（"在自由经济中，国家可以且能够做人民想做的任何事情"，I：ix），以至于这个术语在关于国家适当角色的意见分歧这一最富兴趣的问题上缺乏说服力，而这种分歧引发的政治辩论已长达两个世纪之久。

[29] Cf. Smith 1968：278. 弗里德里希（1968：6）将联邦或单一结构在特定情况下是否"更合适"的问题视为"政治实践"问题，但正如埃拉扎尔（Elazar 1968：354）所指出的那样，联邦主义"作为一种政治手段"，通常被视为通过权力分散"来捍卫个人和地方自由的一种手段"。

[30] 有关经济自由主义的有影响力的新古典主义表述，参见 Friedman 1962：22-36。斯密本人为国家设想的角色比普遍认为的要大。应该注意的是，"干预"一词暗示了一种本质上分离的政治和经济领域的概念，这与这里更广泛的论点背道而驰。此处保留仅为便于理解。

[31] 相关细节，参见 Phillips 1906；Burgess and Kennedy 1949：96；Goodrich 1949：371-2, and 1950：145-50；Taylor [1951] /1968：90-1, 382-3；Parks 1972。

[32] Gerstner 1843：222；Poor 1860：580；Goodrich 1949：360-5；Taylor [1951] /1968：92-4。

[33] 早在 1838 年，仅州政府就为铁路发展承担了总计 4 290 万美元的债务（Taylor [1951] /1968：92, 374；and Adler 1970：10）。获得迄今为止的铁路

162

第五章 政治结构、国家政策与产业变迁：美国与普鲁士的早期铁路政策

总投资数据会有所帮助，但似乎没有这些数据。然而两年后，一位外国观察家称其上限可能是1.059亿美元（Gerstner 1843：334-7）。这表明州政府最低贡献了40%。

[34] Goodrich 1950：148-51, quotation from p. 148.

[35] Joseph Mendelssohn to [August] Leo in Paris, June 29, 1844, in Staatsbibliothek Preussischer Kulturbesitz (West Berlin), Musikabteilung, Mendelssohn Archiv, Bankhaus Mendelssohn & Co., Vol. IX, SectionVI. 感谢汉斯·京特·克莱因（Hans Günter Klein）博士允许我在该文章被出版之前阅读它。

[36] 有关早期政策的详细研究，参见 Paul 1938：250-303。通过海外贸易公司，该州购买了柏林至安哈尔特铁路的100万塔勒（70万美元）股票，并额外借给该公司50万塔勒（35万美元）。财政部还投资了500万塔勒用于柏林-斯泰丁铁路债券，当它们在证券交易所以低于面值的价格出售时以面值买入，并同意在六年内放弃6%的利息。（Schreiber 1874：8-9；Henderson 1958：119-47）. 当时塔勒与美元之间的兑换率为1∶0.7。See Gerstner 1839：vol. 1, p. ii, and 1843：viii; Kgl. Legations-Kasse, Berlin, Sept. 17, 1840, Zentrales Staatsarchiv Merseburg, Historische Abteilung II (hereafter, ZStA Merseburg), Rep. 2. 4. 1, Abt. II, No. 7694, Vol. I, p. 34r; [Ministry of Foreign Affairs] to Royal Prussian General Consul Konig in Alexandria [Egypt], Feb. 25, 1861, in ibid., p. 108r; Bowman 1980：795r.

[37] 相关细节参见 Extract, Friedrich Wilhelm to Council of Ministers, Nov. 22, 1842, in ZStA Merseburg, Rep. 93E, No. 546, Vol. I, pp. 2r-3v; Cabinet Order, Friedrich Wilhelm to Minister von Bodelschwingh, Dec. 31, 1842, in ibid., pp. 23r-v; Friedrich Wilhelm to Minister von Bodelschwingh, April 28, 1843, in ibid., p. 31r; Reden 1844：303-4; Schreiber 1874：9-12; "Die Verhandlungen ..." 1881; Enkling 1935：66-9; Henderson 1958：163-6; Klee 1982：105-8, 215.

[38] Bösselmann 1939：202; report of the General State Treasury (General-Staats-Kasse) on the status of the Railroad Fund in 1846 in ZStA Merseburg, Rep. 93E, No. 546, Vol. I, pp. 122r-123r; "General-Dispositions-Plan für die Verwendung des Eisenbahn-Fonds in den Jahren 1847 bis einschliesslich 1856" in ibid., pp. 142r-143v.

[39] Fremdling 1985：126. 有关该州参与1869年的个别铁路线的详细信息，参见 Rapmund 1869。博塞尔曼（Bösselmann 1939：201-2）提供了1850年

前发行的铁路股票和债券的基本情况。

[40] 马里兰州和新泽西州也针对客运量征收过境税，但他们这样做是为了以政治上更小的代价产生州收入。直到19世纪70年代，两州的大部分收入都来自此类税收，这种策略在南北战争时期越来越受欢迎。参见Merk 1949：2-3. 马里兰州的一个立法委员会在1830年主张在州内建设巴尔的摩和俄亥俄铁路华盛顿分公司，他们认为"它将确保国家获得永久而宝贵的收入，……[这样]对国家公民造成负担、运作不公平或有损社会道德的每一种税收制度都可以立即免除和废除"。Maryland House of Delegates, Committee on Internal Improvement, *Report of the Committee on Internal Improvement, Delivered by Archibald Lee, Esq., Chairman, December session, 1830-1* (Annapolis 1831), p. 5. 这条线路最终由巴尔的摩和俄亥俄铁路公司建造，但立法机构给予了它相当大的财政援助（地方政府也是如此），同时征收了上述的过境税。此外，在建立了巴尔的摩和俄亥俄铁路作为一个稳定的收入来源之后，立法机构一再拒绝考虑租用到华盛顿的竞争线路。Merk 1949：4.

[41] Meyer et al. 1917：316-17, 354-55；Van Metre n. d.：52-7；Taylor [1951]/1968：85.

[42] New York State Assembly, Doc. No. 97, 78th session, 1855, quoted in Van Metre n. d.：56-7.

[43] New York [pseud.] 1860：3, 27-8；Towles 1909；Merk 1949：1, 7.

[44] Pollock 1902：937；Van Metre n. d.：57-9；Meyer et al. 1917：395；Schotter 1927：7-8；Merk 1949：1-2；Hartz 1955：267-8. 该法案及相关立法已转载于《董事会章程》(*By-Laws of the Board of Directors*, 1847)。国家最终于1857年将干线出售给铁路公司。根据该协议，铁路从此免征包括吨位税在内的州税。但州最高法院宣布该条款违宪，因此该税得以恢复，直到1861年才被最终废除。

[45] Enkling 1935：9-10, 28, 52；Paul 1938：260, 269-71；Klee 1982：99.

[46] Enkling 1935：45-8；78-9；Henderson 1958：179；[Magdeburg-Leipzig Railroad] 1843：170r. 有关铁路与邮局之间争论的其他方面的详细信息，请参见[45]中引用的文献。

[47] 例如，在革命前两年，财政部部长指示铁路公司提交1838年法律要求的年度报告。正如法律第34条所明确的那样，这对于国家行使其管理通行费的权力有其必要性，因而该举措意味着该法律的规定首次得到认真执行。然而，

第五章 政治结构、国家政策与产业变迁：美国与普鲁士的早期铁路政策

它几乎没有立竿见影的效果，它只是帮助铁路公司克服了集体行动的障碍。相关细节参见 Dunlavy 1990，将之与其他国家政策一起进行的详细的处理参见 Dunlavy 1988：322-429。

[48] Cf. Hall 1983；March and Olsen 1984；Skocpol 1985；Smith 1988；Steinmo 1989。

[49] Taylor［1951］/1968：18-21，quotation from p. 19；Scheiber 1982：1-13；Bourgin 1989：127-75。尽管麦迪逊在1817年否决了奖金法案（该法案将使用特许从美国银行获得的资金来资助国内建设），但他并不反对该提案，而是希望有一项具体的宪法修正案，这样就不需要对宪法进行广泛的解释。请参阅此处引用的沙伊贝尔和布尔金的作品。正如泰勒（［1951］/1968：20-1）指出的那样，"尽管有大量的宪法顾虑，但历任首席执行官和国会实际上还是批准了拨款，以帮助建设特定的道路、运河和铁路"。甚至以反对联邦行动而闻名的安德鲁·杰克逊（Andrew Jackson）政府，每年在国内建设上的花费几乎是"国内建设的伟大拥护者"约翰·昆西·亚当斯（John Quincy Adams）的两倍。亚当斯政府每年花费70.2万美元，而杰克逊政府每年花费132.3万美元。

[50] "Die Verhandlungen..."1881：4，7；Ritter 1961：140-1，144-6；Taylor［1951］/1968：16；Henning 1973：80；Koselleck 1976：77；Klee 1982：100-1，107。

[51] Cf. Meyer et al. 1917：558；Taylor［1951］/1968：88-9，379。

[52] "Gesetz über die Eisenbahn-Unternehmungen, vom 3. November 1838," *GesetzSammlung für die Königlichen Preussischen Staaten*，No. 35，reprinted in Klee 1982：appendix；Gleim 1888：804-6；Enkling 1935：75，italics added.

[53] 更详细的条款内容参见 Dunlavy 1988：37-109。

[54] 关于这个一般论点和其他详细信息，参见 Reden 1844：4；Kech 1911：50；Enkling 1935：66；Henderson 1958：124，163-5，and 1975：48-9；Tilly 1966；Klee 1982：10-11。1820年协议的起源显然需要进一步研究；正如一位历史学家最近所写的那样，它在德意志邦联时期成为普鲁士政治的"中心"。Nipperdey 1983：278。

[55] 我从米勒1971年的研究中借用了"恐慌的资本"一语，此语以19世纪中叶的美国为背景得出。详见后文。

[56] Cf. Gleim 1888：291-6；Enkling 1935：43，51-2。

[57] See also Hanseman 1837；Klee 1982：101。

[58] 关于这些年来的普遍困境，参见 Chevalier 1969：275-6.

[59] Hartz 1968：44-5；Scheiber 1975：89."租船运输"（Charter log-rolling）涉及银行以及运输项目，有时还将两者联系起来。例如，美国第二银行1835年的章程要求它认购10家运输公司（主要是铁路公司和运河公司）的股票，并向另外11条收费公路和公路公司提供"财政援助"（Hartz 1968：46-7）。作为"反感"国有企业的一部分，一些新的州宪法明确禁止一次租用一条以上铁路（Goodrich 1950：146）。

[60] Hungerford 1928：241-2；Hartz 1968：42-4；Stover 1987：66-7.

[61] Hungerford 1928：242-4；Hartz 1968：43，52-3，267-8；Stover 1987：68. 巴尔的摩和俄亥俄州铁路公司的章程要求其支付货运和客运过境税。参见 By-Laws of the Board of Directors... 1847：26.

[62] 铁路贷款是州政府官员向联合议会提出的两项财政措施之一。另一个涉及农业信贷。相关细节和背景参见 Henderson 1958：124，163，165-8；Tilly 1966：489；Klee 1982：110-13.

[63] Heffter 1976：177-96；Hahn 1977：3-27；Dietrich 1983：204-5；Nipperdey 1983：679-83.

[64] Henderson 1958：171-80；Klee 1982：119-25. 1852年，第一条州线已全部开通；到了19世纪70年代，大约一半的普鲁士铁路里程是国有的。俾斯麦未能说服德国国会将铁路国有化，但他确实成功地说服了普鲁士国家议会允许国家在19世纪80年代收购主要的私营铁路。相关概述参见 Klee 1982。德国的国家铁路直到一战结束才出现。

[65] Henderson 1958：179-80，185；Klee 1982：122，124；Brophy 1991.

[66] Enkling 1935：55-6. 1843年的事件涉及上西里西亚铁路。参见 [Upper Silesian Railroad] 1867：60-7. 后面的事件，参见 [Magdeburg-Leipzig Railroad] 1850：88. 5r.

[67] 尽管铁路公司在法庭上对他的行为提出质疑，但海特还是在19世纪50年代中期赢得了这场战斗。参见 Henderson 1958：180-2；Klee 1982：215-16；Roloff 1916：885. 在梅克伦堡和汉堡政府的支持下，柏林-汉堡铁路遭到了强烈抵制。参见 [89]。

[68] Henderson 1958：182-3；Klee 1982：126，129.

[69] 以下段落基于米勒（1971：1-41）的精彩讨论。引文仅用于引用米勒的话或其他来源。See also Levy 1967：135-9.

第五章 政治结构、国家政策与产业变迁：美国与普鲁士的早期铁路政策

[70] Cf. *Evidence*...1838.

[71] Cf. Levy 1967：135-6.

[72] Cf. Chandler 1977：116-9；and Klein 1990.

[73] 精彩的讨论，参见 Lamoreaux 1985：46-86.

[74] 有关支持长途、短途差异的早期论点，参见［Boston & Worcester Railroad］1840a：7-8. 关于当时利率制定的一般性讨论，参见［Boston and Worcester Railroad］1840b.

[75] *Manufacturers' and Farmers' Journal*，January 20，1854，quoted in Towles 1909：316-17. Cf. Miller 1971：33-4.

[76] Miller 1971：39；Scheiber1975：99. Cf.［Atchison, Topeka and Santa Fe Railroad Company］1879. 这份文件讨论了对新建设的威胁（"如果颁布严格的关税法，就不可能为'新铁路'争取到1美元的外国资本"，第42页），并强调了该公司在尚未有铁路的地区的政治支持（第43页），但鉴于其位于铁路网相对稀疏的部分，它并未提到潜在的交通分流。

[77] Cf. Miller 1971：34-40.

[78] Miller 1971：34-5，217. Cf. Merk 1948：1.

[79] Pollock 1902：937；Miller 1971：36-7. 宾夕法尼亚铁路在1861年并未完全摆脱费率管制。在另一个"妥协"中，取消了吨位税和"其他障碍"，以换取对短途差异化收费的禁止（Miller 1971：36）。

[80] Cf. Scheiber 1975：115-16.

[81] *Journal*... 1855：17-18.

[82] Gilligan, Marshall, and Weingast 1989.

[83] *Journal*... 1855：17.

[84] *Proceedings*... 1855：85-7.

[85] 参见 Scheiber 1975：76-8，116；Miller 1971：172-93.

[86] 关于这一效果的更广泛的论据，参见 Scheiber 1975，尽管他强调联邦制。

[87] 普鲁士官员在1838年的铁路法中遵循传统做法，对过路费而非运载费做出了规定。然而，在单一制国家的背景下，这个问题并没有像在美国联邦立法体系中那样引发了政治斗争。最终，普鲁士解决费率问题的办法是国有化，参见 Gleim 1881：827-9.

[88] 自20世纪70年代后期以来，历届政府都在寻求缩小联邦监管的范围，

结构化的政治：比较分析中的历史制度主义

一些州政府"介入"并明智地采取必要措施协调他们的行动。参见 Stephen Labaton, "States March into the Breach," *New York Times* (national edition), December 18, 1989, sec. 3, p. 1.

[89] 在这方面，柏林-汉堡铁路公司为抵制海特部长1852年下达的开通夜车服务（以方便邮件投递）的命令所做的努力很有启发性。抗争之所以强而有力，是因为它得到了铁路所经过的其他地方政府的支持。只有在地方政府官员到达并实际接管其办事处时，该公司才开始提供夜班火车服务。即便如此，该公司仍在法庭上与这一命令抗争了数年，在市法院（Stadt-Gericht）胜诉而在更高一级的司法系统（Kammer-Gericht and Ober Tribunal）败诉。最高法院的院长是司法部部长。参见 Klee 1982：215-16，以及汉堡国家档案馆（Staatsar chiv Hamburg）中的许多文件，尤其是 Bestand Senat, Cl. VII, Lit. K^a, No. 11, Vol. 13, Berlin Hamburg Railroad, Fasc. 114a-114d。关于其他铁路的抵抗行动，参见 Brophy 1991。

[90] Scheiber 1975; Elliott, Ackerman, and Millian 1985; Robertson 1989; Hattam 1990.

【参考文献】

Adler, Dorothy R. 1970. *British Investment in American Railways, 1834—1898*. Muriel E. Hidy, ed. Charlottesville: University Press of Virginia for the Eleutherian MillsHagley Foundation.

Alt, James E., and Kenneth A. Shepsle, eds. 1990. *Perspectives on Positive Political Economy*. Cambridge: Cambridge University Press.

[Atchison, Topeka, and Santa Fe Railroad]. 1879. *Memorial of the Atchison, Topeka and Santa Fe Railroad Company, to the Senate and House of Representatives of the State of Kansas*. Topeka: George W. Martin.

Bates, Robert H. 1989. "Contra Contractarianism: Some Reflections on the New Institutionalism." *Politics and Society* 16: 387-401.

―――. 1990. "Macropolitical Economy in the Field of Development." In James E. Alt and Kenneth A. Shepsle, eds. *Perspectives on Positive Political Economy*. Cambridge: Cambridge University Press.

Bensel, Richard Franklin. 1991. *Yankee Leviathan: The Origins of Central State Authority in America, 1859—1877*. Cambridge: Cambridge University Press.

第五章 政治结构、国家政策与产业变迁：美国与普鲁士的早期铁路政策

Bleiber, Helmut. 1983. "Staat und bürgerliche Umwälzung in Deutschland: Zum Charakter besonders des preussischen Staates in der ersten Hälfte des 19. Jahrhunderts." In Gustav Seeber and Karl Heinz Noack, eds. *Preussen in der deutschen Geschichte nach 1789*. Berlin: Akademie-Verlag.

Bösselmann, Kurt. 1939. *Die Entwicklung des deutschen Aktienwesens im 19. Jahrhundert: Ein Beitrag zur Frage der Finanzierung gemeinwirtschaftlicher Unternehmungen und zu den Reformen des Aktienrechts*. Berlin: Walter de Gruyter.

[Boston and Worcester Railroad]. 1840a. *Report of the Directors of the Boston & Worcester Rail Road, to the Stockholders, at Their Ninth Annual Meeting, June 1, 1840*. Boston.

1840b. *Report of a Committee of Directors of the Boston and Worcester Rail-Road Corporation. On the proposition of the Directors of the Western Rail-Road, to reduce the rates of fare and freight on the two Rail-roads*. Boston.

Bourgin, Frank. 1989. *The Great Challenge: The Myth of Laissez-Faire in the Early Republic*. Foreword by Arthur Schlesinger, Jr. New York: George Braziller.

Bowman, Shearer Davis. 1980. "Antebellum Planters and Vörmarz Junkers in Comparative Perspective." *American Historical Review* 85: 779-808.

1986. Planters and Junkers: A Comparative Study of Two Nineteenth-Century Elites and Their Regional Societies. Ph. D. dissertation, University of California, Berkeley.

Brophy, James M. 1991. Capitulation or Negotiated Settlement? Entrepreneurs and the Prussian State, 1848—1866. Ph. D. dissertation, Indiana University, Bloomington.

Broude, Henry W. 1959. "The Role of the State in American Economic Development, 1820—1890." In Hugh G. J. Aitken, ed. *The State and Economic Growth*, pp. 4-25. New York: Social Science Research Council.

Bruchey, Stuart. 1968. *The Roots of American Economic Growth, 1607—1861: An Essay in Social Causation*. New York: Harper & Row, Harper Torchbooks.

1988. *The Wealth of the Nation: An Economic History of the United States*. New York: Harper & Row.

Burgess, George H., and Miles C. Kennedy. 1949. *Centennial History of the Pennsylvania Railroad Company, 1846—1946*. Philadelphia: The Pennsylvania Railroad Company.

By-Laws of the Board of Directors... Together with the Charter of the Pennsylvania Railroad Company, Its Supplement, and Other Laws.... 1847. Philadelphia: United States Book and Job Publishing Office.

Callender, Guy S. 1902. "The Early Transportation and Banking Enterprises of the States in Relation to the Growth of Corporations." *Quarterly Journal of Economics* 17: 111-162.

Campbell, E. G. 1940. "Railroads in National Defense, 1829—1848." *Mississippi Valley Historical Review* 27: 361-78.

Carr, William. 1979. *A History of Germany, 1815—1945*. 2d ed. New York: St. Martin's Press.

Chandler, Alfred D., Jr. 1954. "Patterns of Railroad Finance, 1830-50." *Business History Review* 28: 248-63.

———. 1965. *The Railroads: The Nation's First Big Business, Sources and Readings*. New York: Harcourt, Brace and World.

———. 1977. *The Visible Hand: The Managerial Revolution in American Business*. Cambridge, Mass.: Harvard University Press, Belknap Press.

———. 1990. *Scale and Scope: The Dynamics of Industrial Capitalism*. Cambridge, Mass.: Harvard University Press, Belknap Press.

Chevalier, Michael. [1839] 1969. Society, *Manners and Politics in the United States*. Boston. Reprinted, New York: Burt Franklin.

Coase, R. H. 1988. *The Firm, the Market, and the Law*. Chicago: University of Chicago Press.

Cochran, Thomas C. 1981. *Frontiers of Change: Early Industrialism in America*. Oxford: Oxford University Press.

Deane, Phyllis. 1978. *The Evolution of Economic Ideas*. Cambridge: Cambridge University Press.

Dietrich, Richard. 1983. "Preussen zwischen Absolutismus and Verfassungsstaat." In Manfred Schlenke, ed. *Preussen-Ploetz: Eine historische Bilanz in Daten und Deutungen*. Würzburg: Verlag Ploetz Freiburg.

第五章 政治结构、国家政策与产业变迁：美国与普鲁士的早期铁路政策

"Die Verhandlungen der Vereinigten ständischen Aüsschiisse über die Eisenbahnfrage in Preussen im Jahre 1842." 1881. *Archiv für Eisenbahnwesen* 4: 1-21.

Dunlavy, Colleen A. 1988. Politics and Industrialization: Early Railroads in the United States and Prussia. Ph. D. dissertation, Massachusetts Institute of Technology, Cambridge, Mass.

——1990. "Organizing Railroad Interests: The Creation of National Railroad Associations in the United States and Prussia." *Business and Economic History*, 2d ser. 19: 133-42.

——1991. "Mirror Images: Political Structure and Early Railroad Policy in the United States and Prussia." *Studies in American Political Development* 5: 1-35.

Eichholtz, Dietrich. 1962. *Junker und Bourgeoisie vor 1848 in der preussischen Eisehbahngeschichte*. Deutsche Akademie der Wissenschaften zu Berlin, Schriften des Instituts für Geschichte, Series 1, Vol. 11. Berlin: Akademie-Verlag.

Elazar, Daniel J. 1968. "Federalism." *International Encyclopedia of the Social Sciences* 5: 355-7.

——1987. *Exploring Federalism*. Tuscaloosa: University of Alabama Press.

Elliott, E. Donald, Bruce A. Ackerman, and John C. Millian. 1985. "Toward a Theory of Statutory Evolution: The Federalization of Environmental Law." *Journal of Law, Economics, and Organization* 1: 313-40.

Enkling, Josef. 1935. *Die Stellung des Staates zu den Privateisenbahnen in der Anfangszeit des preussischen Eisenbahnwesens（1830—1848）*. Kettwig: F. Flothmann.

Evidence Showing the Manner in Which Locomotive Engines Are Used upon Rail-Roads and the Danger and Inexpediency of Permitting Rival Companies Using Them on the Same Road. 1838. Boston.

Fiorina, Morris P. 1986. "Legislator Uncertainty, Legislative Control, and the Delegation of Legislative Power." *Journal of Law, Economics, and Organization* 2: 33-51.

Fischer, Wolfram, Jochen Krengel, and Jutta Wietog. 1982. *Sozial-geschichtliches Arbeitsbuch. Band I: Materialien zur Statistik des Deutschen Bundes 1815—1870*. Munich: C. H. Beck.

Fishlow, Albert. 1965. *American Railroads and the Transformation of the*

Ante-Bellum Economy. Cambridge, Mass.: Harvard University Press.

Fogel, Robert W. 1964. *Railroads and American Economic Growth: Essays in Econometric History*. Baltimore: Johns Hopkins University Press.

———. 1979. "Notes on the Social Saving Controversy." *Journal of Economic History* 39: 1-54.

Fremdling, Rainer. 1977. "Railroads and German Economic Growth: A Leading Sector Analysis with a Comparison to the United States and Great Britain." *Journal of Economic History* 37: 586-7.

———. 1983. "Germany." In Patrick O'Brien, ed. *Railways and the Economic Development of Western Europe, 1830—1914*. New York: St. Martin's Press.

———. 1985. *Eisenbahnen und deutsches Wirtschaftswachstum, 1840—1879: Ein Beitrag zur Entwicklungstheorie und zur Theorie der Infrastruktur*. 2d ed., enl. Untersuchungen zur Wirtschafts-, Sozial-und Technikgeschichte, Vol. 2. Dortmund: Gesellschaft für Westfälische Wirtschaftsgeschichte e. V.

Friedman, Milton. 1962. *Capitalism and Freedom*. Chicago: University of Chicago Press.

Friedrich, Carl J. 1968. *Trends of Federalism in Theory and Practice*. New York: Frederick A. Praeger.

Gerschenkron, Alexander. 1966. *Economic Backwardness in Historical Perspective: A Book of Essays*. Cambridge, Mass.: Harvard University Press, Belknap Press.

Gerstner, Franz Anton Ritter von. 1839. *Berichte aus den Vereinigten Staaten von Nordamerica über Eisenbahnen, Dampfschifffahrten, Banken und andere öffentliche Unternehmungen*. Leipzig: C. P. Melzer. Excerpts in English translation, edited by Frederick C. Gamst, are published in *Railroad History*, No. 163 (Autumn 1990): 28-73.

———. 1843. *Die innern Communicationen der Vereinigten Staaten von Nordamerica*. 2 vols. Vienna: L. Förster.

Gilligan, Thomas W., William J. Marshall, and Barry R. Weingast. 1989. "Regulation and the Theory of Legislative Choice: The Interstate Commerce Act of 1887." *Journal of Law and Economics* 32: 35-61.

———. 1990. "The Economic Incidence of the Interstate Commerce Act of 1887: A

第五章 政治结构、国家政策与产业变迁：美国与普鲁士的早期铁路政策

Theoretical and Empirical Analysis of the Short-Haul Pricing Constraint." *RAND Journal of Economics* 21: 189-210.

Gleim. 1888. "Zum dritten November 1888." *Archiv für Eisenbahnwesen* 11: 804-6.

Goodrich, Carter B. 1949. "The Virginia System of Mixed Enterprise: A Study of State Planning of Internal Improvements." *Political Science Quarterly* 64: 371-7.

——— 1950. "The Revulsion against Internal Improvements." *Journal of Economic History* 10: 145-50.

——— 1960. *Government Promotion of American Canals and Railroads, 1800—1890*. New York: Columbia University Press.

——— 1968. "State In, State Out-A Pattern of Development Policy." *Journal of Economic Issues* 2: 366-7.

——— 1970. "Internal Improvements Reconsidered." *Journal of Economic History* 30: 289-311.

Gordon, Robert W. 1989. "Critical Legal Histories." In Allan C. Hutchinson, ed. *Critical Legal Studies*. Totowa, N. J.: Rowman and Littlefield.

Grampp, William D. 1965. *Economic Liberalism*. 2 vols. New York: Random House.

Gunn, L. Ray. 1988. *The Decline of Authority: Public Economic Policy and Political Development in New York State, 1800—1860*. Ithaca, N. Y.: Cornell University Press.

Hahn, Erich. 1977. "Ministerial Responsibility and Impeachment in Prussia, 1848-63." *Central European History* 10: 3-27.

Hall, John A. 1987. *Liberalism: Politics, Ideology and the Market*. Chapel Hill: University of North Carolina Press.

Hall, Peter A. 1983. "Patterns of Economic Policy: An Organizational Approach." In S. Born, D. Held, and J. Krieger, eds. *The State in Capitalist Europe*. London: Allen and Unwin.

Hamerow, Theodore S. 1958. *Restoration, Revolution, Reaction: Economics and Politics in Germany, 1815—1871*. Princeton, N. J.: Princeton University Press.

Handlin, Oscar, and Mary Flug Handlin. 1969. *Commonwealth: A Study of the Role of Government in the American Economy: Massachusetts, 1774—1861.* Rev. ed. Cambridge, Mass.: Harvard University Press, Belknap Press.

Hanseman, David. 1837. *Die Eisenbahnen und deren Aktionäre in ihrem Verhältniss zum Staat.* Leipzig: Renger'sche Verlagsbuchhandlung.

—— 1841. *Kritik des Preussischen Eisenbahn-Gesetzes vom 3. November 1838.* Aachen: J. A. Mayer.

Hardach, Karl W. 1972. "Some Remarks on German Economic Historiography and Its Understanding of the Industrial Revolution in Germany." *Journal of European Economic History* 1: 73-7.

Harnisch, Hartmut. 1983. "Zum Stand der Diskussion um die Probleme des 'preussischen Weges' kapitalistischer Agrarentwicklung in der deutschen Geschichte." In Gustav Seeber and Karl Heinz Noack, eds. *Preussen in der deutschen Geschichte nach 1789.* Berlin: Akademie-Verlag.

Hartz, Louis. 1955. *The Liberal Tradition in America: An Interpretation of American Political Thought since the Revolution.* New York: Harcourt, Brace and Company.

—— 1968. *Economic Policy and Democratic Thought: Pennsylvania, 1776—1860.* Cambridge, Mass.: Harvard University Press, 1948. Reprinted, Chicago: Quadrangle Books, Quadrangle Paperbacks.

Hattam, Victoria. 1990. "Economic Visions and Political Strategies: American Labor and the State, 1865—1896." *Studies in American Political Development* 4: 82-129.

Heath, Milton Sydney. 1954. *Constructive Liberalism: The Role of the State in Economic Development in Georgia to 1860.* Cambridge, Mass.: Harvard University Press.

Heffter, Heinrich. 1950. *Die deutsche Selbstverwaltung im 19. Jahrhundert: Geschichte der Ideen und Institutionen.* Stuttgart: K. F. Koehler Verlag.

—— 1976. "Der nachmärzliche Liberalismus: die Reaktion der fünfziger Jahre." In HansUlrich Wehler, ed. *Moderne deutsche Sozialgeschichte.* 5th ed. Cologne: Kiepenheuer and Witsch, pp. 177-96.

Henderson, W. O. 1958. *The State and the Industrial Revolution in Prussia,*

第五章 政治结构、国家政策与产业变迁：美国与普鲁士的早期铁路政策

1740—1870. Liverpool: Liverpool University Press.

——1975. *The Rise of German Industrial Power, 1834—1914*. Berkeley: University of California Press.

Henning, Friedrich-Wilhelm. 1973. *Die Industrialisierung in Deutschland 1800 bis 1914*. Paderborn: Schoningh.

Hoffman, Walther G. 1963. "The Take-Off in Germany." In W. W. Rostow, ed. *The Economics of Take-off into Sustained Growth*. London: Macmillan.

Horn, Norbert. 1979. "Aktienrechtliche Unternehmensorganisation in der Hochindustrialisierung (1860—1920): Deutschland, England, Frankreich und die USA im Vergleich." In Norbert Horn and Jürgen Kocka, eds. *Law and the Formation of the Big Enterprises in the 19th and 20th Centuries*. Göttingen: Vandenhoeck and Ruprecht.

Hoskin, Keith W., and Richard H. Macve. 1988. "The Genesis of Accountability: The West Point Connections." *Accounting, Organizations and Society* 13: 37–73.

Hungerford, Edward. 1928. *The Story of the Baltimore & Ohio Railroad, 1827—1927*. New York: G. P. Putnam's Sons.

Hurst, James Willard. 1956. *Law and the Conditions of Freedom in the 19th-Century United States*. Madison: University of Wisconsin Press.

Journal of the Proceedings of the General Railroad Association, at Their Meeting Holden in New York, November 23d, 1854. 1855. Newark, N. J.

Kech, Edwin. 1911. *Geschichte der deutschen Eisenbahnpolitik*. Leipzig: G. J. Göschen.

Klein, Maury. 1990. "Competition and Regulation: The Railroad Model." *Business History Review* 64: 311–25.

Klee, Wolfgang. 1982. *Preussische Eisenbahngeschichte*. Stuttgart: Verlag W. Kohlhammer.

Kobschätzky, Hans. 1971. *Streckenatlas der deutschen Eisenbahnen, 1835—1892*. Düsseldorf: Alba Buchverlag.

Kocka, Jürgen. 1980. *White Collar Workers in America, 1890—1940: A Social-Political History in International Perspective*. Tr. Maura Kealey. Sage Studies in 20th Century History, vol. 10. Beverly Hills, Calif.: Sage Publications.

1987. "Eisenbahnverwaltung in der industriellen Revolution: Deutsch-Amerikanische Vergleiche." In H. Kellenbenz and Hans Pohl, eds. *Historia socialis et oeconomica. Festschrift für Wolfgang Zorn zum 65. Geburtstag. Vierteljahrschrift für Sozial-und Wirtschaftsgeschichte.* Beiheft 84. Stuttgart: F. Steiner Verlag Wiesbaden.

Kolko, Gabriel. 1965. *Railroads and Regulation, 1877—1916.* Princeton, N. J.: Princeton University Press.

Koselleck, Reinhart. 1980. "Altständische Rechte, außerständische Gesellschaft und Beamtenherrschaft im Vormärz." In Dirk Blasius, ed. *Preussen in der deutschen Geschichte.* Königstein/Ts.: Verlagsgruppe Athenäum-Hain-Scriptor-Hanstein.

1976. "Staat und Gesellschaft in Preussen 1815—1848." In Hans-Ulrich Wehler, ed. *Moderne deutsche Sozialgeschichte.* 5th ed. Cologne: Verlag Kiepenheuer and Witsch.

Lamoreaux, Naomi, R. 1985. *The Great Merger Movement in American Business, 1895—1904.* Cambridge: Cambridge University Press.

Levy, Leonard W. 1967. *The Law of the Commonwealth and Chief Justice Shaw: The Evolution of American Law, 1830—1860.* Cambridge, Mass.: Harvard University Press. Reprinted, New York: Harper & Row, Harper Torchbooks.

Lively, Robert A. 1955. "The American System: A Review Article." *Business History Review* 29: 81-96.

[Magdeburg-Leipzig Railroad]. 1843. *Geschäfts-Bericht des Directorium der Magdeburg-Cöthen-Halle-Leipzig Eisenbahn-Gesellschaft für die Zeit vom 15ten Mai 1842 bis zum 7ten April 1843.* In Zentrales Staatsarchiv Merseburg, Rep. 77, Tit. 258[a], No. 2, Vol. 1, pp. 170-175r.

1850. *Geschäfts-Bericht der Direction der Magdeburg-Cöthen-Halle-Leipzig Eisenbahn-Gesellschaft für das Jahr 1850.* In Staatarchiv Magdeburg, Rep. C20Ib, No. 2851, Vol. 3, pp. 88. 2v-88. 14v.

March, James G., and Johan P. Olsen. 1984. "The New Institutionalism: Organizational Factors in Political Life." *American Political Science Review* 78: 734-49.

Merk, Frederick. 1949. "Eastern Antecedents of the Grangers." *Agricultural*

History 23: 1-8.

Meyer, Balthasar H., Caroline E. MacGill, and a staff of collaborators. 1917. *History of Transportation in the United States before 1860*. Washington, D. C.: Carnegie Institution.

Miller, George H. 1971. *Railroads and the Granger Laws*. Madison: University of Wisconsin Press.

Mitchell, B. R. 1978. *European Historical Statistics, 1750—1970*. Abridged ed. New York: Columbia University Press, Macmillan Press Ltd.

Morris, Richard B., and Jeffrey B. Morris, eds. 1982. *Encyclopedia of American History*. 6th ed. New York: Harper & Row.

Mottek, Hans Mottek. 1987. *Wirtschaftsgeschichte Deutschlands: Ein Grundriss*, Vol. II: *Von der Zeit der französischen Revolution bis zur Zeit der Bismarckschen Reichsgründung*. 3d ed. Berlin: VEB Deutscher Verlag der Wissenschaften.

New York (pseud.). 1860. *Legislative Restrictions on the Carrying Trade of the Railways of the State of New York: Viewed in Connection with Outside Competition*. New York.

Nipperdey, Thomas. 1983. *Deutsche Geschichte, 1800—1866: Bürgerwelt und starker Staat*. Munich: C. H. Beck.

North, Douglass [1949] 1961 *The Economic Growth of the United States, 1790—1860*. New York: W. W. Norton. (Original published by Prentice-Hall.)

——— 1963. "Industrialization in the United States (1815—1860)." In W. W. Rostow, ed. *The Economics of Take-off into Sustained Growth*. London: Macmillan.

——— 1981. *Structure and Change in Economic History*. New York: W. W. Norton.

——— 1990. "Institutions and a Transaction-Cost Theory of Exchange." In James E. Alt and Kenneth A. Shepsle, eds. *Perspectives on Positive Political Economy*. Cambridge: Cambridge University Press.

North, Douglass C, and Barry R. Weingast. 1989. "Constitutions and Commitment: The Evolution of Institutions Governing Public Choice in Seventeenth-Century England." *Journal of Economic History* 49: 803-32.

Obenaus, Herbert. 1984. *Anfänge des Parliamentarisms in Preussen bis 1848*. Düsseldorf: Droste Verlag.

Obermann, Karl. 1972. "Zur Beschaffung des Eisenbahn-Kapitals in Deutschland in den Jahren 1835—1855." *Revue Internationale d'Histoire de la Banque* 5: 315-52.

O' Brien, Patrick. 1977. *The New Economic History of Railways*. London: Croom Helm.

O' Connell, Charles F., Jr. 1985. "The Corps of Engineers and the Rise of Modern Management, 1827—1856." In Merritt Roe Smith, ed. *Military Enterprise and Technological Change: Perspectives on the American Experience*. Cambridge, Mass.: MIT Press.

Parks, Robert J. 1972. *Democracy's Railroads: Public Enterprise in Jacksonian Michigan*. Port Washington, N. Y.: Kennikat Press.

Paul, Helmut. 1938. "Die preussische Eisenbahnpolitik von 1835—1838: Ein Beitrag zur Geschichte der Restauration und Reaktion in Preussen." *Archiv für Eisenbahnwesen* 50: 250-303.

Phillips, Ulrich B. 1906. "An American State-Owned Railroad: The Western and Atlantic." *Yale Review* 15: 259-82.

Pisani, Donald J. 1987. "Promotion and Regulation: Constitutionalism and the American Economy." *Journal of American History* 74: 740-68.

Polanyi, Karl. 1944. *The Great Transformation: The Political and Economic Origins of Our Time*. Reprinted, 1957, Boston: Beacon Press.

Pollock, James. 1902. "Annual Message to the Assembly, 1858." In George Edward Reed, ed. *Pennsylvania Archives*, 4th Ser., Vol. 7: *Papers of the Governors, 1845—1858*. Harrisburg: State of Pennsylvania.

Poor, Henry V. 1860. *History of the Railroads and Canals of the United States of America*. New York.

Porter, Kirk H. 1918. *A History of Suffrage*. Chicago: University of Chicago Press.

Primm, James Neal. 1954. *Economic Policy in the Development of a Western State: Missouri, 1820—1860*. Cambridge, Mass.: Harvard University Press.

Proceedings of the Convention of the Northern Lines of Railway, Held at

第五章 政治结构、国家政策与产业变迁：美国与普鲁士的早期铁路政策

Boston, in December, 1850, and January, 1851. 1851. Boston.

Rapmund, F. 1869. *Die finanzielle Beteiligung des Preussischen Staats bei den Preussischen Privateisenbahnen*. Berlin: Verlag der königlichen Geheimen Ober-Hofbuchdruckerei.

Reden, Friedrich Wilhelm von. 1844. *Die Eisenbahnen Deutschlands*. Berlin: Ernst Siegfried Mittler.

Ritner, Joseph. 1901. "Annual Message to the Assembly, 1837." In George Edward Reed, ed. *Pennsylvania Archives*. 4th Ser, Vol. 6: *Papers of the Governors, 1832—1845*. Harrisburg: State of Pennsylvania, pp. 384-6.

Ritter, Ulrich P. 1961. *Die Rolle des Staates in den Frühstadien der Industrialisierung: Die preussische Industrieförderung in der ersten Hälfte des 19. Jahrhunderts*. Berlin: Duncker and Humblot.

Robertson, David Brian. 1989. "The Bias of American Federalism: The Limits of Welfare-State Development in the Progressive Era." *Journal of Policy History* 1: 261-91.

Roloff. 1916. "Aus der Geschichte der Berlin-Stettiner Eisenbahngesellschaft." *Archiv für Eisenbahnwesen* 39: 882-91.

Ruf, Peter. 1983. "Ansätze zur Erneuerung: Die preussischen Reformen 1807—1815." In Manfred Schlenke, ed. *Preussen-Ploetz: Eine historische Bilanz in Daten und Deutungen*. Würzburg: Verlag Ploetz Freiburg.

Scheiber, Harry N. 1960. *Ohio Canal Era: A Case Study of Government and the Economy, 1820—1861*. Athens: Ohio University Press.

——1975. "Federalism and the American Economic Order, 1789—1910." *Law and Society Review* 10: 57-118.

——1980. "Public Economic Policy and the American Legal System: Historical Perspectives." *Wisconsin Law Review*, pp. 1159-89.

——1981. "Regulation, Property Rights, and Definition of 'The Market': Law and the American Economy." *Journal of Economic History* 41: 103-9.

——1982. "The Transportation Revolution and American Law: Constitutionalism and Public Policy." In *Transportation and the Early Nation*. Indiana American Revolution Bicentennial Symposium. Indianapolis: Indiana Historical Society.

Schotter, Howard Ward. 1927. *The Growth and Development of the Penn-*

179

sylvania Railroad Company: A Review of the Charter and Annual Reports of the Pennsylvania Railroad Company 1846 to 1926, Inclusive. Philadelphia: Press of Allen, Lane and Scott.

Schreiber, K. 1874. Die Preussischen Eisenbahnen und ihr Verhdltniss zum Staat, 1834—1874. Berlin: Ernst and Korn.

Schütz, Rüdiger. 1983. "Preussen und seine Provinzen." In Manfred Schlenke, ed. Preussen-Ploetz: Eine historische Bilanz in Daten Deutungen. Würzburg: Verlag Ploetz Freiburg.

Sewell, William H., Jr. 1967. "Marc Bloch and the Logic of Comparative History." History and Theory 6: 208-18.

Skocpol, Theda. 1985. "Bringing the State Back In: Strategies of Analysis in Current Research." In Peter B. Evans, Dietrich Rueschemeyer, and Theda Skocpol, eds. Bringing the State Back In. Cambridge: Cambridge University Press.

Skocpol, Theda, and Margaret Somers. 1980. "The Uses of Comparative History in Macrosocial Inquiry." Comparative Studies in Society and History 22: 174-97.

Skowronek, Stephen. 1982. Building a New American State: The Expansion of National Administrative Capacities, 1877—1920. Cambridge: Cambridge University Press.

Smith, David G. 1968. "Liberalism." International Encyclopedia of the Social Sciences 9: 278.

Smith, Merritt Roe. 1985. "Army Ordnance and the 'American System' of Manufacturing, 1815—1861." In Merritt Roe Smith, ed. Military Enterprise and Technological Change: Perspectives on the American Experience. Cambridge, Mass.: MIT Press.

Smith, Rogers M. 1988. "Political Jurisprudence, The New Institutionalism, and the Future of Public-Law." American Political Science Review 82: 89-108.

Sperber, Jonathan. 1985. "State and Civil Society in Prussia: Thoughts on a New Edition of Reinhart Koselleck's Preussen zwischen Reform und Revolution." Journal of Modern History 57: 280-4.

Steinmo, Sven. 1989. "Political Institutions and Tax Policy in the United States, Sweden, and Britain." World Politics 41: 500-35.

第五章 政治结构、国家政策与产业变迁：美国与普鲁士的早期铁路政策

Stover, John F. 1987. *History of the Baltimore and Ohio Railroad*. West Lafayette, Ind.: Purdue University Press.

Taylor, George Rogers. 1960. "Railroad Investment before the Civil War: Comment." In National Bureau of Economic Research, *Trends in the American Economy in the Nineteenth Century: Studies in Income and Wealth*. Princeton, N. J.: Princeton University Press.

―――. [1951] 1968. *The Transportation Revolution, 1815—1860*. New York: Harper & Row, Harper Torchbooks.

Tilly, Richard. 1966. "The Political Economy of Public Finance and the Industrialization of Prussia, 1815—1866." *Journal of Economic History* 26: 484-97.

Towles, John K. 1909. "Early Railroad Monopoly and Discrimination in Rhode Island, 1835-55." *Yale Review* 18: 308-19.

Trebilcock, Clive. 1981. *The Industrialization of the Continental Powers, 1780—1914*. New York: Longman.

U. S. Bureau of the Census. 1960. *Historical Statistics of the United States, Colonial Times to 1957*. Washington, D. C.

U. S. Congress, Senate. 1938. *The Constitution of the United States of America (Annotated)*. Senate Doc. No. 232, 74th Congress, 2d sess.

[Upper Silesian Railroad]. 1867. *Zur Feier des Fünfundzwanzigsten Jahrestages der Eröffnung des Betriebes auf der Oberschlesischen Eisenbahn, den 22. Mai 1867*. Breslau: Wilh. Gottl. Korn.

Van Metre, Thurman W. (n. d.). *Early Opposition to the Steam Railroad*. N. p.

Williamson, Oliver E. 1985. *The Economic Institutions of Capitalism*. New York: The Free Press.

第六章　制度与政治变迁：1820—1896 年英国和美国工人阶级的形成

维多利亚·C. 哈塔姆（Victoria C. Hattam）

一、难题

在过去的一个世纪里，英国和美国的工会采取了截然不同的策略来维护工人的利益，因此在各自的政治经济中扮演了非常不同的角色。在英国，主要的全国性劳工组织——工会大会，通常将政党和选举政治视作其策略的基石；通过在 20 世纪前 20 年与工党建立的牢固联系，英国工会将与工作相关的问题融入政治辩论，并推进了广泛的社会改革计划。相比之下，美国劳工联合会（American Federation of Labor, AFL）采取了另一种策略，称为商业工会主义或自愿主义，主要通过集体谈判和车间的工业行动来保证工人的关切。[1] 在 20 世纪最初的几十年即自愿主义的高峰期，美国劳工联合会在很大程度上回避了政治改革，而坚持无党派和政治独立的政策，甚至反对政府支

特别感谢邓拉维、伊默古特、兰格、理查德·洛克（Richard Locke）、乌代·梅塔（Uday Metha）、蓬图松、斯考切波、西伦，以及 1990 年 1 月 12 日至 13 日在科罗拉多大学博尔德分校举行的"新制度主义：先进工业社会中的国家、社会和经济"研讨会的参与者对本章原稿的评论。本研究首次发表于 1992 年春季《政治与社会》（*Politics & Society*）的第 20 卷第 2 期。经许可转载，并稍作修改。

第六章 制度与政治变迁：1820—1896年英国和美国工人阶级的形成

持的各种社会政策，如养老金、最低工资和最长工时法以及强制性医疗与失业保险。[2]

可以肯定的是，即使在美国劳工联合会自愿主义的黄金时代，美国劳工也从未完全退出政治舞台。美国劳工联合会总是与民主党保持一定的联系，并在选举政治中继续发挥有限的作用。美国和英国劳工策略的不同之处不在于参与政治本身，而在于各自进入政治舞台的条件截然不同。世纪之交后，美国劳工联合会接受并促进了工作与政治的分离，美国劳工联合会参与选举政治，但很少或根本不考虑与工作有关的问题。而在英国，工作和政治之间的分界并没有那么明显，因为工党及其工会盟友明确试图将工作中的问题与英国政治联系起来。[3]

当我们认识到，在19世纪的大部分时间里，大西洋两岸不同的劳工运动发展遵循着非常相似的路线，这就显得更加令人困惑了。只是在19世纪的最后20年，英国和美国的劳工策略才开始表现出不同。因此，问题就在于如何解释起初如此相似的运动最终却转向完全不同的领域以促进工人的利益。或者说，为什么美国劳工联合会在19世纪末与西欧模式决裂，转而采取商业工会主义的策略？

二、国家结构、意识形态与劳工策略

本章提出的论点有两个相互关联的组成部分：一个是制度论点，一个是解释论点。制度论点认为，国家结构的差异导致英国和美国劳工策略的差异。制度权力的特定配置为两国工人提供了截然不同的激励与约束，并最终将劳工抗议引向不同的路径。虽然在19世纪早期没有一个国家的政府乐于见到工人权力的增加，但各国依靠截然不同的制度来监管工人早期的组织活动。例如，在德国和法国，立法机构负责通过社会主义法和勒沙普利耶法（Le Chapelier laws）来规范工人阶级组织。[4]然而，在美国，法院是根据普通法的犯罪共谋原则限制工人集体行动的主要机构。[5]我们将看到，法院对政府其他部门的主导地位在塑造劳工策略方面发挥了关键作用，因为即便是成功的政

治动员，法院也很少给予奖励。

英国与美国的比较尤其具有启发性，因为它提供了一对最相似的案例。在所有先进的工业社会中，英国的法律传统和劳动监管体系与美国最为相似。可以肯定的是，法院不是英国劳工的唯一监管者，而是与议会共同承担责任。尽管如此，普通法中关于共谋犯罪的理论与《联合法》（Combination Laws）共同构成了英国劳工政策的两个主要组成部分。[6]在其他西方民主国家，法院的权力甚至更加有限，从而为工人阶级的动员提供了比英国或美国更大的回报。如果英国法院更有限的作用可以与政治上更活跃的劳工运动的形成联系起来，那么在与美国形成更明显对比的其他国家，国家结构和劳工策略之间的关系应该会更加清晰。

然而，这种结构性论点只是让我们部分地理解了劳工运动发展的不同模式。毕竟，英美两国国家结构的差异在整个19世纪都存在，但只是在19世纪的最后25年才在劳工策略的形成中发挥了决定性作用。论点的第二部分增加了解释性内容，强调国家结构对工人阶级形成的重要性会随着时间的推移和组织的改变而*变化*。要理解国家的角色在19世纪中如何以及何以发生变化，我们就不能只考虑结构性的问题，而要考虑工人阶级赋予制度的意义和重要性。我们会看到，特定的意识形态和文化传统本身就是经济利益和制度权力的组成部分。通过更密切地关注制度所嵌入的意识形态和社会背景，我们可以对制度权力形成一种不那么静态的看法，从而开始揭示国家在塑造英国和美国劳工运动发展中不断变化的角色。

本章分为三部分。第一部分比较了19世纪下半叶（1865—1896年）英国和美国的劳工运动。在这里，不同的国家权力配置在19世纪末美国劳工联合会转向商业工会主义的过程中发挥了决定性作用。第二部分回到19世纪20年代和30年代早期的国家与劳工关系，以展示意识形态和文化如何调节国家权力的性质与时机。第三部分超越对英国和美国的比较，推测这项研究对更广泛的制度主义政治论述的影响。

三、国家结构与劳工策略

1865—1896 年,英国和美国的工人集体组织起来,开始要求国家保护工人参与组织行动和罢工的权利。在获得国家保护之前,这两个国家的工人都明白,普通法中的共谋犯罪理论必须被废除。长期以来,共谋犯罪理论一直宣称许多形式的集体行动是对公共政策和个人自由的威胁,并从一开始就被用来监管工人阶级组织。从 19 世纪 60 年代中期开始,大西洋两岸的工人协会开始了一场广泛的运动以废除共谋犯罪理论,或者至少在其范围内免除工人的起诉。

在两个国家,废除共谋犯罪理论的运动分两个阶段进行。第一阶段,工人们进行了广泛的游说,希望通过反共谋法使劳工免受共谋犯罪的起诉。立法通过后,立法机构和法院就谁来解释新的劳工法规展开了第二阶段的斗争。在第一阶段,英国和美国的劳工组织采取了基本相同的策略,结果非常相似。在英国,工会联合会议(Conference of Amalgamated Trades)和后来的工会大会议会委员会(Parliamentary Committee of the Trades Union Congress)是游说立法改革的主要组织。在美国,这场运动始于州一级,在纽约工人大会(New York Workingmen's Assembly)和宾夕法尼亚煤矿工人工会的领导下,纽约和宾夕法尼亚州出现了最广泛的运动。从 1881 年开始,美国行业组织和工会联盟(Federation of Organized Trades and Labor Unions,FOTLU)在全国范围内加入了州一级的运动。[7]

这两个国家的组织在其政治活动中都采用了相当复杂的策略。两个劳工运动都展示了他们对各自政治制度的了解,并精心制定了策略,以最大限度地通过有利的立法。英国和美国的劳工组织每天都关注立法程序,向相关政党官员派出代表,支持潜在候选人,教育公众,甚至聘请他们自己的法律顾问来起草友好的政治家提出的立法。[8]尽管这绝不是一项激进的政治计划,但显而易见的是,在南北战争后的 30 年里,纽约州和宾夕法尼亚州的工会与英国的工会一样,认为州是他们与雇主斗争的重要盟友。这两个国家的工会都认为,工

结构化的政治：比较分析中的历史制度主义

人的利益可以通过广泛的政治改革运动得到有效的保护。

此外，英国和美国的反共谋运动同样取得了成功，在1869—1891年通过了8项反共谋法规。[9]两国开展国家保护的具体形式几乎相同：两个国家都没有无条件保护工人组织的权力。相反，所有反共谋法规都将保护范围限制在和平的集体行动，而非强制性集体行动。英国和美国的纽约州、宾夕法尼亚州的法规都包含反对使用武力、威胁和恐吓的条款，触犯这些条款仍然会受到刑事起诉。[10]然而，尽管有这些条款，英国和美国的立法还是划定了工人集体行动的合法范围，并在检查法院对两国劳资纠纷的管辖权方面做出了相当大的努力。

起初，政治动员的回报似乎很有希望。在19世纪七八十年代，英国和美国工人似乎都可以通过政治改革来保护自己的利益。勤勉的组织与对各自立法机构的持续施压已见成效。政府通过政治渠道有效地影响了对劳工的政策，至少在19世纪80年代看起来是这样。尽管有相似的立法，但英国和美国的工会享有的国家保护水平差别很大。反共谋法的颁布并没有解决劳工政策的问题。

（一）法院与劳工运动的分歧

反共谋法规的实施并不是那么简单，这两个国家的实施过程截然不同。不同的执行模式很大程度上取决于立法机构和法院之间的权力平衡。对美国劳工来说，执行组织与罢工的权利是一项特别艰巨的任务，他们必须与更强大的和干预性更强的司法机构相抗衡。

纽约反共谋法的历史是美国劳工监管制度斗争的缩影。1870年、1881年、1882年和1887年的纽约反共谋法并没有完全终止对共谋犯罪的起诉。[11]事实上，在每项法规通过后，地方检察官仍继续以共谋犯罪指控罢工工人。更重要的是，州法院一直无视免除工人共谋犯罪的法律规定，并做出有利于起诉的裁决。迄今为止，几乎所有南北战争后确定的共谋案件都被定罪，其中许多案件还伴随着严厉的处罚和监禁。[12]美国工人是否被允许在与雇主的谈判中组织集体行动，取决于劳工、州立法机构和州法院之间这场三角斗争的结果。美国的

第六章 制度与政治变迁：1820—1896年英国和美国工人阶级的形成

答案是完全否定的，因为法院在19世纪最后的30年里一再推翻立法举措。

关于是由立法机构还是由法院来制定美国劳资关系条款的斗争，在南北战争后的共谋审判中进行了反复谈判。每起案件的争议焦点都在于，根据新颁布的反共谋法，被告的行为是否受到保护而免受刑事起诉。在南北战争后的共谋案件审判中，检方律师的主要任务是证明罢工者"恐吓"了他们的工人同事、雇主或公众。南北战争后的案件清楚地表明，在将法规应用于实际纠纷时，每项反共谋法中都包含的恐吓条款使司法机构存在相当大的自由裁量权。无须使用明显的武力或暴力，仅仅是罢工警戒线的规模、工会成员分发的通告的数量或"威胁的态度"都被认为是恐吓，根据新法规，这为定罪提供了足够的理由。[13]

公诉人诉威尔齐格案（People v. Wilzig）很好地说明了，尽管通过了反共谋法，但共谋定罪仍然存在。[14]该案在形式上属于敲诈勒索案，但正如巴雷特（Barrett）法官在向陪审团提出的指控中指出的那样，共谋的威胁无处不在。[15]该纠纷发生在1886年春，当时纽约市东十四街上乔治·泰斯（George Theiss）的音乐俱乐部遭到抵制。3月初，保罗·威尔齐格（Paul Wilzig）和其他被告来到泰斯的俱乐部，要求他解雇他的乐队、调酒师和服务员，并以工会工资标准雇用工会工人。泰斯抗议说，这些演奏者已经是音乐联盟的成员，他的姐夫是酒保，他的儿子是领班，他不想解雇他们。被告拒绝谈判，并给泰斯24小时的时间来满足他们的要求。泰斯拒绝了，他的俱乐部也遭到抵制。[16]

抵制活动持续了15天，在此期间，"一群人"包围了泰斯的俱乐部，并分发了一份通告，谴责泰斯是"工会的敌人"，并要求顾客远离俱乐部。有一次，被告"通过他们的代理人"进入室内，并将通告贴在桌子、浴室和壁画墙上。他们还使用"定时炸弹"制造恶臭，导致俱乐部不得不关闭几个小时以便给大楼通风。最后，据说被告放火烧了俱乐部舞台上的布景。有时多达500名旁观者聚集在一起观看这种抵制活动。

当被告威胁要对泰斯的矿泉水和啤酒供应商进行二次抵制时,纠纷激化。为了阻止危机,泰斯召集了他的员工、被告和他的供应商开会。经过 8 小时的讨论,泰斯同意了被告的要求,并同意解雇他目前的雇员。会议结束前,中央工会(Central Labor Union)的贝德尔斯(Beddles)要求泰斯向被告支付 1 000 美元,以支付抵制活动的费用。泰斯再次提出抗议,但最终他也同意了这一要求。抵制活动立即被取消,纠纷也结束了。当地方检察官根据纽约刑法指控被告敲诈勒索时,泰斯才得以通过法庭表达他的不满。

此案在听审裁判法院由巴雷特法官审理。[17]巴雷特法官在向陪审团汇报时,简洁地总结了共谋理论的现状。首先,巴雷特承认,最近的反共谋法已经"极大地缩小了"普通法学说的范围。然而,巴雷特继续说,由于法规中包含恐吓条款,现行法律绝不允许所有形式的集体行动。因此,陪审团的任务是确定被告的行为是否触及规定的范围。巴雷特用以下术语明确地为陪审团定义了恐吓:

> 让我们看看什么是"恐吓"。被告的律师似乎认为,一个团体无论人数多少,只要以建议的方式运作,并避免身体暴力行为,那么他们便是在法律允许的范围内行动;只要不动手打人,也不通过口头话语进行实际威胁,就可以使雇主的生意毁于一旦而不受惩罚。这是错误的。在一个商店前走来走去的人们可能犯有恐吓罪,尽管他们从来没有举起一根手指或说一句话。然而,他们可能是秉持威胁的态度。他们可能会通过他们的人数、方法、标语牌、通告和设备进行恐吓。[18]

对巴雷特法官来说,共谋并不在于工人在争端中公开使用武力或暴力,而在于抗议活动的规模和工人的威胁态度,以及他们行为的恐吓性,而这对于界定犯罪行为来说都是极为模糊的属性。威尔齐格案的 5 名被告均被定罪,并在纽约州监狱服一年零六个月至三年零八个月不等的苦役。

威尔齐格案绝不是一个例外,在几乎所有的南北战争后的劳工共

第六章　制度与政治变迁：1820—1896 年英国和美国工人阶级的形成

谋中，纽约州法院都判定罢工工人犯有集体行动罪。[19] 宾夕法尼亚州也有类似的废除共谋犯罪理论的斗争。在那里，工人们的诉求也基本上得到了满足：1869 年、1872 年、1876 年和 1891 年，宾夕法尼亚州通过了 4 部反共谋法。[20] 如果说有什么不同的话，那就是宾夕法尼亚州的法规比纽约州的法规更有力、更全面。宾夕法尼亚州的立法对工人组织和罢工权利的限制较少，并试图比纽约州的法规更明确地限制司法对劳资纠纷的干预。面对类似的反共谋法，宾夕法尼亚州法院也极不愿意承认工人在新法规下的组织权和罢工权。[21]

最臭名昭著的反共谋法规解释或许是 1881 年由宾夕法尼亚州中一个县的法院发布的。[22] 被告 D. R. 琼斯（D. R. Jones）、休·安德森（Hugh Anderson）（均为国家矿工协会的官员）和大约 14 名其他人员被指控在宾夕法尼亚州威斯特摩兰县（Westmoreland County）韦弗利煤炭与焦炭公司的煤矿工人罢工期间共谋。这场纠纷的焦点是韦弗利煤炭与焦炭公司支付的工资比该地区的其他经营者低。然而，该公司矿工已经签署了一份合同，约定在未提前 60 天通知公司的情况下不得罢工。如果他们违反这项协议，将被扣掉一年工资的 10%。11 月 17 日，该公司矿工会见了国家矿工协会的两名代表，并同意如果该协会补偿他们 10% 的损失，他们将举行罢工以确保"地区价格"。会议休会，第二天晚上将做出最后决定。第二天晚上，在去镇上学校的路上，被告被逮捕并被指控犯有共谋罪。起诉书中具体列出了两项罪名。第一，被告被指控通过建议工人无视 60 天的警告条款，诱使工人毁约。第二，被告被指控在即将发生的纠纷中使用铜管乐队恐吓罢工者。[23] 威斯特摩兰郡法院认定主要被告在这两项罪名上都有罪，并表示铜管乐队的存在构成了"1876 年［反共谋］法案的含义范围内的阻碍"。[24] 被告被判支付起诉费用，每人罚款 100 美元，并在县监狱监禁 24 小时。罚款总额达 355.29 美元，由国家矿工协会支付。[25]

通过宣布铜管乐队的存在就是一种恐吓行为，宾夕法尼亚州法院有效地使立法保护工人的集体行动变得毫无意义。辩护律师上诉到宾夕法尼亚州最高法院，理由是1876年的法规已使矿工的行为合法化，县法院的判决是错误的。辩方要求最高法院为该州的共谋法提供一个"权威的技术定义"，因为"没有任何法律比不确定的法律更具有压迫性"。[26]审理上诉的决定是自由裁量的，宾夕法尼亚州最高法院决定不受理此案。因此，上级法院没有就县法院对反共谋法的特殊解释做出裁决。

（二）工党的回应：司法阻挠和转向自愿主义

纽约州和宾夕法尼亚州的劳工领袖对南北战争后的共谋定罪感到震惊，并强烈抗议法院的阶级偏见。例如，早在1870年，纽约工人大会就反对法院"不平等地适用法律"，因为根据共谋法，雇主的联合会可不受到起诉。"确实，作为工人一定会犯罪，因为似乎他们只能服从法律——他们只能是共谋者。"[27]在1886年9月的年度大会上，大会执行委员会主席约翰·弗雷尼（John Franey）明确提到了威尔齐格案的裁决。

> 这一判决是在没有任何法规或法律法规的直接授权下做出的：它是在对刑法中有关共谋的条款的巧妙曲解的掩盖下做出的。"共谋"这个词长期以来一直是资本家得心应手的法律武器，纽约法官和地方检察官只有通过为它找到一个新的定义来证明他们的能力，把泰斯的抵制者送进监狱。这是为了无良雇主的利益而做出的集体决定，旨在恐吓有组织的劳工甚至阻止和平地保护其成员的行动。[28]

同样，大会主席塞缪尔·冈珀斯（Samuel Gompers）在次年抗议了南北战争后的共谋定罪。

> 这样的审判、定罪和法律建设只会使他们［法官］蒙受耻辱与蔑视。很久以前，人们认为共谋法绝不适用于劳工组织中以规范工资和劳动时间为目标的人。如果像现在已经决定的那样，在这个问题上仍然适用共谋法，那么越早废除越好。如果君主制的英格兰有能力从它的法规中删除令人讨厌的法律，那么工会所在

第六章 制度与政治变迁：1820—1896年英国和美国工人阶级的形成

的帝国也可以。[29]

到19世纪80年代中期，弗雷尼、冈珀斯和其他纽约州与宾夕法尼亚州的劳工领袖明确提出，共谋定罪是对正义的嘲弄，也是美国劳工的沉重负担。[30]他们对司法阻挠的最初补救措施是回到立法机构寻求更有效的保护。纽约州和宾夕法尼亚州的工人都没有很快放弃政治。相反，他们加倍地付出政治努力，试图通过更仔细起草的立法来填补反共谋法中的漏洞。因此，1869—1891年纽约州和宾夕法尼亚州相继出台的共谋法规在许多方面证明了有组织的劳工在南北战争后的30年里致力于政治改革。

然而，到了19世纪与20世纪之交，美国劳工联合会对政治改革的前景感到失望。他们多次争取国家保护组织权的运动不断遭到法院的破坏。无论这些法规制定得多么严谨，它们似乎都没有限制住法院的权力。因此，南北战争后的共谋定罪一再表明，通过立法途径改变政府对劳工的政策困难重重。此外，受到法院阻挠的不仅仅是反共谋法，美国劳工联合会提出的改善工作时间、工资和工作条件等要求同样遭到反对。只有在反共谋法被狭义解释所削弱的情况下，建立八小时工作制、定期支付工资和禁止建设廉价公寓的立法才不会被宣布违宪。[31]无论是通过司法解释还是通过司法审查权，效果都是一样的；在南北战争后的几十年里，美国劳工经常目睹其来之不易的政治胜利果实被法院侵蚀。因此，毫不奇怪，到了19世纪与20世纪之交，许多劳工领袖开始表达对政治的强烈不信任，转而主张改变策略，让他们能够规避美国司法机关非同寻常的权力。

在美国劳工联合会丹佛会议上关于"政治纲领"的辩论很好地反映了劳工对政治改革日益增长的挫败感。代表比尔曼（Beerman）、劳埃德（Lloyd）、波默罗伊（Pomeroy）和斯特拉瑟（Strasser）明确反对十点纲领，因为法院是有效的政治改革的主要障碍。尽管代表们没有明确提到共谋法，但我们可以看到，政治胜利后司法机关的反复阻挠打击了他们对立法改革有益的信心。[32]例如，代表波默罗伊反对提案四，该提案要求"对车间、矿山和家庭进行卫生检查"，波

结构化的政治：比较分析中的历史制度主义

默罗伊的措辞如下：

> 在我们现在所处的这种政府下，任何允许入侵公民家园的合法行为都是危险的。这项法律可以被用来摧毁曾经环绕在美国家庭周围的神圣感。我相信这个家可以再次变得神圣，可以被保护起来，免受司法机构的侵犯，这个机构在他们的老板即资本的命令下延伸法律……把它［这个提案］留在那里，就留下了一个已经并将再次侵犯这个国家公民权利的隐患和长期威胁。[33]

比尔曼、劳埃德与斯特拉瑟等代表不太关心司法解释，而是提出了司法审查的隐患及其给政治改革带来的问题。阿道夫·斯特拉瑟（Adolph Strasser）总结了立法改革带来的挫败感，并在关于提案三的辩论中开始阐述自愿主义策略的基本特征，呼吁实行八小时工作制。斯特拉瑟认为，与其将政府视为救世主，工人们不如将精力和资源用于工会组织和车间抗议。

> 有一个不容忽视的事实。如果不修改美国宪法和联邦各州的宪法，就无法普遍实施八小时工作制。……我认为，不能等着依法获得八小时工作制。卷烟制造商在没有政府的情况下通过了一项法律。……他们在没有警察在每家商店监督执法的情况下执行了法律……我反对把我们的时间浪费在我们死后的一段时间才能颁布的法律上。我想看到我们在世时可以保护什么。[34]

在冈珀斯的自传中，他在题为"从立法中学习一些东西"的一章中反思了他的"政治工作"，这或许最清楚地说明了他转向自愿主义的过程。冈珀斯绝不是自愿主义的坚定拥护者。相反，在19世纪七八十年代，他积极谋求通过政治渠道争取改变工人的命运。冈珀斯对纽约卷烟制造商在监管该市廉价公寓建设方面的斗争的描述，与工人大会通过反共谋法的努力有着惊人的相似之处。[35]

1878—1885年，为了彻底改变或至少改善廉价公寓建设的恶劣条件，纽约当地的144家卷烟制造商开展了一场激烈的运动。第一，他们游说通过联邦税收法修正案，对在廉价公寓条件下生产的卷烟征收抑制性税。该修正案于1879年在众议院通过，但未能在参议院通过。第二，卷烟制造商转向州一级，他们试图向纽约州议会施压，要求其利用警察权力来监管公共医疗，从而禁止建设廉价公寓。奥尔巴尼市开展了广泛的游说活动，工会代表定期访问相关委员会，保证代表支持法案，并努力选出自己的代表参加议会。经过几次失败的努力，1883年通过了一项新的州法律，禁止廉价公寓建设。[36]

然而，与反共谋法一样，劳工在廉价公寓改革上来之不易的政治胜利似乎并没有什么实际效果。出租房屋法案通过后不久，雇主就以该法案违反了正当程序条款为由，在纽约法院成功地挑战了该法案的合法性。与反共谋法一样，纽约工会没有那么容易被吓倒，他们继续开展政治工作，以便制定一个更有效、经得起法院审查的法规。1884年5月，他们的努力再次获得了回报，一项新的、起草得更细致的法案出台了，但该法案再次被纽约最高法院和巡回上诉法院否决。[37]

根据冈珀斯的说法，卷烟制造商争取廉价公寓改革的失败斗争，确实让他学到了一些关于立法的东西，即通过政治渠道确保有效改革的无效性。"根据我的立法经验，一部法律的颁布并不意味着问题的解决。法院通过法律合宪性的权力使立法改革变得如此复杂，以至于严重限制了这种方法的有效性。"[38] 当30年的政治工作不断被法院破坏时，纽约州和宾夕法尼亚州的工人开始在"分裂的"美国各州内寻找保护工人利益的其他"方法"。

卷烟制造商对失败的廉价公寓立法的反应很可能成为更广泛的劳工策略转变的蓝图。冈珀斯对战术的变化描述如下：

> 在上诉法院宣布反对该法律原则后，我们讨论了进一步立法行动的可能性，并决定集中精力于组织工作。我们利用工会，通过罢工和煽动骚扰制造商，直到他们相信一是我们不达到我们的目的是不会停止的，二是他们放弃廉价公寓建设方式，在体面的条件下在工厂里继续作业，成本会更低。因此，我们通过经济力量完成了我们未能通过立法实现的目标。[39]

根据冈珀斯的说法，正是由于他们的政治工作在法庭上遇到了困难，美国劳工联合会采取了一种反独裁的商业工会主义策略。法院制定政府政策的权力使冈珀斯、波默罗伊、斯特拉瑟和美国劳工联合会的其他成员相信,通过政治途径实现永久的改革是极其困难的。

可以肯定的是,商业工会主义并不是对司法障碍的唯一可能反应。事实上,在 19 世纪后期的劳工运动中至少可以看到另外两种反应。一方面,社会党提供了一种非常不同的方式来解决美国的特殊问题。尤金·德布斯(Eugene Debs)和社会主义者并没有像冈珀斯与美国劳工联合会建议的那样改变劳工策略,而是呼吁对资本主义制度进行改革。如果法院不回应工人的诉求,那么工人必然围绕一个激进的纲领采取行动,以创造一个更能体恤民意的政权。从社会主义者的角度来看,任务是改变国家而不是重新制定劳工策略。[40]威廉·海沃德(William Hayward)和世界产业工人联合会(Industrial Workers of the World,IWW or Wobblies)代表了商业工会主义的第二种选择。他们的工联主义直接行动计划和车间战斗行为也包含了强烈的反国家主义因素。在许多方面,商业工会主义和工联主义是同一枚硬币的两面。尽管方式不同,但这两种策略都让工人们能够将精力集中于车间,从而避免在分裂的美国寻求立法改革所带来的挫折。[41]

这里讲述的故事并没有解释为什么社会主义者和工联主义者的替代方案仍然从属于美国劳工联合会的商业工会主义。这三种策略都可以让工人规避法院的权力。然而,我的研究确实解释了为什么到 1900 年,通过劳工党或类似组织追求工人利益的选择在美国不再可行。纽约州和宾夕法尼亚州废除共谋犯罪理论运动的失败暴露了传统政党政治在影响该州政策方面的局限性。除非发生革命性的变革,否则工人们就没有什么动力去进行政治动员,因为来之不易的政治胜利不断受到法院的阻挠。只要法院仍然是管理劳工的主要机构,那在许多工人看来,商业工会主义的反国家主义策略似乎为保护美国工人的利益提供了更有希望的手段。

第六章　制度与政治变迁：1820—1896 年英国和美国工人阶级的形成

四、英国劳工和法院

有些人可能会说，纽约州和宾夕法尼亚州反共谋法的司法解释更多揭示了立法政治，而不是法院的权力。这种观点认为，纽约州和宾夕法尼亚州的法规可能只是象征性的胜利，其真正目的并非让工人免于刑事起诉。这些法规在通过时可能附加了恐吓条款，立法者清楚地知道司法部门可以利用这些漏洞，继续以共谋犯罪定罪工人们。幸运的是，通过英国劳工的例子可以很快发现这个观点的局限性。

英国劳工争取国家承认的斗争与纽约州和宾夕法尼亚州的运动密切相关。第一阶段，在 1867—1875 年，联合工会会议和工会大会的议会委员会游说议会制定反共谋立法。英国的运动与纽约州和宾夕法尼亚州的运动一样取得了成功，并于 1871 年和 1875 年制定了两项新的反共谋法。[42]1871 年的《工会法》（Trade Union Act）确立了对司法权力的两项重要的制衡：该法第二条根据共谋和限制贸易的普通法原则给予工会免于起诉的豁免权；而第四条恢复了工会注册为友好协会的权利，从而保护工会资金免受损害诉讼的侵害。尽管 1871 年的立法在保护工人的工业权利方面取得了相当大的进展，但英国议会与纽约州和宾夕法尼亚州的立法机构一样，并没有无条件地扩大国家保护。除了 1871 年的《工会法》外，议会还通过了《刑法修正案》（Criminal Law Amendment Act），将现有的判例法编入法典。在劳资纠纷中使用"暴力、威胁、恐吓、骚扰或阻挠"仍然是非法的，就像在美国的一样。工会代表大会发起了一项废除《刑法修正案》的新运动，并在 1875 年通过了第二部反共谋法。《共谋和财产保护法》（Conspiracy and Protection of Property Act）在保护工人组织权方面比之前的立法更进了一步。其宣布所有由个人实施的本身不构成犯罪的行为，如果由集体实施，可免于刑事起诉。然而，1875 年的法规第七条规定国家对工人工业权利的保护，该条宣布使用暴力和恐吓是犯罪行为。

1875 年，英国和美国的劳工策略与法律地位非常相似。这两个国家的工人都为自己设立了确保国家保护组织和罢工权利的任务。为了改变政府对劳工的政策，工人们开始通过广泛的政治改革运动来废除共谋犯罪理论。此外，英国和美国的立法胜利几乎是相同的。两国政府都采取了明确的措施来保护工人的组织权，同时也继续确定立法保护之外的具体行动。然而，大西洋两岸的法规实施却走上了截然不同的道路。

英国雇主对工人阶级组织的容忍度并不比纽约州和宾夕法尼亚州的雇主高。当面临罢工时，他们也愿意就其员工行为的恐吓性质作证，从而使工人因1875年法案第七条被判犯有共谋罪。[43]然而，与美国同行不同的是，英国法院在1875年后不再继续以共谋罪对工人定罪。相反，英国法院遵从议会的权威，对禁止使用暴力和恐吓条款的解释比纽约州和宾夕法尼亚州的法院都要狭隘。

根据1875年法案提起的两起主要的英国案例凸显了英国法院的作用更加有限。1891年裁定的两起王座法院案件，即柯伦诉特里莱文案（Curran v. Treleaven）和吉布森诉劳森案（Gibson v. Lawson），与美国南北战争后的共谋案一样，都围绕着法院应如何解释《共谋和财产保护法》第七条所载的反恐吓条款的问题。[44]在柯伦诉特里莱文案中，王座法院面临的问题是，根据《共谋和财产保护法》，"贸易损害"是否构成恐吓。[45]英国天然气工人和普通劳工全国联盟秘书皮特·柯伦（Pete Curran），因"非法和没有法律授权恐吓"一个名叫乔治·特里莱文（George Treleaven）的普利茅斯煤商而被治安法院定罪。争议集中在使用非工会劳工卸载了特里莱文的一艘运煤船——"海洋女王"号（Ocean Queen）。工会工人威胁说，如果特里莱文继续雇用非工会工人，他们将举行罢工。工会工人被指控犯有共谋罪，理由是他们恐吓特里莱文，让他担心，"对他的业务造成伤害，从而导致他自己的损失"。控方认为，让工人受益的罢工可能是合法的，但损害雇主业务的罢工是一种恐吓行为，因此根据1875年法令第七条的规定该案件属于刑事犯罪。[46]

然而，王座法院不同意检方对该法规的解释，而是采用了一个更

第六章 制度与政治变迁：1820—1896年英国和美国工人阶级的形成

狭隘的恐吓定义。与美国司法机构不同，英国法院将更广泛的劳工行动视为合法行为，免于刑事共谋指控。首席法官发表了意见，否认"贸易损害"等同于恐吓，他说：

> 如果"罢工"是为了自己的利益，那么罢工很少或几乎不会不给他人造成损失或伤害。在贸易、商业甚至职场中，一个人的收益就是另一个人的损失，如果目标不是恶意的，仅仅结果有害，那么这一事实并不能使协议非法或可诉，因此是不可起诉的。[47]

王座法院推翻了下级法院的判决，宣告工人无罪，从而肯定了早先对工人工业权利的法定保护。

在第二个案例中，英国法院在解释劳工法规时明显采取了更为克制的方法，该案件于同一时期提交给了王座法院。在吉布森诉劳森案中，法院再次面临某一特定的罢工行动是否违反了《共谋和财产保护法》第七条的问题。在发表意见时，首席大法官柯勒律治（Coleridge）勋爵明确遵从议会在这一问题上的决策，并主张成文法的司法解释发挥的作用非常有限。例如，柯勒律治勋爵在意见中指出，驳回上诉似乎与普通法下的先前定罪相冲突，特别是雷吉诉德鲁伊特案（Reg v. Druitt）和雷吉诉邦恩案（Reg v. Bunn）。首席大法官驳回了这一明显的冲突，说：

> 布拉姆韦尔（Bramwell）勋爵和伊舍（Esher）勋爵各自受理的雷吉诉德鲁伊特案和雷吉诉邦恩案……据说双方都认为，关于这一问题的法规没有以任何方式涉及或改变普通法，由法规明确合法化的罢工与联合可能会被视为普通法中可起诉的共谋，并可能受到监禁和苦役的惩罚……我们很清楚裁决上述案件的法官的巨大权威，但我们无法同意这些意见，而且，恕我直言，我们认为这些意见不是法律。[48]

为了符合最近的议会法规，王座法院相当戏剧性地否定了过去的判例法。此外，柯勒律治勋爵在劳森案判决的结论中明确承认议会至高无上。

> 在我们看来，关于贸易纠纷的联合法律载于第38条和第39条第86款，以及其中提到的法规中，根据该法规，不可起诉的行为即使曾经在普通法中可起诉，现在也不可起诉。[49]

当高等法院维持下级法院的裁决并认定被告无不当恐吓罪时，吉布森败诉。随后，王座法院明确重申了议会对劳工政策的权威。至少在劳森案的判决中，法院愿意打破过去的判例法，以遵守当代劳动法制定的新政策。

与纽约州和宾夕法尼亚州的工人相比，英国劳工运动争取国家保护的斗争取得了更为彻底的成功。工人们不仅通过密集的游说活动争取到了劳动立法，并且这些法规实际上保护了工人，使其免受未来的共谋起诉。然而，这场更有效的国家保护运动不仅仅是精心起草的立法的产物，因为美国和英国的法规都包含类似的恐吓条款，雇主与法院可以使用这些条款来确保随后的起诉。相反，这些差异更容易归因于议会和司法机构之间政治权力的有效划分，这本身就是过去政治斗争与英国内战结束时谈判达成的社会妥协的遗产。通过遵从19世纪的劳工法规，英国法院秉承了议会至上的长期传统，而劳工现在却意外地成了这种传统的受益者。[50]

如果议会至高无上的地位确实是塑造英国劳工策略的关键因素，那么我们就必须解释世纪之交司法敌视劳工的复苏。司法敌意的复兴是否破坏了劳工过去取得的胜利？法院和议会之间的权力平衡是否发生了变化？为什么在19世纪90年代如此坚定地确认了《共谋和财产保护法》之后，英国法院在20世纪的前几十年做出了一系列反劳工的判决？

尽管法院在解释《共谋和财产保护法》时遵从了议会的意见，但在世纪之交，英国关于国家保护工人工业权利的斗争并没有完全结束。在随后的几十年里，工会面临着对其法律地位的新一轮攻击，这促使进一步立法保护有组织的劳工免受法院发起的新挑战。事实上，最臭名昭著的反劳工案例还尚未发生；奎因诉利瑟姆案（Quinn v.

第六章　制度与政治变迁：1820—1896年英国和美国工人阶级的形成

Leatham)、塔夫谷案（Taff Vale）和奥斯本案（Osborne）的判决是20世纪前20年由法院做出的，远远晚于1871年和1875年的立法胜利。[51]然而，这些后来的案件并不代表现有劳动法规司法解释的变化，而是反映了普通法其他领域的理论变化，这些变化揭示了早期立法未涵盖的全新法律问题。所有这些后来的案件都是作为民事诉讼而不是刑事诉讼提出的，因此需要额外的议会保护。《共谋和财产保护法》成功地保护了工会免受*刑事起诉*，但其目的不是保护工人免于*民事责任*索赔，当然它也没有能力这样做。

19世纪90年代英国公司法的发展以及英国政府提供的特殊形式的立法保护，使20世纪前20年里对有组织劳工的新一轮攻击成为可能。在1901年之前，由于工会的非法人的法律地位，工会一般被认为免于因劳资纠纷中造成的损害而受到起诉。通过限制对公司财产的损害索赔的有限责任原则，公司管理人员免受损害诉讼。工会因担心针对其组织资金的诉讼，所以选择保持非法人的法律地位，从而放弃了有限责任这一"特权"，但也保护了工会免受民事责任索赔。[52]

然而，在19世纪90年代，英国公司法发生了变化。在一系列非劳工案件中，法院开始允许对非法人公司提起"代表诉讼"。法律学说的这一演变，使越来越多的非法人公司通过允许个人被视为其组织的代表而被追究法律责任。1893年，一位有进取心的律师对赫尔市的一些建筑工会提起了代表诉讼。然而，地方法院驳回了诉讼，并裁定被告只能作为个人而不是作为其工会的代表被起诉。尽管坦珀顿诉拉塞尔案（Temperton v. Russell）没有胜诉，但它为1901年具有历史意义的塔夫谷案的判决奠定了法律基础。[53]

塔夫谷铁路公司成功地起诉了铁路职工联合工会（Amalgamated Society of Railway Servants），正是因为上议院高级法官驳回了坦珀顿诉拉塞尔案的判决，认为尽管工会本身虽然不是法人团体，但也可以像过去十年中许多非工会组织一样被起诉。法院判定塔夫谷公司胜诉，并要求工会支付23 000英镑的损害赔偿金，以及42 000英镑的法律费用。[54]这一判决是工会的重大失败。然而，挫折是短暂的；5

年之内，议会通过了《劳资纠纷法》(Trades Disputes Act)，确立了工会在民事责任以及刑事共谋方面的豁免权。因此，通过进一步的劳工游说和对工人工业权利的新的法定保护，新的漏洞很快就被消除了。事实上，废除塔夫谷公司的运动为新成立的工党提供了重要动力，工党领导了这场立法改革运动。[55]同样，1875年，《贸易纠纷法》在保护工会基金免受随后的民事责任诉讼方面非常有效，从而重申了政治行动的好处。

然而，公司法的变化只是英国工会再次被起诉的部分原因。《共谋和财产保护法》给予英国劳工的特殊立法保护形式，也促成了一波又一波的法定保护与司法起诉。尽管在19世纪晚期，国家明确将保护范围扩大到工人，但议会并没有为英国工人明确一般权利。相反，它使用了一种更有限的方法来保护工人的工业权利免受特定类型的法律起诉。[56]这种形式的国家承认被韦德伯恩(Wedderburn)勋爵和其他人描述为工人权利的消极定义而非积极定义，因为工会被赋予了一系列来自特定法律原则的"豁免权"，而不是被授予一种更具普遍适用性的组织工会和罢工的权利。[57]因此，1871年、1875年和1905年的立法胜利确立了劳工在特定普通法原则中的明确豁免权，但没有制定更广泛的工业权利。虽然《共谋和财产保护法》与《劳资纠纷法》在保护工会免于刑事和民事责任方面相当有效，但对工人权利的消极定义使工会容易受到新的或意料之外的法律诉讼的影响。公司法中代表诉讼的出现就是英国法律使工会面临新的起诉策略的绝佳例证。每一次法律创新后，劳工都必须回到议会，以进一步明确国家保护的确切依据。

尽管英国和美国的劳动法规都在司法敌对与法定保护之间摇摆不定，但两国国家监管模式的起源和影响却截然不同。在英国，一旦制定了法定保护措施，法院就会尊重议会的权威，并尊重后续劳工立法中规定的豁免权。立法保护和司法起诉之间的交替并非缘于议会无法制衡英国法院的权力。相反，议会在限制司法解释方面非常有效，但也仅限于法规涵盖的特定问题。在美国，州立法机构在重新调整对工

第六章 制度与政治变迁：1820—1896年英国和美国工人阶级的形成

人阶级组织与抗议的司法监管方面几乎没有成功过。纽约州和宾夕法尼亚州的法院都破坏了连续的法定保护，并在整个19世纪继续以大致相同的理由判定工人犯有共谋罪。因此，美国一波又一波的立法保护和司法起诉反映了法院与立法机构之间的权力制衡与同时期的英国不同。

五、解释性的转折：19世纪早期的生产者和国家

从许多方面来看，人们很容易在这里结束不同劳工运动发展的故事，并将不同的劳工策略完全归因于国家结构的差异。尽管以国家为中心的分析方法对19世纪后期的英美比较很适用，但如果从这一历史时期推断到其他时代则很容易产生误导。事实上，当我们将分析领域扩展到19世纪早期时，就会发现当时盛行的是一套截然不同的国家与劳工关系模式。

1860年以前，美国工人并没有发现自己陷入了与法院的令人沮丧的斗争中。相反，早期的工人协会把国家看作他们经济困境的根源与潜在的解决办法，如纽约工人党和费城工人党（1827—1831）与纽约"火柴党"或平等权利党（1835—1837）。事实上，如果我们回到19世纪二三十年代，会发现英国宪章派和美国工人政党之间存在耐人寻味的相似之处。此外，纽约州和宾夕法尼亚州的工人在向州政府提出政治要求方面比英国工人更加成功。1842年之前，美国东北部的几个州通过了法律，建立了义务教育制度、通用的公司注册制度和技工留置权制度，废除了债务监禁，建立了更加分散的货币和信贷体系。工人政党绝不是推动这些改革的唯一行动者。但大多数学者认为，工人在将这些问题提上政治议程方面发挥了重要作用。[58]

因此，在南北战争之前，我们看到美国法院相对于其他政府部门所拥有的不同寻常的权力并没有阻碍战前政治改革的努力。到那时为止，国家结构的差异影响不大，英国和美国的工人阶级抗议还没有走上不同的道路。还剩下最后一个问题，即解释为什么国家结构的差异在19世纪最后25年才变得突出。简而言之，为什么美国州的角色发

生了变化,以至于美国法院在南北战争之后才开始阻止工人阶级的政治行动?

南北战争后国家与劳工关系的不同模式不能仅用客观条件来解释。毕竟,国家结构和政策在19世纪相对稳定;此外,工人在南北战争前后都受到共谋起诉。尽管有相似的制度安排和法律理论,但在南北战争前,共谋定罪并没有成为工人斗争的焦点。南北战争前的工人没有挑战法院的权力,而是参与了一项完全不同的政治改革计划。[59]我认为,只有通过更仔细地关注国家制度运作的文化和意识形态的变化,才能理解19世纪前30年盛行的更具合作性的国家与劳工关系。我们将看到,18世纪长期存在的假设及其蕴含的截然不同的文化理解,是如何在19世纪继续塑造劳工对法院的看法与反应的。

一些学者已经开始研究共和主义意识形态对19世纪早期工人抗议运动的影响。[60]虽然并非所有学者都同样强调这一点,但有三个假设似乎尤为重要。首先,19世纪早期的抗议者继续表达着共和主义者对于政治具有塑造性力量的信念。从这个角度来看,19世纪二三十年代的经济困境与社会冲突是政治制度失衡和立法不力的结果,而不是某种不可避免的工业化进程的产物。一位宪章主义者很好地描述了18世纪对政治具有塑造性力量的信念,他声称:"骗子会告诉你,你没有代表权是因为你没有财产。我告诉你恰恰相反,因为你没有代表权,所以你没有财产……你的财产是你没有代表权的结果,而不是原因。"[61]同样,纽约工人党和费城工人党认为他们的经济困境是政治造成的,需要进行政治改革。"正是因为*并非*每个劳动者都是政治家,所以才出现了糟糕的立法,才制定了授予*少数人特权*的法律,这些特权使他们依靠勤劳的劳动阶层的产出就能过活。"[62]如果能够建立适当的政治制度和公共政策格局,那么所有具有生产能力的公民都可以分享经济增长的好处。

其次,在19世纪的前几十年里,工人继续主张财产独立作为公民参与基础的重要性。尽管雇佣劳动力在增加,但技术工人仍然通过劳动价值论和对其行业中财产权的主张来捍卫他们对独立性的诉求。

第六章 制度与政治变迁：1820—1896年英国和美国工人阶级的形成

例如，费城工人党的斯蒂芬·辛普森（Stephen Simpson）分析了工人的如下困境：

> 资本是个人、政府和国家手中的过剩的劳动力总存量……因此，所有资本都是由一个国家的劳动人民创造的，尽管他们很少获得或拥有资本，这是由于调节财富分配的原则是错误的，资本几乎总是由无所事事的投机者、小心翼翼的垄断者或肮脏的累积者独占。[63]

这个问题不仅关系到经济利益与物质利益，而且涉及工人试图维护其财产独立性和参与当代政治辩论的相关权利。纽约技术工人加入了南北战争前关于金融改革的辩论，他们再次主张劳动价值理论，并宣称在他们的行业中主张财产权，"如果你真的认为我们这些工人在当前这场辩论中没有*真正的利害关系*，那你就大错特错了；因为我们认为我们的劳动和你们的*真实资本*（劳动的*产物*）一样宝贵，并且远远胜过你们的*虚假资本*（独占性的、因而也是不符合共和理念的特权的*产物*）。"[64]工人们认为，日工和那些依赖他人救济的穷人被排除在政治之外可能情有可原，但是有技能的工人应该被视为共和国中有价值的成员，他们完全有能力保持"在投票中的独立性"。[65]

最后，工人秉持18世纪以来长期存在的对依附和腐败的担忧，他们认为这会导致暴政与政治权力的滥用。当面对我们现在称之为工业化的工作重组和生产的巨大变化时，大西洋彼岸的宪章派与工人将传统的共和主义者的担忧从政治领域延伸到了经济领域。工人们声称，最紧迫的问题在于最近经济权力而不是政治权力的集中。国家银行和"虚假货币"体系被认为是特别危险的，因为它们正在制造不健康的垄断，使"富人更富，穷人更穷"以及"多数人依赖少数人"。[66]

然而，18世纪的意识形态并不仅仅停留在言辞层面。相反，这些共和主义的信条也得到了截然不同的社会关系与政治联盟的支持。19世纪前30年的主要社会分裂还不是劳动和资本之间的，也不是工人和雇主之间的，而是生产阶级与非生产阶级之间的。熟练的技术工人、小制造商和自耕农被认定为生产者,并与银行家、律师和投机者等非生产阶级的典型成员结成联盟。从这个角度来看,将宪章派以及纽约工人党和费城工人党视为具有阶级意识的"原社会主义"运动,将工人作为一个独特的工资收入阶级的成员进行动员,是错误的。[67]相反,诸如伯明翰政治联盟和英格兰的完全选举权联盟,以及纽约和费城的工人党等组织,动员生产者反对非生产阶级。熟练的技术工人和中产阶级激进分子在同一个组织中并肩作战:不需要正式的联盟来使他们的合作神圣化,因为这两个群体都认为自己是生产者,是天然盟友。只有在接下来的50年里,生产者才逐渐被区分为工人阶级和中产阶级。[68]

当生产者在英国和美国进行政治动员时,他们提出的要求与南北战争后的生产者有很大的不同。实质上,生产者的纲领呼吁在全国范围内更平均地分配经济和政治权力,并确保公民参与的条件。由于两国生产者面临的条件不同,实现这些目标的具体手段在大西洋两岸各不相同。在纽约和费城,工人党和地方工会倡导了一系列反垄断改革,特别是针对金融与信贷问题。首先,纽约和费城的工人坚决反对国家银行的重组,并要求通过更自由的银行法,让所有具备生产力的公民都能获得信贷。因此,生产者认为经济增长可以继续,但将以更加分散的方式进行,从而避免经济和政治权力过于集中而带来的危险。[69]

其次,纽约和费城的工人都十分重视教育改革,并多次呼吁建立国家资助的教育体系。生产者认为,除非有足够的时间和资源来了解当前的紧迫问题,否则任何勤劳的公民都不可能希望履行其公民参与的义务。

最后,纽约和费城的生产者呼吁一些较小的政策改革,包括废除债务监禁,通过技工留置权法并废除民兵制度。生产者认为,这些要求都有助于在这个经济快速变化的时期保持小生产者的偿付能力和尊严。[70]

而英国生产者主要关注选举权改革。宪章派声称,扩大投票权是缓解技术工人和小制造商经济困境的必要前提,他们目前被排除在经

第六章　制度与政治变迁：1820—1896 年英国和美国工人阶级的形成

济增长带来的好处之外。然而，宪章派的要求并不局限于选举权，他们还经常抨击投机者和中间商的破坏性。托马斯·阿特伍德（Thomas Attwood）的解决方案与纽约州和宾夕法尼亚州的同行如出一辙，即必须改变金融与信贷体系来缓解当前的经济困境。[71]

我不想暗示 19 世纪早期的生产者组织内部都是和谐与合作的。宪章运动和工人党内部都有主张进行更激进的改革的少数派。例如，弗格斯·奥康纳（Fergus O'Connor）和"身体力行"的宪章主义者要求通过与中产阶级改革者决裂和必要时使用暴力来实现普选权。同样，托马斯·斯基德莫尔（Thomas Skidmore）在纽约工人党的最初纲领中提出的重新分配财产的提议，被认为是南北战争之前纽约市工人阶级的意识已经出现的决定性标志。[72]尽管奥康纳和斯基德莫尔确实比他们的竞争对手更彻底地呼吁与过去决裂，但将他们视为生产者队伍中唯一真实的声音是错误的。通过更密切地关注 18 世纪的历史，我们可以看到生产者提出的一系列更为广泛的诉求同样合理，尽管这些诉求是对经济变革的不同反应。例如，金融改革、教育政策和通用的公司注册相关法律，并不单单是那些渗透进生产者组织并使工人们偏离其激进潜力的中产阶级改革者所关心的问题。相反，这些政策改革中的每一项都旨在为生产者创造必要的条件，以维持其在各自共和国中作为独立且受人尊敬的公民的角色。

此外，值得注意的是，无论是奥康纳还是斯基德莫尔，都无法动摇大多数工人的立场，并且他们在宪章派和工人运动中仍然是明显的少数派。在 19 世纪 20—40 年代，英国和美国抗议运动中的主导派别仍然坚定地致力于共和主义改革的生产者计划，并继续吸引熟练技术工人与中产阶级盟友加入他们的行列。[73]

因此，当面临工资和社会地位下降时，生产者不会在一夜之间转变为新的工人阶级。既定的社会分裂与政治联盟并没有如此轻易地被抛弃。相反，19 世纪 20—40 年代对工业化的第一波抵制是由 18 世纪的意识形态和社会关系共同塑造的。尽管 19 世纪早期的抗议者对他们目前的处境并不满意，但我们不应该假设他们想突然与过去决裂。事实上，19世纪早期的生产者在政治上动员起来，是希望他们的社会回到正确的道路上。我发现，这些早期的抗议者更感兴趣的是重申他们在共和国中的地位，而不是沿着新的阶级路线改造19世纪的社会。

采用生产者而不是工薪阶层的阶级概念使我们能够理解19世纪中期美国国家与劳工关系不断变化的模式。反过来，国家角色的变化又导致了南北战争后英美劳工运动发展模式的不同。在19世纪的前几十年里，当工人们根据18世纪的观念理解自身的经济困境时，他们向国家求助的原因与19世纪后期的工人们截然不同。英美两国内战前的抗议者都没有要求国家保护组织工会和罢工的权利，而是集体动员起来，为他们分散的经济增长与公民参与的双重目标创造必要的条件。虽然不是所有的生产者的要求都被立即采纳，许多要求成了激烈的政治辩论的主题，但值得注意的是，内战前生产者的要求并没有被法院否决。与工人们在内战后要求国家保护组织工会的权利的要求不同，生产者提出的反垄断改革和公民参与计划的核心内容可以很容易地在现有的法律秩序中得到解决，并且不需要重新协调立法机构与法院之间的权力平衡。

尽管我已经展示了共和主义的意识形态如何带来一系列完全不同的劳工要求，这反过来又促使更多的合作性国家与劳工关系在南北战争前盛行，但持批判态度的读者可能会质疑我的主张，即意识形态、文化和解释行为是南北战争后国家与劳工关系转变的核心。批评者可能会说，为什么我们不能将劳动力需求的变化以及随之而来的司法障碍简单地解释为工业化的产物呢？这种观点认为，随着推动工业化的工作和生产力的重组，工人的根本利益发生了变化。从这个角度来看，南北战争后意识形态与文化的转变在很大程度上是经济和社会关系变化的衍生物；解释行为看似塑造了劳工与国家的关系，但事实上，它们只是掩盖了因果变化的真正根源。

通过将分析领域从跨国家和跨时间的比较简单地转变为同一时期的组织之间的比较，可以看出对南北战争后国家与劳工关系变化的唯

第六章 制度与政治变迁：1820—1896 年英国和美国工人阶级的形成

物主义描述的局限性。对比 19 世纪 70 年代和 80 年代的两个主要劳工组织，即劳工骑士团（Knights of Labor）与纽约工人大会，能让我们在一定程度上保持经济和社会状况的相对稳定，从而更加突出意识形态与文化对劳工纲领的影响。由于我已经在别处详细介绍了这种战后比较，我将在这里简单提及我的研究的主要发现。[74]

生产者联盟并没有迅速或有序地瓦解，而是以更加不平衡的方式解体。在内战后的 30 年间，英国和美国的劳工组织激增，每个组织都对劳工当前的困境提出了自己的解释和补救措施。尽管大多数工人都同意，经济与社会关系在战后的 30 年里发生了令人不满的变化，但工人如何理解这些变化以及这些变化赋予了他们什么意义，却因组织而异。

当比较劳工骑士团和纽约工人大会对南北战争后共谋审判的反应时，我发现国家与劳工的关系会随组织和时间而异。一方面，与他们的工会竞争对手不同，劳工骑士团延续了生产者的传统，并没有将集体行动和废除共谋法作为战后计划的核心组成部分。相反，劳工骑士团继续推进广泛的反垄断改革计划，并没有卷入与法院的长期斗争。[75] 另一方面，纽约工人大会采取了一种完全不同的方法。我们已经看到，工人集会计划的基石，集中于获得国家对组织权利的保护以及一场改善劳动时间、工资和工作条件的运动。废除共谋法的长期运动导致他们轻率地与法院进行了一场不成功的斗争，这场斗争本身就决定了纽约州和宾夕法尼亚州工人对政治改革前景的幻灭。

南北战争后各劳工组织之间的劳工需求差异不能仅用经济条件与社会关系来解释，因为劳工骑士团和纽约工人大会都在应对同样的问题。相反，我们看到的是，当工人们努力理解 19 世纪下半叶发生的巨大变化时，不同的意识形态和解释框架在塑造工人的需求方面发挥了相当大的作用。

一旦工人开始要求国家保护组织工会的权利，英国和美国的工人就为自己设定了改变法律学说或取代法院作为劳资冲突主要监管机构的任务。我们已经看到，劳工争取工业权利的斗争在英国和美国走上

207

了截然不同的道路，这主要是由于两个国家拥有不同的国家权力结构，这最终也导致了两国截然不同的劳工运动发展模式。

六、结论：历史视角下的国家结构和劳工策略

英国和美国对工人阶级组织的司法监管的历史，更广泛地指向了关于历史与制度性论点的三个大致结论。首先，我们可以清楚地看到不同的制度安排如何为工人提供截然不同的激励和约束，并引导劳工运动走向不同的道路。在英国和美国，工人组织所处的政治环境确实在塑造工人阶级的利益和策略方面发挥了重要作用。

英美政治体系中法院的不同行为为工人阶级的政治行动提供了大相径庭的回报，并最终导致了19世纪末两国劳工运动的不同发展模式。在英国，法院的权力较小，通常允许议会制定政府对劳工的政策，工人阶级的政治组织得到了系统性的奖励。英国劳工运动在立法方面的胜利使政府对工人阶级组织的监管发生了重大变化。相比之下，纽约州和宾夕法尼亚州在立法方面取得的同等成就对政府政策的影响微乎其微，政府政策继续由司法机构主导，很少或根本不考虑通过的法案。纽约州和宾夕法尼亚州的立法机构无法制衡法院的权力，这让美国工人对政治动员取得成功的前景感到失望。因此，1890年后劳工运动发展的不同模式可以追溯到19世纪最后几十年里工人争取国家保护工业权利的斗争中法院所扮演的截然不同的角色。经过近一个世纪的平行发展，英国和美国的劳工运动开始采取截然不同的策略，这在很大程度上是对他们组织活动所处的政治体系带来的挫折与回报模式的回应。

其次，上述研究表明，需要重新考虑制度性权力的性质。尽管美国法院在转向商业工会主义方面发挥了决定性作用，但法院的影响力绝不总是如此。在19世纪上半叶，当生产者推行一种截然不同的改革计划时，美国独特的国家结构并没有什么价值。生产者没有发现他们的提议被法院否决，也没有开展广泛的法律改革项目。相反，我们已经看到法院的角色在19世纪发生了变化。美国独特的国家结构仅

第六章 制度与政治变迁：1820—1896 年英国和美国工人阶级的形成

在特定条件下塑造了劳工策略。直到美国劳工决定想要法院有权管辖的东西，即集体诉讼的权利时，司法监管才影响了后来的劳工策略。具有讽刺意味的是，法院对美国劳工的权力在很大程度上取决于他们试图监管的组织的实质性愿望和目标。

仅靠国家结构和能力问题并不能解释 19 世纪司法监管重要性的变化。相反，我们需要对制度性权力采取一种更具关联性的研究方法，既关注制度结构本身，也关注它们所嵌入的更大的社会背景。通过比较不同国家、不同时代和不同组织中的国家与劳工的关系，我们可以看到，当不同的意识形态和文化以截然不同的方式与相同的制度结构相交时，司法权力会存在巨大的差异。

最后，本研究强调了在制度分析中关注解释问题的重要性。19 世纪工人们对工业化的反应，以及他们对自己利益的理解，并不直接取决于潜在的经济和社会关系。相反，我们已经看到，工人们对眼前的经济变化的解释有着很大的灵活性。不同解释的影响表现在不同的组织提出不同的要求，以保护工人在新经济中的利益。在任何特定的国家、时代或组织中占主导地位的特定观点或解释框架对国家与劳工的关系有相当大的影响，并最终在形成劳工策略中发挥核心作用。我认为，忽视意义和解释问题会阻碍我们破译英国和美国劳工运动发展的不同模式的起源。

【注释】

[1] 对 20 世纪初美国劳工联合会的商业工会主义的两个出色描述，参见 Michael Rogin, "Voluntarism: The Political Functions of an Anti-political Doctrine," *Industrial and Labor Relations Review* 15, no. 4 (July 1962): 521–35; and Ruth L. Horowitz, *Political Ideologies of Organized Labor* (New Brunswick, N. J.: Transaction Books, 1978), ch. 1.

关于世纪之交的英国劳工策略，参见 G. D. H. Cole, *British Working Class Politics, 1832—1914* (London: Routledge and Kegan Paul, 1965), esp. chs. 8, 11, 12, 14, 19; Sidney Webb and Beatrice Webb, *The History of Trade Unionism* (New York: August M. Kelley, 1965), esp. chs. 10 and 11; and Alan Fox, *His-*

tory and Heritage: *The Social Origins of the British Industrial Relations System* (London: Allen and Unwin, 1985). 有关19世纪末英国工会大会所支持的广泛立法清单, 参见 George Ho well, *Labour Legislation*, *Labour Movements*, *and Labour Leaders* (London: T. Fisher Unwin, 1902), pp. 469-72.

[2] See the following editorials by Samuel Gompers: "Economic Organization and the Eight-Hour Day," *American Federationist* 22, no. 1 (Jan. 1915); "Compulsory Arbitration's Latest Evangelist," *American Federationist* 21, no. 9 (Sept. 1914); "Trade Union Health Insurance," American Federationist 23, no. 11 (Nov. 1916). 还可参见 Horowitz, *Political Ideologies of Organized Labor*, ch. 1.

[3] 参见 Ira Katznelson, *City Trenches*: *Urban Politics and the Patterning of Class in the United States* (Chicago: University of Chicago Press, 1981). 尽管卡兹涅尔森 (Katznelson) 很好地指出了工作与政治的分离, 但他将这种分离的起源定位于19世纪早期资本主义的兴起。相比之下, 直到19世纪最后10年, 我才看到"城市中的界限划分"(city trenches) 真正得以确立。事实上, 我认为工作和政治之间的分离是美国劳工联合会在南北战争后争取法律改革的失败斗争的产物。在19世纪早期, 工人们非常愿意并且能够通过选举和政党政治来表达他们对工作场所问题的关注。我对阶级和政治的另一种划分方式将在本章的其余部分详细阐述。

[4] 关于法国对工人阶级组织的政府监管的讨论, 参见 Julio Samuel Valenzuela, Labor Movement Formation and Politics: The Chilean and French Cases in Comparative Perspective, 1850—1950, unpublished Ph. D. dissertation, Columbia University, 1979; and Chris Howell, *Regulating Labor*: *The State and Industrial Relations Reform in Postwar France* (Princeton: N. J.: Princeton University Press, in press).

关于德国政府劳动法规的讨论, 参见 Mary Nolan, "Economic Crisis, State Policy, and Working-Class Formation in Germany, 1870—1900," in Ira Katznelson and Aristide Zolberg, eds., *Working-Class Formation*: *Nineteenth-Century Patterns in Western Europe and the United States* (Princeton, N. J.: Princeton University Press, 1986). 关于英国、德国和美国的比较研究, 参见 Gary Marks, *Unions and Politics*: *Britain*, *Germany*, *and the United States in the Nineteenth and Early Twentieth Centuries* (Princeton, N. J.: Princeton University Press, 1989).

[5] 关于共谋犯罪理论的讨论, 参见 Hampton L. Carson, *The Law of*

第六章 制度与政治变迁：1820—1896年英国和美国工人阶级的形成

Criminal Conspiracies and Agreements, As Found in the American Cases (Philadelphia: Blackstone, 1887); Francis B. Sayre, "Criminal Conspiracy" 35 *Harvard Law Review* 393 (1922); Edwin Witte, "Early American Labor Cases," 35 *Yale Law Journal* 825 (1926); and Alpheus T. Mason, *Organized Labor and the Law* (New York: Arno and the New York Times, 1969. Originally published in 1925).

许多关于美国劳动法的描述将共谋犯罪理论限制在1806—1842年。具有里程碑意义的联邦诉亨特案（Commonwealth v. Hunt）据说已经结束了共谋的使用，并为美国工人争取了组织工会和罢工的权利。然而，将共谋犯罪理论局限于南北战争前是不正确的。有相当多的证据表明，从19世纪60年代到90年代，这一理论有所复兴。例如，参见Hyman Kuritz, "Criminal Conspiracy Cases in Postbellum Pennsylvania," *Pennsylvania History* 18 (Oct. 1950): 292–301; and Witte, "Early American Labor Cases," pp. 828–32. 关于南北战争前后的法律理论和案例的阐述，参见Victoria Hattam, *Labor Visions and State Power: The Origins of Business Unionism in the United States, 1806—1896* (Princeton, N. J.: Princeton University Press, in press), ch. 2.

[6] 关于英国劳动法规的讨论，参见M. Dorothy George, The "Combination Laws," *Economic History Review* 6, no. 2 (April 1936): 172–8; and John Victor Orth, Combination and Conspiracy: The Legal Status of English Trade Unions, 1799—1871, unpublished Ph. D. dissertation, Harvard University, 1971.

[7] 在以下文章中可以找到关于英国争取国家承认的斗争的精彩记述，H. W. McCready: "British Labour's Lobby, 1867–75," *The Canadian Journal of Economics and Political Science* 22, no. 2 (May 1956): 141–60; "British Labour and the Royal Commission on Trade Unions, 1867–69," *University of Toronto Quarterly* 24, no. 4 (July 1955): 390–409; "The British Election of 1874: Frederic Harrison and the Liberal Labour Dilemma," *Canadian Journal of Economics and Political Science* 20, no. 2 (May 1954): 166–75; Cole, Working Class Politics, ch. 5, esp. p. 55; and Webb and Webb, *History of Trade Unionism*, ch. 5.

美国的情况，参见Victoria Hattam, "Economic Visions and Political Strategies: American Labor and the State, 1865—1896," *Studies in American Political Development* 4 (1990): 82–129; and Kuritz, "Criminal Conspiracy Cases."

[8] 在康奈尔大学（Cornell University）工业和劳资关系图书馆（Industrial and Labor Relations Library）的缩微胶片上查看1870年至1893年纽约工人大会

会议记录。除非另有说明，否则下文中引用均为工人大会会议记录集，后跟年份；McCready,"British Labour's Lobby," pp. 148-159; and Webb and Webb, *History of Trade Unionism*, pp. 280-91.

[9] 纽约州和宾夕法尼亚州分别通过了4部反盗窃法。参见 *Laws of the State of New York*, Chapter 19, 1870; Penal Code Sections 168 and 170, 1881; Chapter 384, 1882; and Chapter 688, 1887; and Laws of Pennsylvania P. L. 1242, 1869; P. L. 1105, 1872; P. L. 33, 1876; and P. L. 230, 1891.

英国的3部法规分别是：Trade Union Act, 35 Viet. c. 31, 1871; the Criminal Law Amendment Act, 35 Viet. c. 32, 1871; and the Conspiracy and Protection of Property Act, 38, 39 Viet. c. 86, 1875.

[10] 例如，参见 Section 168 of the New York Penal Code, 1881; and the Criminal Law Amendment Act, 35 Viet. c. 32, 1871.

[11] 参见[9]中确定的纽约法规。

[12] 许多美国的共谋案件都没有被报道，特别是下级法院审定的。因此，有些案件只能通过当地的报纸和政府报告来确定。以下是迄今为止在纽约州和宾夕法尼亚州确定的南北战争后主要的共谋案件：*Master Stevedores Association v. Walsh*, 2 Daly 1 (NY 1867); *People v. Van Nostrand*, (NY 1868) *Workingmen's Assembly Proceedings*, 1969: 19; Cigar-maker's Union No. 66, Kingston, New York (1868), *Proceedings of the Second Session of the National Labor Union, in Convention Assembled*, New York City, Sept. 21, 1868 (Philadelphia: W. B. Selheimer, 1868), p. 12. Hereafter cited as *NLU Proceedings, Second Session*. See also *Raybold and Frostevant v. Samuel R. Gaul of Bricklayers' Union No. 2*, New York City, NLU . *Proceedings, Second Session*, 1868: 12; *Iron Moulders' Union No. 22 v. Tuttle & Bailey*, Brooklyn, Kings County, New York, 1869, *Workingmen's Assembly Proceedings*, 1870: 23; *Iron Moulders' Union No. 203*, Harlem, New York v. United States Iron Works, 1869, *Workingmen's Assembly Proceedings*, 1870: 23; *Commonwealth v. Curren*, 3 Pitts. 143. (Pa. 1869); *Commonwealth v. Berry et al.*, 1 Scranton Law Times 217 (Pa. 1874); Xingo Parks and John Siney trials, Clearfield County, Pa. (1985), *1875*), *Pennsylvania Bureau of Industrial Statistics* 9: 313-15; *Commonwealth ex re. E. Vallette et al. v. Sheriff*, 15 Phil. 393 (Pa. 1881); D. R. Jones trial, Westmoreland County, Pa. (1881), *Pennsylvania Bureau of Industrial Statistics* 9: 378-83; Miles Mc-

第六章 制度与政治变迁：1820—1896年英国和美国工人阶级的形成

Padden and Knights of Labor trials, Clearfield County (Pa. 1882), *Pennsylvania Bureau of Industrial Statistics* 10 (1881-2): 161-3; *Newman et al. v. the Commonwealth* 34 Pittsburgh Law Journal 313 (Pa. 1886); *People v. Wilzig*, 4 N. Y. Cr. 403 (1886); *People v. Kostka*, 4 N. Y. Cr. 429 (1886); Knights of Labor trials, Allegheny County (Pa. 1887), Kuritz, "Pennsylvania State Government and Labor Controls," 154; *People ex. Gill v. Smith*, 10 N. Y. St. Reptr. 730 1887; and *People ex rel. Gill v. Walsh*, 110 N. Y. 633 (1888); *People v. Radt et al.*, 71 N. Y. S. 846 (NY 1900); *People v. McFarlin et al.*, 43 Misc. Rep. 591, 89 N. Y. S. 527 (Pa. 1904); *People v. Makvirka*, 224 App. Div. 419, 231 N. Y. S. 279 NY 1928); and *People v. Commerford*, 233 App. Div. 2, 251 N. Y. S. 132 (NY 1931).

[13] 例如，参见 *People v. Wilzig*; *People v. Kostka*; and *Newman et al., v. The Commonwealth*.

[14] 参见 *People v. Wilzig*.

[15] Ibid., 415.

[16] 争议的叙述取自威尔齐格的同案被告之一汉斯·霍尔多夫（Hans Holdorf）的审判中的控方论据。每个被告都要求并获得了单独的审判。霍尔多夫检方的陈述在威尔齐格案件报告中重印。参见 *People v. Wilzig*，406-11。

[17] 在英国，设立了特别法庭和终审法庭来审理一些刑事案件。在美国，一些州遵循英国的传统，使用相同的术语来指称其更高的刑事法院。

[18] *People v. Wilzig*, 414.

[19] 参见 the New York cases in note 12.

[20] 参见 Pennsylvania statutes identified in note 9.

[21] 参见 [12] 中的宾夕法尼亚州案例。有关南北战争后宾夕法尼亚州案例的讨论，参见 Kuritz, "Criminal Conspiracy Cases."

[22] 宾夕法尼亚州的法律报告中没有报道韦弗利煤矿工人的案件。尽管如此，可以在 *Pennsylvania Bureau of Industrial Statistics* 9 (1880—1881): 378-82 中找到该实验的记录。See also Kuritz, "Criminal Conspiracy Cases," pp. 298-9; and Witte, "Early American Labor Cases," p. 831.

[23] 我对韦弗利煤矿工人罢工的描述主要基于 *Pennsylvania Bureau of Industrial Statistics* 9: 379-80。不过，就起诉书的具体罪状而言，参见 Kuritz, "Criminal Conspiracy Cases," p. 299.

[24] 参见 Kuritz, "Criminal Conspiracy Cases," p. 299.

[25] 参见 *Pennsylvania Bureau of Industrial Statistics* 9: 380.

[26] Ibid, and Witte, "Early American Labor Cases," pp. 830-1.

[27] 引自 *Workingmen's Assembly Proceedings*, 1886, p. 3; and *Workingmen's Assembly Proceedings*, 1870, p. 23.

[28] 引自 *Workingmen's Assembly Proceedings*, 1886, p. 3.

[29] 引自 *Workingmen's Assembly Proceedings*, 1887, p. 6.

[30] 对纽约劳工领袖对南北战争后共谋定罪的其他投诉,请参见纽约工人大会第19届年会,会上通过了一项决议,谴责"上诉法院决定廉价公寓卷烟法案违宪的行动偏袒资本,不利于劳工"。引自 *Proceedings of the Nineteenth Annual Convention of the Workingmen's Assembly of the State of New York: Held in the City of Albany, N. Y., January 20, 21, and 22, 1885* (New York: Brooklyn Times Print, 1885), p. 20. 有关共谋法适用不平等的其他投诉,参见 *Proceedings of the Twenty-third Annual Convention of the Workingmen's Assembly of the State of New York. Held in the City of Albany, N. Y., January 15-17, 1889* (West Troy, N. Y.: James Treaner, Book and Job Printer, 1889), p. 36; and *Proceedings of the Twenty-fourth Annual Convention, of the Workingmen's Assembly of the State of New York. Held in the City of Albany, N. Y., December 10th to 12th, 1889* (Binghamton, N. Y: O. R. Bacon, 1890), p. 18. 关于司法与政治的危险分离的评论,参见 *Workingmen's Assembly Proceedings 1886*. 最后,纽约劳工统计局在1892年总结了工党对南北战争后共谋审判的看法,当时年度报告声称,目前"向后"修改共谋法的努力导致了目前"我们的劳动阶级认为法律是穷人的敌人。"引自 Hurwitz, *Theodore Roosevelt and Labor*, p. 53.

劳工领袖也谴责南北战争后宾夕法尼亚州的共谋定罪。例如,在1875年西尼(Siney)和帕克斯(Parks)审判之后,*National Labor Tribune* 宣布"我们再重复一遍,没有开一枪,没有使用一根棍子,没有一个人受伤,没有一所房子被烧毁,没有一美元价值的财产被毁坏,然而30个人被审判和定罪;其中4人被判入狱一年,永远名誉扫地。伟大的天堂!暴乱发生在哪里,共谋在哪里?在法律暴徒的心中,他们把这些可怜的人抓进了监狱,而不是别的地方!"引自 *National Labor Tribune*, June 26, 1875, in Edward Killeen, "John Siney: The Pioneer in American Industrial Unionism and Industrial Government," unpublished

第六章 制度与政治变迁：1820—1896年英国和美国工人阶级的形成

Ph. D. dissertation, University of Wisconsin, 1942, p. 297. For additional protests against the postbellum Pennsylvania conspiracy convictions, see also Kuritz, "Pennsylvania State Government and Labor Controls," p. 58.

对于纽约案例的证实以及科罗拉多州和伊利诺伊州的类似发展情况，参见 Forbath, "Shaping of the American Labor Movement," 102 *Harvard Law Review*, 1109 (1989).

[31] 关于对工时、工资和工作条件的劳动立法的司法审查的讨论，参见 Fred Rogers Fairchild, *The Factory Legislation of the State of New York* (New York: Macmillan, 1905), chs. 1-7; Howard Lawrence Hurwitz, *Theodore Roosevelt and Labor in New York State, 1880—1900* (New York: Columbia University Press, 1943), chs. 2-3; Benjamin R. Twiss, *Lawyers and the Constitution: How Laissez Faire Came to the Supreme Court* (New York: Russell and Russell, 1962), chs. 4-6; and Forbath, "Shaping of the American Labor Movement," part 11.

[32] 代表斯特拉瑟、沙利文（Sullivan）和比尔曼都建议，既然共谋如此重要，应该将其添加到计划中。然而，这遭到反对，理由是代表已被指示按照最初提议的方式在平台上投票，并且无法裁决全新的修正案。参见 *A Verbatum [sic] Report of the Discussion on the Political Programme at the Denver Convention of the American Federation of Labor, December 14, 15, 1894* (New York: The Freytag Press, 1895), pp. 15, 17, 62.

[33] 引自 *Verbatum [sic] Report of the Political Programme*, pp. 21-22, emphasis added.

[34] 引自 *Verbatum [sic] Report of the Political Programme*, pp. 19-20.

[35] Generally see Samuel Gompers, *Seventy Years of Life and Labor* (New York: E. P. Dutton, 1925), vol. 2, ch. 11. 关于冈珀斯政治活动的评论，参见 Harold Livesay, *Samuel Gompers and Organized Labor in America* (Boston: Little, Brown, 1978), ch. 4.

[36] 我对卷烟制造商进行廉价公寓改革运动的描述来自 Gompers, *Seventy Years*, pp. 186-98; Fairchild, *Factory Legislation*, ch. 2; and Bernard Mandel, *Samuel Gompers: A Biography* (Yellow Springs, Ohio: The Antioch Press, 1963), pp. 29-33. 从罗斯福的角度对这些相同事件进行的有趣讨论，参见 Hurwitz, *Theodore Roosevelt and Labor*, pp. 79-89.

215

结构化的政治：比较分析中的历史制度主义

[37] 参见 Fairchild, *Factory Legislation*, ch. 2; and *In Re Jacobs*, 98 N. Y. 98 (1885).

[38] Gompers, *Seventy Years*, p. 194.

[39] Ibid., p. 197.

[40] 参议院调查普尔曼罢工前德布斯的证词，可参见 *The Report on the Chicago Strike of June – July 1894 by the United States Strike Commission* (Washington, D. C.: Government Printing Office, 1895), pp. 129–80. See also Nick Salvatore, *Eugene V. Debs: Citizen and Socialist* (Urbana: University of Illinois Press, 1982), esp. ch. 5.

[41] 参见 Joseph Rayback, *A History of American Labor* (New York: Free Press, 1959), ch. 16.

[42] 参见 the Trade Union Act, 35 Viet. c. 31, 1871; and the Conspiracy and Protection of Property Act, 38, 39 Viet. c. 86, 1875.

[43] 关于涉及财产共谋和保护法的英国案例，参见以下内容：*Judge v. Bennett*, 1887, 52 J. P. 247; *R. v. McKeevit*, 1890, Liverpool Assizes, December 16 unreported, discussed in Hedges and Winterbottom, *Legal History of Trade Unionism*, 122; *Gibson v. Lawson*, 1891, 2 Q. B. 547; *Curran v. Treleaven*, 1891, 2 Q. b. 553; *Pete v. Apperley*, 1891, 35 S. J. 792; *R. v. McKenzie*, 1892, 2 Q. B. 519; *Lyons v. Wilkins*, 1899, 1 Ch. 255; *Walters v. Green*, 1899, 2 Ch. 696; *Charnock v. Court*, 1899, 2 Ch. 35; *Smith v. Moorfy*, Div. Ct., 1903, 1 K. B. 56; *Ward, Lock & Co. v. Printers' Assistants Society*, 1906, 22 TLR 327.

[44] 参见 *Curran v. Treleaven*, 1891, 2 Q. B. 553; and *Gibson v. Lawson*, 1891, 2 Q. B. 547.

[45] *Curran v. Treleaven*, 536.

[46] Ibid., 554–6.

[47] Ibid., 563.

[48] Ibid., 560.

[49] Ibid., 560.

[50] 有关17世纪社会妥协的讨论，参见 Christopher Hill, *The Century of Revolution, 1603—1714* (New York: Norton, 1961); and Mauro Cappelletti, *Judicial Review in the Contemporary World* (New York: Bobbs-Merrill, 1971), esp. chs. 1, 2.

第六章 制度与政治变迁：1820—1896年英国和美国工人阶级的形成

[51] *Quinn v. Leathern*, 1901, A. C. 495; *Taff Vale Railway Co. v. Amalgamated Society of Railway Servants*, 1901, A. C. 426; and *Osborne v. Amalgamated Society of Railway Servants*, 1901, 1. Ch. 163; 1910, A. C. 87.

[52] Webb and Webb, *History of Trade Unionism*, 595-6.

[53] 有关代表性行动的讨论，参见 R. Brown, "The Temperton v. Russell Case (1893): The Beginning of the Legal Offensive against the Unions," *Bulletin of Economic Research* 23, 1 (May 1971): 55-6, 58-9, 66; and Webb and Webb, *History of Trade Unionism*, p. 601 and notes.

[54] Webb and Webb, *History of Trade Unionism*, pp. 601-2.

[55] The Trades Disputes Act, 6 Ed. Vll c. 47 foreclosed the loophole. 关于这个法案的讨论，参见 Hedges and Winterbottom, *Legal History of Trade Unionism*, pt. 11, chs. 4, 5. 有关塔夫谷和工党的讨论，参见 Henry Pelling, *A History of British Trade Unionism* (Suffolk: Penguin, 1963), ch. 7.

[56] 这一论点主要借鉴了韦德伯恩勋爵的著作。例如，参见 Lord Wedderburn, "Industrial Relations and the Courts," *Industrial Law Journal* 9, 2 (June 1980): 65-94.

[57] 参见 Wedderburn, "Industrial Relations and the Court"; Roy Lewis, "The Historical Development of Labor Law," *British Journal of Industrial Relations* 14, 1 (1976); and Brown, "The Temperton v. Russell Case."

[58] 1834—1849年，纽约州、新泽西州、新罕布什尔州、康涅狄格州和马萨诸塞州建立了义务公共教育。1842年前，康涅狄格州、新泽西州、宾夕法尼亚州、新罕布什尔州、马萨诸塞州和俄亥俄州废除了债务监禁。1835年为费城公共部门雇员，1840年为所有联邦雇员，1840年为所有宾夕法尼亚州工人，即使不是在实践中，至少是在理论上建立了10小时工作制。纽约于1830年和1841年通过了两项留置权法律。最后，杰克逊总统在1832年对国家银行的否决，1838年纽约自由银行法案，以及1840年范布伦的独立国库法案都被认为是金融改革生产者计划的重要胜利。

对于将这些政治胜利与劳工联系起来的讨论，参见 John R. Commons, *History of Labor in the United States* (New York: Macmillan, 1936), vol. 1, ch. 2, p. 220. and Rayback, *A History of American Labor*, chs. 6 and 7.

[59] 关于南北战争前工人们对共谋定罪的沉默回应的更多讨论，参见 Hattam, *Labor Visions and State Power*, ch. 3.

[60] 尤其是加雷思·斯特德曼·琼斯（Gareth Stedman Jones），他是这一领域的先驱。参见 "Rethinking Chartism," in his book *Languages of Class: Studies in English Working Class History, 1832—1982* (Cambridge: Cambridge University Press, 1983). See also John Smail, "New Languages for Labour and Capital: The Transformation of Discourse in the Early Years of the Industrial Revolution," *Social History* 12, no. 1 (Jan. 1987): 49-71; and Fox, *History and Heritage*, esp. ch. 3.

为了在美国按照这些思路开展工作，参见 Howard B. Rock, *Artisans of the New Republic: The Tradesmen of New York City in the Age of Jefferson* (New York: New York University Press, 1979); David Montgomery, "Labor and the Republic in Industrial America: 1860—1920," *Le Mouvement Social* 111 (1980): 201-15; Bruce Laurie, *Working People of Philadelphia, 1800—1850* (Philadelphia: Temple University Press, 1980), ch. 4; Alan Dawley, *Class and Community: The Industrial Revolution in Lynn* (Cambridge, Mass.: Harvard University Press, 1976); Paul Faler, *Mechanics and Manufacturers in the Early Industrial Revolution: Lynn, Massachusetts, 1780—1850* (Albany: State University of New York Press, 1981); and Sean Wilentz, *Chants Democratic: New York City and the Rise of the American Working Class, 1788—1850* (New York: Oxford University Press, 1984), chs. 2, 4. 然而，这些研究没有对阶级的概念进行充分的反思。这些研究中的每一项都只是对"到19世纪30年代中期，劳资对立是社会的核心分裂因素"这一观点进行了修正，但最终还是坚持了这一主张。相比之下，我认为直到南北战争后，社会分化和阶级意识更多地受到18世纪观念的影响。

有关共和主义原则的一般说明，参见 J. G. A. Pocock, *Politics, Language and Time: Essays on Political Thought and History* (New York: Atheneum, 1973). 美国的情况，参见 Bernard Bailyn, *The Ideological Origins of the American Revolution* (Cambridge, Mass.: Harvard University Press, 1967).

[61] 引自 Stedman Jones, "Rethinking Chartism," p. 109.

[62] 引自 *The Man* 1, no 37 (April 3, 1834): 146. 虽然他没有从18世纪历史遗产的角度讨论工人的抗议，但佩森也注意到了工人纲领中赋予政治的结构性作用。参见 Edward Pessen, *Most Uncommon Jacksonians: The Radical Leaders of the Early Labor Movement* (Albany: State University of New York Press, 1967), ch. 9.

第六章　制度与政治变迁：1820—1896 年英国和美国工人阶级的形成

［63］引自 Stephen Simpson, *The Working Man's Manual: A New Theory of Political Economy on the Principle of Production the Source of Wealth* (Philadelphia: Thomas L Bonsai 1831), p. 64. 关于劳动价值论在二手文献中的精彩论述，参见 Bruce Laurie, *Working People of Philadelphia, 1800—1850* (Philadelphia: Temple University Press, 1980), pp. 76-8; and Wilentz, *Chants Democratic*, pp. 157-8.

［64］引自 *The Man* 1, no. 57 (April 26, 1834): 231.

［65］引自 *The Man* 1, no. 29 (March 25, 1834): 111.

［66］引自 *The Man* 1, no. 38 (April 4, 1834): 149 and no. 59 (April 29, 1834): 239. 另参见 vol. 1, no. 21 (March 15, 1834): 81.

［67］韦布斯（Webbs）和索尔夫森（Tholfsen）都将19世纪早期的运动描述为"原社会主义者"。参见 Webb and Webb, *History of Trade Unionism*, p. 161; and Tholfsen, *Working Class Radicalism*, p. 86.

［68］有关生产者联盟的更多证据，尽管以不同的分析方式呈现，参见 Asa Briggs, "Thomas Attwood and the Economic Background of the Birmingham Political Union," *Cambridge Historical Journal* 9, no. 2 (1948): 190-216; Trygve R. Tholfsen, "The Artisan and Culture of Early Victorian Birmingham," *University of Birmingham Historical Journal* 3 (1951-2): 146-66.

［69］有关纽约和宾夕法尼亚工人政党及其计划的讨论，参见 Pessen, *Most Uncommon Jacksonians*, chs. 2, 7-12; Wilentz, *Chants Democratic*, ch. 5; and Laurie, *Working People of Philadelphia*, ch. 4. 有关反对国家银行的例子以及对金融和信贷讨论的主要来源，参见 Simpson, *Working Man's Manual*, ens. 7-12, 16, 17; and *The Man* 1, no. 2 (Feb. 20, 1834): 2; no. 8 (Feb. 28, 1834): 1; and no. 27 (March 22, 1834): 105.

［70］纽约工人党内部开发了三个不同的平台。For Skidmore's platform, see the "Report of the Committee of Fifty"; for the John Commerford platform, see the "Proceedings of a Meeting of Mechanics and Other Working Men, held at Military Hall, Wooster Street, New York, on Tuesday evening, Dec. 29, 1829," and for the Robert Dale Owen position, see the minority report of the subcommittee on education, 1830. 这三份报道均已转载于 John R. Commons et al., eds., *A Documentary History of American Industrial Society* (Cleveland: Arthur H. Clark, 1910), ch. 5, pp. 149-68.

[71] 有关阿特伍德对金融和信贷看法的讨论，参见 Briggs, "Thomas Attwood and the Economic Background of the Birmingham Political Union," pp. 204-11.

[72] 参见 Wilentz, *Chants Democratic*, ch. 5.

[73] 奥康纳和"有形力量"的宪章主义者经常受到特别关注，因为他们更激进地要求通过与中产阶级改革者决裂并在必要时使用暴力来实现普选权。同样，斯基德莫尔在纽约工人党最初的纲领中提出的财产再分配建议被认为是南北战争前纽约工人阶级意识已经出现的决定性迹象。事实上，宪章派和工人党内不支持这些更激进的要求的派别经常被学者们视为中产阶级改革者的声音，他们渗透到运动中并让工人偏离了他们的真实路线。例如，英国的威廉·科贝特（William Cobbett）、理查德·卡莱尔（Richard Carlisle）和阿特伍德以及美国的罗伯特·戴尔·欧文（Robert Dale Owen）和诺厄·库克（Noah Cook）经常被历史学家描述为将工人从经济问题和财产关系转向货币、合作社与教育改革问题的人。只有部分抗议运动被认为是真实的，并被认为代表了工人阶级的真正利益。

关于奥康纳和"身体力行"的宪章主义者的讨论，参见 Trygve Tholfsen, "The Chartist Crisis in Birmingham," *International Review of Social History* 3 (1958): 461-80; Clive Behagg, "An Alliance with the Middle Class: The Birmingham Political Union and Early Chartism," and Jennifer Bennett, "The London Democratic Association 1837-41: A Study in London Radicalism," both in James Epstein and Dorothy Thompson, eds., *The Chartist Experience: Studies in Working Class Radicalism and Culture, 1830—1860* (London: Macmillan, 1982).

关于斯基德莫尔和他的观点的讨论，参见 Wilentz, *Chants Democratic*, ch. 5. 然而威伦茨高估了斯基德莫尔的权力，并认为工人党内的其他派系不真实。关于威伦茨解释的评论，参见 Hattam, *Labor Visions and State Power*, ch. 3.

[74] 参见 Victoria Hattam, "Economic Visions and Political Strategies."

[75] 在纽约工人大会要求国家保护组织工会权利时，劳工骑士团基本上无视共谋法，而是要求对资本进行更强的监管。金融改革、州际商业监管和反垄断政策是劳工骑士团政治计划的支柱。与工人的集会平台不同，劳工骑士团在政治上获得了更大的成功，因为格兰杰法律、法定货币法案和州际商业委员会没有不断受到法院的侵蚀。可以肯定的是，劳工骑士团的要求并没有完全免除司法解释；然而，劳工骑士团的司法失败更容易被逆转，因为法院让位于联邦和州一级的新立法倡议。

第六章 制度与政治变迁：1820—1896年英国和美国工人阶级的形成

劳工骑士团的政治要求遇到的司法障碍比工人们的少，主要是因为他们没有对现有的法律理论和实践提出重大挑战。例如，当劳工骑士团在1886年的大会上真正讨论共谋问题时，"共谋法特别委员会"并没有呼吁废除共谋法，而是建议将共谋法"诚实公正地适用于"聚集财富的"组合"和"贪婪的组织"。因此，劳工骑士团并没有要求法院放弃他们的权力，而是呼吁将共谋法的适用范围扩大到雇主的联合会。参见 Hattam, "Economic Visions and Political Strategies," pp. 119-24.

第七章 观念与有限创新的政治

玛格丽特·韦尔（Margaret Weir）

长期以来，社会科学研究者一直饶有兴趣地讨论观念对政府行为的影响。在韦伯的经典论述中，创新观念可以创造新的"世界景象"（world images），并从根本上重塑利益斗争的条件。[1]半个世纪后，凯恩斯希望彻底改变有关政府和经济的思考，提出了著名论断，"与观念的渐进侵蚀相比，既得利益的力量被严重夸大了"。[2]

这种观点受到了认为物质利益而非观念才是政策变迁的真正动力这一论点的挑战。那些强调观念作用的研究者往往没有准备好回应批评，因为他们通常很少关注观念是如何变得有影响力的，为什么一些观念会战胜另一些观念，以及为什么某些观念会在特定时期流行起来。[3]在本章中，我认为简单地将观念与物质利益相对立，会排除许多关于政策创新的有趣问题。相反，我们需要通过审视观念与政治之间的契合度，辨别其如何以及为什么随时间推移而变化，来理解观念是如何变得有影响力的。要做到这一点，方法是在政策制定的制度背景下，追踪观念和物质利益的发展和影响途径。

我通过考察从罗斯福新政到里根政府时期美国就业政策的发展来探究这些问题。就业政策可以作为一个绝佳领域，用以探索政治和观

我要感谢斯坦莫和西伦对本章的有益评论。

念如何组合产生政策创新，以及某些观念无法影响政策的原因。就业政策包括一系列形式独立但内容相关的举措，旨在影响宏观经济条件和劳动力市场的运作。[4]20世纪30年代后，美国就业领域的相关政策表现出相当大的创新，且往往出人意料。然而随着时间的推移，创新的范围逐渐变窄，到了20世纪80年代，有关政府采取行动解决就业问题的提议在政策辩论中明显处于不利地位。

在更广泛的历史轨迹中，支持政府在就业中发挥作用的论点逐渐失势，这种周期性创新模式的原因何在？为了回答这个问题，我将阐释随着时间的推移，观念和政治的相互作用是如何形成一种"有限创新"模式的，在这种模式中，一些观念越来越不可能影响政策。这一观念范围收窄进程的核心是制度的建立，制度的存在引导了观念流动，为政治行动者提供了激励，并有助于确定政策选择的政治意义。我认为，当支持政府行动的观念在20世纪70年代遭受攻击时，这些限制削弱了他们的辩护力。

一、解释美国的就业政策模式

美国就业政策中独特的创新模式和限制所引发的问题需要一种研究方法，该方法既能探究通常被视为相互独立的政策领域之间的关系，又能够理解导致就业政策沿着特定路径发展的历史脉络。这项任务定义了一个广泛的研究重点，虽在政策的个案研究中并不常见，但它引起了广泛的美国政治理论建构和一般决策模式所关注的问题。通过研究每一种方法在决策方面告诉我们的内容以及未说明的内容，我们可以建立一个研究策略来解释政策界限和创新的可能性。

（一）作为政策解释的价值观与权力观

广泛的美国政治理论考察了文化规范或社会利益的力量，强调了美国政权的固有特征对创新的限制。美国政治文化中根深蒂固的价值观常常被用来解释美国社会和经济政策的独特性。[5]尤其是两种文化特征被认为塑造了美国政策。第一种是路易斯·哈茨（Louis Hartz）所说的"美国的自由主义传统"（the liberal tradition in America），这是一种深深植根于美国政治性格中的反国家主义的个人主义政治倾向；第二种是普遍存在的职业道德，即通过个人努力来实现进步。[6]

这种广义上的文化视角对政策的解释非常有限，因为它们不足以解释特定政策的形式与时间的变化。尽管从托克维尔开始，美国政治的观察者们一直被美国国家性格中烙印着的反国家主义、个人主义和职业道德的特点所震惊，但随着时间的推移，与这些价值观相关的社会和经济政策已经发生了实质性变化。在过去的半个世纪里，随着重大政策举措的颁布，联邦政府在提供社会福利方面的作用显著提升。同样，职业道德也体现在不同的政策中。有时，职业道德有助于证明支持充分就业的正当性，即为所有想工作的人提供工作；有时，职业道德主要表现为对"工作福利"（workfare）计划的支持，其中工作被强制作为获得福利的条件。[7]在这些对美国政治的描述中，价值观如何以及为什么以特定的方式被表达仍没有得到解答。

另一种方法是权力的解释，指向社会利益对政策制定的影响。这种解释的一种变体确定了企业在美国政治和政策中不成比例的影响；而另一种变体关注政治联盟的活动。这些解释提供了对政策变迁的更多见解，但与价值观方法一样，它们在解释新政策的出现及其类型方面能力欠佳。

强调企业力量的解释考察了两个主要行动者，即企业与劳工。这种观点不仅忽视了其他群体经常发挥的关键作用，而且对企业和劳工利益的性质做出了不必要的假设。因为它将利益和生产方式联系在一起，所以它假定企业与劳工之间具有共同的利益，反之则假定企业和劳工之间存在对立。事实上，在支持不同类型的就业措施方面，跨国企业和单个国家内的企业差别很大；劳工在这些问题上的立场同样各有不同。[8]认定企业和劳工必然在就业政策上发生冲突的假设也存在问题。在凯恩斯主义、劳动力市场政策或产业政策等问题上，企业或企业部门能够从政府干预中获利，劳工与企业之间的零和冲突假设具有误导性。

经济部门或联盟理论通过根据经济利益将企业和劳动力以及其他

相关经济群体（如农业）划分为不同的部门，来解决其中的一些问题。[9]尽管这些解释进行了更细致入微的分析，但它们也忽视了决策的重要特征。由于假定观念是通过有影响力的社会群体进入政治的，所以经济联盟理论忽视了新观念在促使现有群体重新思考其利益，以及形成在旧观念体系下不可能形成的联盟方面所能发挥的更加独立的作用。此外，它们经常忽视政治和政策制定机构如何影响一个群体影响政策的能力，以及塑造不同利益集团形成政策联盟的可能性。[10]

经济联盟理论中的这些缺陷表明，经济利益在政策形成过程中所起的作用在很大程度上是中介性的，要想理解政策，就必须了解经济利益与政治选择之间的联系。强调这些联系的重要性并不意味着解释时应忽视经济利益所发挥的作用，也并不是否认政策结果可能会使某些群体过多受益而使另一些群体利益受损。然而，这实际表明，不能根据企业高管或其他经济上强大的利益集团的声明来假定其对政策有控制权。相反，政策解释需要考察围绕政策展开的政治冲突如何使得某些利益定义战胜其他利益定义。这就需要了解不同群体是如何形成自身政策利益的特定认知的，以及政策辩论的舞台是如何影响联盟形成的。

（二）政策制定的一般理论

与广义的政治理论相比，政策制定的一般理论很少论及政策的界限；相反，它们认为政策制定是一个具有多重决定因素的过程，没有系统性的限制。它们没有确定美国政治或文化的主要持久性特征，而是试图根据典型的决策模型来解释结果。这些模型通常将不同的因素确定为决策的核心要素，并且对这些要素如何融合以产生政策有不同的看法。然而，它们的共同点是，它们对政策创新的看法不受美国政治或文化中那些根深蒂固的特征的系统性限制。

约翰·金登（John Kingdon）最近提出了一种在美国颇具影响力的政策制定研究方法。[11]金登提出了一种"垃圾桶"（garbage can）决策模型的变体，在这种模型中，几个独立的过程合并在一起产生政策。[12]他指出，一项政策要在国家议程上占据一席之地，必须汇集三个"流":问题流、政策流和政治流。这些流彼此间相互独立,它们的合并从根本上说是不可预测的。新问题或重大政治变革的出现是合并这些流最常见的先决条件,但它们的融合往往取决于有技巧的政策企业家的行动。

金登的模型提供了一种思考创新发生条件的方式,但因为它是非历史性的,所以在许多方面不太稳定。这个模型的局限性在于金登认为问题流、政策流和政治流本质上是独立的。相反,从历史的角度来看,随着时间的推移,这些流以重要的方式相互联系在一起。较早时期的政策可能影响到以后的每一项政策。问题是什么以及如何定义问题的概念,往往取决于先前的政策,这些政策将某些群体确立为特定领域的权威,并使其他观点变得不那么可信。早期的政策也为政治家和政策制定者提供了可供类比的范例,使他们据此对未来政策进行评判。[13]同样,针对一个问题的适当解决办法的范围也可能受到早期政策的影响,这些政策通过提供资金和其他资源来引导研究沿着特定方向进行。某一时期出台的政策也可能对以后的政治施加强有力的影响。

这些问题流、政策流和政治流随着时间的推移而联系在一起的方式的例子,并不意味着过去是未来可能发生的事情的唯一决定性因素。相反,它们显示了在某一时刻采取的行动如何能够使一些未来的看法和决定比其他的更合理。需要从历史的角度来理解早期政策和政治引导观念和行动的方式。

(三)有限创新的政治

我采取的方法旨在理解美国政策制定中的创新与限制。这一目标引导着我们关注观念、政治制度、政治行动者、专家网络和社会利益之间的各种联系,而这些联系往往在以文化或利益为基础的决策过程中被忽视。但这也要求我们了解,随着时间的推移,一些政策途径即使没有被完全切断,也会越来越阻塞。我提出的核心问题包括:社会现象如何成为"政策问题",以及对问题的特定理解如何出现以指导政策制定?这种理解如何影响群体确定其政策利益的方式,并在这个过程中促进一些联盟并阻止其他联盟？

回答这些问题需要一种从根本上来说基于历史的研究方法，即随着时间的推移寻找政策之间的联系。这种观点对理解创新机会是如何出现的，以及评估在任何特定时刻可供选择的政策范围而言至关重要。这种方法固有的理念是，个别创新是"创新序列"的一部分，在这一序列中，制度发展使对问题的某些解释更具说服力，并使一些前瞻性政策在政治上比其他政策更可行。[14]政策序列概念的基础是"路径依赖"概念：某一时间点上的决定可以通过将政策推向特定轨道来限制未来的可能性，观念和利益沿着这个轨道发展，制度与策略也随之调整。[15]

要理解一个序列是如何发展的，不仅需要考察创新的直接前因，还需要考察在形式上被归类于其他领域的政策，尽管这些政策可能会塑造问题本身、人们对问题的思考或问题的政治性。[16]这需要对政治进行广泛的观察，以理解不同政治和政策领域的发展如何发生碰撞，进而产生无法被单个行动者轻易预测或控制的结果。这种碰撞可能会成为一个政策序列的转折点，为寻求推广新观念和不同政治愿景的政治行动者创造机会。[17]

官僚招聘的模式、联邦政府内部晋升的程序以及联邦政府对社会群体的渗透，都有利于在国家政策制定中考虑创新观念。美国招聘"内部人员和外部人员"的做法，为引入看待问题的新方法提供了适宜的环境，因为这些人的主要身份认同和职业发展前景在于他们的专业能力。与强调遵守既定公务员规范的严格指导方针来管理政府招聘的系统相比，美国联邦官僚机构经常从政府外部引进新的观念。[18]美国政治制度的这些特征意味着，各种各样的观念都有影响美国政策的机会。由先前存在的利益集团和专业团体提出与倡导的观念可能会出现在政策议程上。

但是，由于美国政治家在考虑和征求一系列观念方面有很大的自由度，所以我们还必须研究其选择背后的独特激励因素。美国政治的两个特征为政党与总统评估政策选择的条件提供了线索。第一个特征是国家政治制度的碎片化结构，这为动员反对派提供了大量机会。动员反对派的便利性鼓励政治家们缩短时间跨度，使短期联盟成为美国政策制定的基础。这种安排不鼓励人们关注制度的长期影响。影响政治家对政策进行评估的美国政治的第二个特征是联邦制，它可以给政策的实施制造巨大的政策和程序障碍。联邦制度不同层次谈判的需要影响了政治行动者决定如何实现政策目标，或实际上是否有可能实现这些目标。

短期内取得成果的需要促使政党和总统围绕具体问题组建临时联盟，并通过广泛但表面且往往含混不清的呼吁来获得普遍的公众支持。[19]尽管这种呼吁产生的支持可能是分散且短暂的，但它满足了即时的政治需要。[20]在这种背景下，依赖于改革现有制度或建设新制度能力的政策的吸引力不如通过现有制度输送分配利益的政策、完全绕过现有制度的政策或那些依赖私人活动的政策，因为它们可能更容易启动。依靠新渠道或私人行动者来实施政策，也有助于解决联邦制度带来的障碍。由于缺乏考虑政策的长期影响的动机，所以有助于政策通过的策略实际上会破坏维持政策方向所需的长期政治联盟和持久性制度。

政策观念可能会进入国家议程甚至被政治家选中，但除非它们建立了支持联盟，否则它们很容易受到政治攻击。这种支持联盟对允许政策管理员"从错误中吸取教训"并相应地修改政策而言至关重要。它还允许政策制定者重新设计政策以便应对新情况。

我认为这种政治联盟是政治过程的产物，而不是预先存在的偏好。[21]这种观点假定政策利益可以用不同的方式来界定，以便几个不同的政策可以与同一个群体的利益相容：潜在的社会群体成员并不总是知道他们在特定政策领域的利益；此外，现有群体在他们的政策利益方面可能存在分歧或矛盾。这就意味着，不能想当然地认为一个群体是围绕支持一套特定的政策偏好而形成的；相反，必须询问为什么一项政策比另一项政策更受青睐。[22]

影响群体如何定义其政策利益以及他们加入哪些联盟的有力因素

之一是政治制度的组织。在这一点上，政治体系中聚集利益的相关制度，特别是政党制度和立法制度，处于核心位置。通过引导群体在政治与政策制定中的互动方式，这些制度极大地影响了不同群体认识共同利益和构建政治联盟的可能性，并经常决定这种联盟是否必要。

影响群体定义其利益的另一个因素是政策的打包方式。将政策概念化为一揽子计划的一部分，通过确定其与过去政策和当前国家议程上的其他项目的关系，有助于将其定位在更广泛的政治冲突框架内。这种利益识别有益于改变利益的定义。例如，20世纪60年代末，当城市骚乱取代和平游行时，将反贫困战争确定为"黑人"的计划削弱了白人的支持。从这种关系的角度思考政策有助于理解支持和反对的模式，因为一项政策不太可能简单地根据其本身来判断；相反，它将被视为看似相关的一系列政策的一部分。政策打包的方式在保持广泛支持或接受以保护其免受挑战方面发挥重要作用。

政治家试图影响这些群体利益识别和联盟形成的过程，但各种强大的惯性力量限制了他们的能力。依附于既定政策的利益可能会阻碍之后按照新路线重组政策的努力。[23]最初提出政策时的政治条件也可能会阻碍之后动员支持的努力。例如，如果最初是基于政策的有效性而赢得了社会支持，那么以公民权利等不同理由维持支持的努力将困难重重。同样，有关政策实施的初始决定可能会影响日后维持支持性联盟的可能性。政策执行阶段出现的问题可能会削弱对政策的支持，因为即使政策在本质上是可取的，但也可能会被质疑其副作用大于益处而受到影响。在极端情况下，执行不力的政策可能会被削弱支持，以至于政策目标被认为完全不属于公共政策范畴。[24]

政治家获取政策支持的努力，同样受到其无法控制的事件的限制，例如社会运动、经济变化或国际政治发展等。这些事件往往与某一特定政策只有间接联系，但仍可能对该政策的定位产生重要影响。这类事件可以通过创造一个新的背景，改变一项政策的意义，将它与一系列不同的问题联系起来，并将其命运与新的力量产生关联。

当我研究美国就业政策的发展时，我强调了制度在引导观念和利益发展方面的作用。我首先解释了为何美国的政策制定制度在大萧条时期鼓励考虑一系列新观念，但最终采纳的是那些倾向于政府在就业领域采取有限行动的观点。然后，我分析了制定经济政策的新制度如何为观念与利益的后续发展划定界限。我认为，这些适应措施使重新定位政府在就业中的角色很难获得支持。20世纪70年代后期，政策制定者显然无法重新调整政府行动，这就为以市场为导向的方法解决就业问题铺平了道路。

二、为就业政策设置界限

罗斯福新政最重要的创新之一是使用"原始凯恩斯主义"（proto-Keynesian）支出政策来解决失业问题。[25]这些政策从根本上挑战了早先的观念，即认为失业是一种自愿现象且政府对此几乎无能为力。它们的命运揭示了美国政治体系中的创新是如何发生和成形的。

（一）引入创新

要理解20世纪30年代支持消费观念的发展及其对政策的影响，关键在于理解美国国家制度的组织架构。当罗斯福在1933年成为总统时，控制财政的行政权力属于预算局，这是一个10年前才成立的不起作用的小机构。[26]行政部门内唯一的最高权力机构是总统，但他没有办法将单一观点强加给联邦官僚机构，并且罗斯福在任何情况下都更喜欢在他自己的政府内进行自由的观点争鸣。[27]事实上，他几乎不参考现有的公共管理结构，而是设立了各种各样的特设咨询小组和应急机构，从而加剧了这种碎片化。

这种碎片化鼓励了行政部门内部持有不同的政策观点；联邦官僚机构内部缺乏中央集权，这使志同道合的政策倡导者能够在联邦政府内部创建小团体，并建立跨机构的关系网络。部门招聘和晋升系统增强了他们构建此类小团体的能力，使机构负责人有相当大的空间选择与塑造他们认为合适的员工。美国公务员制度对这种招聘方式几乎没有构成任何阻碍：尽管10年前就实施了长期争取而来的改革措施，但公务员制度相对薄弱,经常被罗斯福新政的机构绕过。[28]

支持消费的观念就是这样发展起来的。1934年,特立独行的犹他州银行家、美国联邦储备系统(简称美联储)主席马里纳·埃克尔斯(Marriner Eccles)带着一套极不正统的经济复苏观点来到华盛顿;与反映东部利益的银行业和金融界的主流观点不同,埃克尔斯并不执着于平衡预算的神圣性。相反,他认为由政府支出有意造成的公共赤字将通过增加购买力来促进经济复苏。[29]

埃克尔斯通过将知识分子盟友带入官僚机构并绕过既定等级制度,打破了美联储的保守倾向。[30]他聘请了前哈佛大学经济学讲师劳克林·柯里(Lauchlin Currie)做他的助手,柯里自1930年以来一直在坚持关于赤字的原始凯恩斯主义思想。[31]埃克尔斯对非正统经济观点的倡导同样开始吸引其他政府机构的盟友,其中最著名的是农业部部长亨利·华莱士(Henry Wallace)和工程进度管理员以及罗斯福的心腹哈里·霍普金斯(Harry Hopkins)。

机构负责人在招聘员工时享有的自由裁量权以及他们在行政部门内部的相对自主权,对支出策略的出现而言至关重要。随着时间的推移,支持支出策略的分散的声音产生了联系,吸纳了志同道合的盟友,并转化了那些可能认同他们观点的人。随着这些关系网络变得越来越强大,支持他们政策建议的理论和实践论据也越来越多。

国家制度的渗透性和碎片化有助于解释这些观念是如何发展起来并在政府内部获得支持的,但它们并不能解释为什么这种与平衡预算这一传统观念截然不同的观念能够在政治上变得可行。为了理解这一点,我们必须思考政治行动者如何调和观念与政治之间的关系。

正如霍尔和金在本书中所指出的,政党可以在连接观念与政治方面发挥关键作用;在政党制度强大的国家,政党竞争会激励政策创新。然而在美国,政党组织过于分散,无法以可预测或一致的方式承担这一角色。[32]因此,总统个人在确定问题和制定政策议程时往往有相当大的回旋余地。政治与行政之间的自由关系强化了总统的作用,这种关系允许美国总统例行公事地从不同层次的官僚机构征求意

197

结构化的政治：比较分析中的历史制度主义

见。他们很少限制自己同那些处于顶端的人互动，这在那些按照更严格的等级制度规范运作的体系中是司空见惯的。[33]

总统角色的重要性在20世纪30年代采纳支出策略的决定中显而易见。这一决定不是政党会议事先制定的立场的产物，也不是主要官僚行动者制定的。相反，这些观念是在主流政治和政策智慧的外围发展起来的，它们成功地吸引了重要的总统顾问的注意。

但即使有强大的关系网络支持支出策略，罗斯福也不太可能转向他认为具有政治破坏性的路线。尽管他怀疑不平衡预算是否明智，但支出策略为他赢得了惊人的政治回报。1934年民主党在国会获得巨大胜利，两年后罗斯福以压倒性优势连任。在这两次事件中，民众的支持在很大程度上都归功于新政的支出计划，这些计划使联邦尤其是总统的存在比以往任何时候都更深刻地融入民众的生活。

因此，当1937年的衰退没有减弱的迹象时，罗斯福最终听从了他的政府中倡导支出策略者的建议。1938年3月下旬，倡导支出策略者在霍普金斯的指导下聚集在一起，说服总统转变方向。[34]几天之后，总统决定批准一项支出计划，以使国家摆脱衰退。[35]

这一最初政策背后的观念后来更充分地发展成一种"社会凯恩斯主义"（social Keynesianism），即在社会目标上的支出被用来刺激经济。用美国主要的凯恩斯主义者阿尔文·汉森（Alvin Hansen）的话来说，这种方法可以解决"新政的人道主义和社会目标与'稳健经济学'的要求之间的明显冲突"。[36]美国凯恩斯主义者将他们的方法建立在这样一种观点上，即美国是一个"成熟"的经济体，除非政府干预促进经济活动，否则经济停滞的趋势将持续下去。[37]

凯恩斯主义经济学家在第二次世界大战期间的影响与显著成就表明，他们的观念将构成战后经济政策的基础。[38]然而，这些有利的发展并没有导致战后的美国顺利接受凯恩斯主义原则。尽管这些观念的支持者对政策产生了影响，但他们与政府的联系基本上只是临时性的。经济学家和政府之间这种新关系的未来前景将取决于战后的制度变迁。

第七章 观念与有限创新的政治

(二) 创新制度化的障碍

决定战后凯恩斯主义命运的核心因素在于,大多数凯恩斯主义者提倡的系统性公共支出策略无法通过美国政府现有的制度结构来实施。行政部门的碎片化使政府很难制定出并向国会提交以宏观经济目标为关键的一揽子支出计划。这种碎片化削弱了行政部门与国会的互动,并加剧了行政部门在获得国会批准方面可能遇到的阻碍。

因为制度改革是社会凯恩斯主义制度化的先决条件,所以美国围绕凯恩斯主义的斗争变成了一场关于制度改革的辩论,特别是关于在行政部门内部创造更多权力层级并加强行政部门相对于国会的权力。由于这种改革需要国会的批准,所以通过国会组织的政策联盟将在决定凯恩斯主义的命运方面发挥核心作用。

1945年和1946年关于《充分就业法案》(Full Employment bill)的辩论有助于揭示为什么在行政部门中如此有利的观念不能以最初提出的形式制度化。该法案受到凯恩斯主义滞胀理论的巨大影响。这些观念与同一时期英国考虑的那些观念一致,支持政府在确保充分就业方面发挥强有力的作用。但这种方法在美国的影响更为深远,因为它预见到需要持续的公共投资来保持经济运转。为了实现这一目标,该法案寻求将权力集中在联邦行政部门,并加强行政部门的协调能力。与此同时,它要求联邦政府实施一项基本上是开放式的公共支出计划。[39]

国会的主要反对意见来自商业和农业团体,他们担心一个侵入性的、强大的联邦政府会扰乱他们认为至关重要的政治经济关系。农业利益集团和企业都有过新政政策的经历,这导致他们反对社会凯恩斯主义。凯恩斯主义不仅与整个罗斯福新政议程联系在一起,还被认为是新政中最自由的因素。向失业者提供临时工作的工程进度管理局(Works Progress Administration,WPA)和帮助贫困农民与佃农的农业安全管理局(Farm Security Administration)已经表明,联邦计划可能会对当地的政治经济关系产生潜在的破坏性影响。[40] 在商业领域,国家复苏管理局(National Recovery Administration,NRA)混乱的管理引发了一种持久的怨愤情绪,这种情绪强化了新政前人们对政府干预经济的反感态度。[41]

对南方的农业利益集团而言,利害关系尤为重大。南方经济与政治权力的融合意味着失去对劳动力的控制的后果既涉及政治层面也关乎经济层面。社会凯恩斯主义与慷慨的社会福利以及加强联邦对地方活动的监督有关,因此似乎威胁到了围绕种族制度组织起来的整个生活方式,这种制度建立在非裔美国人的社会、政治和经济从属地位之上。

美国政治体系的若干特征促进了商业和农业的联盟,并使其变得特别强大,这些特征组织了社会利益、政策与政府之间的关系。南方在民主上的局限扩大了它在国会的权力。[42]同样,国会对农村的偏见和美国政党的松散组织加强了反对社会凯恩斯主义的联盟。[43]

相比之下,支持社会凯恩斯主义措施的利益集团尤其是支持《充分就业法案》的利益集团,受到了美国政治安排的阻碍。美国政党的分散和非程序化性质使该法案的民主党支持者对党内的反对者几乎没有影响力。南方民主党人可以无所畏惧地离开他们的政党。20世纪30年代后期,罗斯福意识到这种党内分歧给延长新政带来的问题,并试图用新政盟友取代国会中的南方反对者。1938年"清洗"行动的失败表明地方政党组织和控制它们的精英的力量依然强大。[44]这同样意味着政党难以成为重新界定政策利益或围绕政策达成妥协的平台。

国会中南方民主党人和中西部共和党人的政策联盟,以及他们在商业与农业领域的利益集团同盟击败了《充分就业法案》的支持者,并设法大幅限制了1946年的《就业法案》(Employment Act)的范围。1946年《就业法案》最明显的变化是省略了"充分就业"(full employment)的口号。语言变化的背后是对经济目标和实施方式截然不同的看法。新概念的核心是一个比新政的社会凯恩斯主义者所设想的要弱得多的公共角色。

尽管美国是尝试施行那些满足社会目标的经济政策的先锋,但罗斯福新政期间的政治组织和政策创新的顺序促进了一个强大反对派的出现,阻止了战后社会凯恩斯主义的制度化。

三、界限内的创新

《充分就业法案》的失败促使凯恩斯观念的倡导者重新思考他们的创新应该采取怎样的形式。在 1946 年之后的几年里，凯恩斯主义观念在长期的"社会学习"（social learning）过程中得到了改造和传播。但《就业法案》的框架限制了与就业政策相关的观念、制度和利益的发展方向。那些强调使用宏观经济方法解决就业问题的专业人士网络限制了就业政策的范围。政治行动者回避了在一个几乎没有立竿见影回报的领域建立制度的任务。而且，在就业政策方面的关键利益相关方，即劳工和企业，阐述了基于资历制度的替代机制，并用以解决就业问题。

因此，就业政策开始出现几个明显的特征：社会和经济政策严重分化、政策狭隘地偏重失业率、制度建设很少发生。这些特征在 20 世纪 60 年代成为美国就业政策的局限，因为尽管在那 10 年间有相当多的创新，但新举措只是加强而不是改变了这些特征。

（一）重塑凯恩斯主义观念

要理解为什么就业政策在 20 世纪 40 年代后期尽管进行了创新但仍保持在设定的界限内，我们就必须研究与就业政策相关的制度如何有助于塑造后来的可能性。它们做到这一点的最重要的方式之一是通过鼓励研究和思考具体问题来影响观念的发展与流动。

通过研究 1946 年《就业法案》建立的制度框架，可以理解凯恩斯主义观念的大部分改造过程。该法案没有像《充分就业法案》那样将凯恩斯主义原则写入政府活动。相反，对经济问题的系统性关注，将通过总统向国会提交的年度经济状况报告予以保证。经济顾问委员会（Council of Economic Advisers，CEA）的建立增强了总统分析经济的能力，该委员会由总统任命并且仅以顾问身份为总统服务。国会中与之对应的机构，即总统经济报告联合委员会（Joint Committee on the Economic Report of the President）［后称联合经济委员会（Joint Economic Committee，JEC）］将确保国会考虑经济状况。[45]

结构化的政治：比较分析中的历史制度主义

这套制度和机制让凯恩斯主义观念在联邦政府中生根发芽。经济顾问委员会是最容易接受这种观点的，因为其职责是监测整体经济，而且还招募了经济学者为政府短期服务，凯恩斯主义观念在这些经济学家中迅速传播。但是如果总统任命凯恩斯主义者进入委员会，经济顾问委员会就只能充当凯恩斯主义观念的倡导者。即便如此，如果要接受减税等自由裁量的行动，委员会同样需要强大的内部力量才能赢得与行政部门内对立机构的斗争。哈里·杜鲁门（Harry Truman）和德怀特·艾森豪威尔（Dwight Eisenhower）领导下的经济顾问委员会的经验表明，取得这样的影响力需要时间。

杜鲁门任命的经济顾问委员会认同凯恩斯主义观念，并为其发展做出重大贡献。[46]然而，他们对政策的影响很小。作为一个必须与财政部、美联储、预算局等大型成熟部门竞争的新机构，经济顾问委员会既没有权威地位，也没有控制政策的制度力量。经济顾问委员会成立之初一直在试图确定它的位置：委员会三名成员之间的关系，以及委员会与总统的关系都有待厘清。[47]

1946年《就业法案》的另一项重大创新是联合经济委员会，它在为凯恩斯主义观念赢得支持方面更为成功。20世纪50年代后半期，联合经济委员会在围绕凯恩斯主义经济议程将民主党人、有组织的劳工和经济学者团结在一起方面发挥了关键作用。[48]由于该委员会的民主党多数由自由主义者主导，所以它可以在对经济目标和政府行动的一系列共同理解的基础上发挥作用，而这正是整个民主党所缺乏的。然而，联合经济委员会是传播和组织凯恩斯主义观念的广泛支持的有限工具。它可以并且确实安排了听证会来宣传特定的观点，但它所缺乏的立法职能和人员配置制约了它的影响范围。

公共工具不足以推进和适应凯恩斯主义观念，这使私人团体在重塑凯恩斯主义经济管理原则并使其获得认可方面发挥了重要作用。经济发展委员会（Committee for Economic Development，CED）是这类团体的典范，也是发展凯恩斯主义观念的关键行动者。经济发展委员会于1942年由关注企业并准备帮助制定战后政策的前瞻性商业领袖发起，该委员会是一个将社会科学学者和商业领袖聚集在一起的小型研究组织。

在第二次世界大战结束之前，经济发展委员会就已经开始改造凯恩斯主义，以消除其最令人反感的特征，即联邦政府采取反复无常的行动的可能性和失控的支出政策。经济发展委员会没有倡导增加支出，而是主张依靠自动稳定器，即根据经济情况自动调整政府的收支，而不需要政府刻意行动。如果采取自由裁量的行动，经济发展委员会所批准的路线是削减税收而不是增加支出。[49]

该委员会的组织形式是一个资金充足并与自由派商业领袖合作的小型经济学研究者小组，这是倡导和发展创新经济观念的理想场所。与负责制定经济政策的公共机构相比，这种类型的平台更不受外界压力和政治风向变化的影响。因为它不直接对广大的商业选民负责，所以委员会可以倡导大多数商界所反对的政策。然而，该委员会在经济事务方面无可争议的专业知识及其与重要商业利益的联系，使其能够发起一场强有力的教育运动，帮助企业重新解释其经济政策利益以接受需求管理；与此同时，经济发展委员会使凯恩斯主义更受商界欢迎。[50]

如果说在私人组织中，凯恩斯主义的观念正在被重新塑造以使它们更容易被商界接受，那么在经济学的学术领域中，它们正被转化为技术和理论问题。在学术界，经济学试图以自然科学为榜样，所以其议程相当狭窄，排除了流行的经济行为模型不易处理的问题。[51]经济问题越来越脱离制度考虑，这种考虑在罗斯福新政之前的制度经济学时代以及20世纪三四十年代都存在，当时经济学者与政府行政人员一起研究与政策相关的行政和政治创新，因此关于就业问题的主流经济思想范围有所收缩并变得更具技术性。

肯尼迪政府在1962年决定支持减税作为刺激经济的手段，这既表明观念仍然可以发挥力量，也表明自20世纪40年代以来这些观念已经发生了转变。尽管肯尼迪在总统竞选中并不支持凯恩斯主义观念并反对减税，但他任命的经济顾问委员会成员却是美国顶尖的自由派凯恩斯主义经济学者。他的选择反映了当时可获取的专业人才状况：

1960年，与自由派民主党结盟的经济学者可能完全沉浸在凯恩斯主义的观念中。[52]经济顾问委员会成员的选择同样反映了自由派经济学者对经济政策、社会福利目标和公共部门扩张之间关系的共识。虽然更慷慨的社会政策与更强的公共能力可能具有吸引力，但经济政策不应受制于这些目标。

在沃尔特·赫勒（Walter Heller）积极且具有说服力的领导下，经济顾问委员会在肯尼迪政府内外均扮演了经济教育者和倡导者的角色。该委员会在肯尼迪的领导下享有前所未有的影响力，因为总统授予它很大的访问权，并鼓励它通过国会证词与公开演讲来宣传其分析成果。[53]这一点同样得益于当时经济学界对凯恩斯主义的广泛认同。赫勒能够并且确实呼吁了一系列知名大学的著名经济学家强化他的主张。[54]他的努力最终在1962年得到了回报，当时总统在经济衰退期间认可了实施财政刺激措施的必要性。

减税是被选定的路线。这一选择既反映了对政府能否获得国会批准增加支出的怀疑，又体现了委员会认为减税是更有效的途径的观点。[55]商界进一步鼓励总统实施减税策略。经济发展委员会长期开展的宣传教育活动在20世纪60年代初得到了回报，商界普遍接受将联邦赤字作为一种经济刺激手段，尽管并非所有主要商业组织都支持以减税来创造这些赤字。但是对一个担心被贴上反商业标签的总统来说，这种广泛的认同很可能有助于扭转局面，使天平倾向于做出采取行动（减税）的决定。[56]

即便如此，在赤字不断上升的时期，国会仍对实施减税措施产生了相当大的抵制。经济发展委员会和后来肯尼迪的经济顾问委员会开展的密集宣传教育活动影响了精英阶层的意见，但并没有征服国会更密切关注的大众经济话语领域。[57]不仅南方保守派，还有许多温和的民主党人同样担心减税在经济上是不负责任的行为。事实上，直到约翰逊总统同意削减1965年的预算要求之后，国会才批准减税。[58]在肯尼迪政府期间，民主党经济学家创造了一种新的语言来证明赤字的合理性；通过推广诸如"充分就业预算"之类的概念，他们成功削弱了平衡预算意识形态的影响。[59]但国会持续保持的谨慎态度引发了人们对国家转变程度的质疑。

与1946年《就业法案》留下的制度框架和利益配置相结合，在罗斯福首次提出刺激经济的支出计划26年后，民主党政治家及其经济顾问终于推出了激进的财政政策。用安德鲁·肖恩菲尔德（Andrew Shonfield）的话来说，美国人在积极运用凯恩斯主义原则方面一直是"知识上的领袖"和"制度上的落后者"。[60]大萧条期间，允许凯恩斯主义思想实验的制度碎片化，在此后多年阻碍了这些相同的观念作为政府政策实现制度化。只是在重新构思、经济学界出现强烈共识以及漫长的宣传教育过程之后，政府才有意提出通过增加赤字来刺激经济。

（二）创新的局限

20世纪60年代，民主党政治家在反贫困战争的大背景下引入了一系列与就业政策相关的创新。虽然这些政策扩大了联邦政府在就业方面的活动范围，但它们并没有对20年前建立的框架构成挑战。随着它的发展，反贫困战争揭示了这一框架的局限性：扩大就业不足问题定义的努力受阻，社会和经济政策之间的分歧加剧，几乎没有形成增强联邦政府管理就业计划能力的持久制度框架。过去的影响不仅明显体现在支撑反贫困战争的理论假设中，还体现在政治行动者的观点中和社会团体在未来几十年就业问题上所持立场上。

1964年正式启动的反贫困战争起源于肯尼迪总统几年前提出的一个相当模糊的要求，即让他的经济顾问委员会调查贫困问题。[61]他的顾问在接下来两年内设计了包括各种针对劳动力市场最底层群众的补救服务与就业准备计划。[62]支持这一策略的是这样一种信念，即宏观经济措施将为所有准备利用它的人创造大量机会。经济顾问委员会很少关注贫困和就业不足之间的关系，而是将注意力从贫困与劳动力市场的结构和运作之间的关系转移到个人问题上。正如亨利·阿伦（Henry Aaron）所指出的："这种贫困周期观点最显著的特征可能是没有提到它所处的经济体系。"[63]

反贫困战争最具创新性的特点是权力下放和参与性的实施框架。联邦政府绕过州政府，至少最初绕开了市政当局，直接向当地社区拨款。对"最大可能的参与度"的呼吁激发了社区参与管理新方案的积极性。[64]地方制定了社区行动方案，创建新的参与性结构，并监督在反贫困战争的支持下推出的各种服务的提供情况。

总统指令的模糊性和关于贫困的学术资料的匮乏，使经济顾问委员会在制订新的贫困计划条款方面具有相当大的自由度。在整个20世纪60年代，经济顾问委员会对政策应解决的问题的认识主导了关于贫困与失业的思考，这种认识指的是宏观经济刺激不足导致失业和穷人缺乏就业准备。

宏观经济学者在制定反贫困战争条款方面的影响凸显了已建立的专业知识网络的重要性。在20世纪60年代，委员会对人力政策的怀疑态度破坏了大力加强公众在职业培训中的作用的努力。随着反贫困战争的发展，劳工部内部试图扩大问题的定义以包括就业不足的努力遇到了巨大的阻碍。扩张政策的支持者不得不与既定的理论观点作斗争，并为收集和解释数据制定新的标准与范畴。由于几乎没有多少盟友，以及陷入了机构之间的竞争，扩大就业政策的倡导者未能成功改变既有定义。[65]因此，尽管美国国家政治制度的架构总体上鼓励在国家政策制定过程中考虑一系列不同的观念，但随着时间的推移，创设出的制度性专业知识网络使某些观念优于其他观念。

通过创建一个单独的贫困政策领域，经济顾问委员会中反贫困战争的设计者进一步强化了社会和经济政策之间的分歧。他们在很少关注制度的学科视角的指导下，几乎没有解决制度建设或改革的问题。无论如何，经济顾问委员会的经济学者都很难影响制度，原因在于经济顾问委员会是一个没有能力执行政策的小型机构。

政治家的短期思维尤其是总统需要迅速推进政策实施这一点，同样有助于解释就业政策中的制度建设问题以及社会和经济政策之间日益加剧的分歧。决定建立一套单独的机构来推行反贫困战争——绕过美国就业服务局这样反应迟钝的联邦与州的官僚机构——使新政策得以迅速实施，但同时也为其制度化设置了障碍。这条路线引发的制度竞争和政治冲突使贫困政策处于持续的政治危险之中。与创建或改革管理就业政策所需的持久制度相比，反贫困战争所采用的方法更适合挑战现有制度。

政治家的动机同样有助于解释反贫困战争的一个显著特征，即它对种族问题的关注。尽管扶贫计划在最初以及官方层面一直保持着非种族性质，但民权运动和后来的城市骚乱造成了将资源集中在非裔美国人身上的压力。社区行动机构受到自下而上的压力，要求增加黑人的代表性，华盛顿监督该计划的经济机会办公室（Office of Economic Opportunity）将赋予黑人权利作为其使命的核心。[66]随着骚乱开始冲击北方城市，约翰逊总统将贫困计划视为向受波及的黑人社区输送资源的一种方式。民权运动与就业政策的碰撞赋予扶贫计划一种种族属性，而这也塑造了该计划的政治意义。

相关社会团体在就业政策上采取的立场证实了知识网络和政治选择所确定的方向。最引人注目的是，企业或有组织的劳工对扩大就业政策相对缺乏兴趣。尽管工会支持职业培训方面的提案，但他们从未将这些提案视为其自身福祉的必要条件。事实上，就业政策的扩张和调整对劳动力与商业几乎没有什么实际的好处。在罗斯福新政期间和战后不久确定下来的替代安排控制着晋升与薪酬方面的事宜。其中，最核心的是资历制度和集体谈判；现有的这种培训是公司的一项内部职能。[67]只要这些制度安排有效运作，工会和企业就都没有多少动力去支持就业政策的替代性方案，尤其是在这些方案会威胁到现有安排的情况下。通过这种方式，劳资关系领域的既定制度影响了后来就业政策的可能性。

美国黑人对就业政策的看法是根据一系列不同的考虑发展起来的。反贫困战争的局限性以及扩大就业政策范围的失败，促使黑人领导将法律监管，即平权行动措施，作为黑人就业策略的核心。这些措施加上在扩大的联邦官僚机构中为黑人保留所获得的新工作的努力，为非裔美国人确定了最有希望的就业政策途径。[68]尽管黑人组织在进入议程时大力支持更广泛的就业措施，但反贫困战争之后，他们把重点放在法律领域，在该领域作为关乎权利的黑人就业问题更有可能得到解决。[69]

反贫困战争是美国政治和政策中一个非同寻常的事件，它为政策实验提供了一个温室环境。但随着反贫困战争的发展，其突出的特点产生了令人不安的后果：对贫困个人问题的关注，使得人们将注意力从贫困的更广泛的经济根源上转移开；对现有机构的怀疑无论多么有根据，都破坏了改革现有制度的可能性；反贫困战争对种族问题的关注限制了加强现有计划甚至转移关注点的政治可能性。

20世纪60年代政策的这些特点是不同行动者的产物，这些行动者反对人们所认为的政治界限和既定的政策理解框架。然而，它们前进的方向受到起点的限制。因此，经济顾问委员会处理就业政策与贫困问题的方法基于其对宏观经济决策的假设，而总统对扶贫计划的热情源于他努力克服总统决策中的制度约束。

反贫困战争一旦实施，其中所蕴含的政治意义和政策可能性就会因与其他事件的意外交叉而发生转变。反贫困战争与黑人政治赋权运动的碰撞，对其政治命运起着关键作用。政策创新的先后顺序以及政策与意外事件的相互作用深刻地影响了就业政策的政治走向。反贫困战争之后，将贫困与就业问题联系起来的努力面临新的障碍。政策被分成两个领域：经济政策领域的政治和贫困领域的政治，没有更广泛的就业政策政治将他们结合在一起。

四、美国政策制定中的观念、政治与行政管理

美国在20世纪70年代经历了自大萧条以来最高的失业率。与此同时，令人费解的经济表现表明，传统的凯恩斯主义补救措施不再像以前那样奏效。在这种不确定的环境中，三种截然不同的观点竞相塑造美国的就业政策。第一种要求政府扮演更大的、性质不同的角色，这将涉及企业和劳工之间的规划或新形式的合作。卡特政府所采纳的第二种观点将宏观经济政策、就业计划以及工资与物价指导方针结合

了起来。

20世纪70年代,第三种观点在经济学家和新兴智库中日益具有影响力,它打破了过去30年政策的基本前提。[70]这种观点认为政府行动阻碍了经济的运行,并断言最好的就业政策是减少政府活动。公共支出与监管是20世纪70年代政策发展的主要途径,却被认为是创造经济繁荣的障碍,而经济繁荣是解决就业问题的最佳办法。

里根的当选和他上任前几年实施的政策变化标志着亲市场策略的胜利。尽管政策始终达不到里根政府言辞的强有力程度,这尤其体现在赤字问题上,但围绕就业问题的辩论在20世纪80年代发生了质的变化。辩论的焦点不再是政府应该如何干预,而是政府是否应该干预。此外,随着处理就业问题的任务越来越多地落在各州的肩上,联邦政府职责的增长受到了限制。[71]

要了解亲市场方法为何在20世纪80年代盛行,必须重新审视自20世纪40年代以来的就业政策中观念、政治与行政管理之间形成的联系。一方面,这些对创新来说至关重要的要素之间的日益脱节,给那些希望扩大政府作用的人带来了问题。这意味着不仅要打破几十年来一直在发展的政治与行政管理的互动模式,还要找到新的方法来重组这些要素,而且不会重蹈过去政治与行政管理方面的覆辙。另一方面,主张维持现状的人的力量被十年来令人困惑的经济表现削弱了。那些主张减少政府干预的人所面临的行政和政治障碍比任何一种替代观点都要少。

(一)公共哲学与技术观念

"观念"一词在政策制定中的使用有两种不同的方式:第一种用法是指"公共哲学"(public philosophy)的概念。[72]它表达了与价值观和道德原则相关的广泛概念,在政治辩论中可以用符号与修辞来表达。第二种用法是指一组关于因果关系的更程序化的陈述,这些陈述与影响这些关系的方法相关联。表达程序化观念的语言是专家使用的具有技术层面或基于专业背景的术语。[73]

尽管观念的两种用法相互影响,有时相互交织,但区分它们是有用的，因为它们对政策和政治的影响并不相同。公共哲学在组织政治中发挥核心作用，但它们指导政策的能力是有限的；没有与纲领性观念的联系，它们的影响力很难持续。同样，当纲领性观念与公共哲学联系在一起时，它们的影响力最大；但这些观念也必须与行政管理建立联系。不参照行政管理而发展起来的纲领性观念可能在技术上很强大，但在政治上很可能无能为力。当与行政管理相联系的纲领性观念与公共哲学相结合时，观念对政治的影响最为强烈；当两者相脱节时，行政管理与纲领性观念的影响都变得难以维持。

从20世纪40年代到1980年的大部分时间里，美国就业政策的特征是纲领性观念和公共哲学的分离。汉森倡导的社会凯恩斯主义曾将一系列基于行政管理的纲领性观念与一种更宏观的政治愿景相结合，而罗斯福1944年的《经济权利法案》（Economic Bill of Rights）对此进行了最充分的阐述。在其失败之后，作为公共哲学的观念与技术政策观念愈发脱节，并且这些观念越来越脱离行政管理。这两种观念之间的日渐疏远，以及它们与行政管理的分离使两者都变得匮乏无力。

因为越来越多的纲领性观念在没有政治或行政基础的情况下发展，它们很难以任何常规的方式影响政策。尽管这些观念的表达变得越来越复杂，但它们为涉及政府行动的新政策指明方向的能力正在减弱。与就业政策有关的研究强调总体措施和微观经济模型的运动，而对政府正在努力解决的部门和制度的中间领域却未加触及。[74]在缺乏足够的适用性研究的情况下，纯粹的政治标准占据了主导地位。这在20世纪70年代尤为明显，当时联邦政府为应对不断增长的失业率和通胀采取了一系列措施，从工资与物价指导方针到受政府资助的公共服务就业。

这两种观念的分离使公共哲学变得越来越空洞。在20世纪六七十年代，修辞的诉求变得越来越重要，但它们在政治纲领中却越来越不受重视。例如，在宣布反贫困战争时，几乎没有根据将要采取的具体政策的基本原理来争取支持的努力。[75]新政自由主义的式微和作为 20 世纪 70 年代特征的公共哲学危机背后的原因是政治与纲领性观念难以匹配。[76]然而，随着政党联系的淡化，修辞和象征在组织选举政治方面承担了更重的责任。

里根早期政治上的成功，很大程度上要归功于他将大胆且具有吸引力的言辞与一系列关于经济如何运行的纲领性观念相融合的方式。尽管供给学派经济学被经济学家们广泛否定，但它却与主流经济学家中日益加深的对政府行动的失望情绪产生了共鸣。然而，最重要的是，供给学派似乎是合理的，部分原因是它在美国政治和制度背景下显然是"可行的"。但在里根政府时期，对于大多数政策领域来说，纲领性观念和公共哲学的结合更多地只是表面上的，而非真正意义上的融合。随着这十年的推进，在经济增长问题上，修辞和政府行动之间的脱节进一步拉大。虽然修辞仍然坚定地支持市场，但政策实际上是各种脱节举措的融合。[77]从这个意义上说，里根政府与其说是解决了问题，不如说是回避了将哲学与经济的纲领性观念结合起来的问题。

（二）美国积极政府的政治问题

就业政策的经验表明，在美国，那些呼吁政府具备新型能力的观念，其发展、被采用的可能性以及可信度，都因难以将政治、理念和行政管理三者相结合而受到了阻碍。

战后不久，一些支持制定广泛的、更全面的就业政策的人士就担心这个问题。政治学者 E. E. 沙特施奈德（E. E. Schattschneider）认为，如果没有"负责任"的规划性政党，国家就业政策将是不可能的。他敦促政党建立永久性的研究机构，这些机构能够将政策与政治融合到他所谓的"政治规划"中。在强调制定和调动政策观念的内在政治性时，他警告说，"政党根本不能依靠非党派的研究和宣传来完成这项工作"。[78]

然而，这正是美国总统和政党必须做的事情。这意味着，当技术专家、利益集团和政府机构之间的合作可以实现时，或者当总统将其施政的重心放在支持政策创新时，政治、行政管理和政策之间的联系是以零零碎碎的方式建立起来的。在包括社会保障在内的一些政策领域，这种结合不成问题；在医疗保健等其他领域，它取得了部分成功。[79]

相比之下，在就业政策方面，最重要的是企业和劳工的私人利益，他们对扩大政策范围没有什么兴趣；占主导地位的专家很少关注行政问题；相关的政府机构不是敌对就是软弱。此外，只要美国经济保持强劲且凯恩斯主义政策似乎足以管理失业，那么总统就没有政治兴趣支持就业政策创新。在这种情况下，就业政策的范围仍然有限，对扩大就业政策范围的提议就存在争议。在20世纪70年代，就业政策的政治、理论或行政历史都没有为政府角色的重新定位提供立足点，而当时旧的方法显然已经失效。

在统一政治、行政管理和观念难度较小的地方，政策可能更容易制定。20世纪80年代放松管制与税收改革的成功为就业政策提供了一个有力的反例：在这两个案例中，关于改革的观念都不必与关于行政可行性的争论或反对形成新的政府能力的论点相抗衡。[80]在这种情况下，技术观念能够更轻松地影响政策，并能够从与有吸引力的言辞相结合中受益。

一些分析人士认为，最近税收改革和放松管制的成功证明了观念在政策制定中的重要性。[81]在每一个案例中，专家们所达成的强烈共识，使他们能够决定政策辩论的议题并对结果施加影响。但是，每一个改革的例子都有一个共同点，那就是行政管理的简便性，这也是就业政策中市场化改革的特点。创造新的政府活动形式的观念面临着更艰巨的任务。尽管他们可能还会发表吸引人的言辞，并为公平或机会等概念找到政治支持，但如果政府的行动能力受到广泛质疑，那么他们的言辞就无法令人信服，所获得的支持往往也很短暂。当行政管理经历过失效的历史，如在就业政策中发生的那样，那么这种言辞就更不可能影响政策。

五、结论

美国政策制定制度的组织形式非常适合抓住新观念开展创新性活

动。联邦行政机构的渗透性及其庞大的特征允许小团体在政府内部发展和宣传他们独特的观点。与此同时，政治领导人不受政党关系或狭隘的建议渠道的限制。这使他们可以自由地征集并考虑一系列观念。这些安排解释了为什么美国政府会时不时推出看似"无中生有"的创新，而这些创新标志着与过去的重大决裂。[82]

但这种创新的可能性在历史上是受到限制的。将专业知识网络联合起来并引导个体行动者关注政策的制度发展，使政策过程一旦开始就很难重新调整方向。政策网络的建立缩小了可采纳的观念的范围，因为它建立了权威的声音和话语模式。美国的制度也阻碍了改变政策方向的努力；联邦制与碎片化的政党政治相结合，致使很难聚集起足够的政治权威来重新引导现有制度的发展方向。

在就业政策中，政策制定者对不断变化的经济环境的反应仍保持在既定的政策范围内，却容易受到那些认为政府从定义上讲无法解决包括就业问题在内的经济问题的人的攻击。亲市场观点的胜利再次确认了美国政治体系的创新能力；然而，与此同时，它强调了扩大现有政策的制度性边界的困难。

【注释】

[1] Max Weber, "The Social Psychology of World Religions," in *From Max Weber: Essays in Sociology*, ed. H. H. Gerth and C. Wright Mills (New York: Oxford University Press, 1946), p. 280.

[2] John Maynard Keynes, *The General Theory of Employment, Interest, and Money* (New York: Harcourt, Brace Jovanovich, 1964), p. 383.

[3] 最近开始解决这些问题的研究包括：the essays in Peter A. Hall, ed., *The Political Power of Economic Ideas* (Princeton, N. J.: Princeton University Press, 1989) esp. the concluding chapter by Peter A. Hall; Paul Quirk, "In Defense of the Politics of Ideas," *Journal of Politics* (Feb. 1988): 31-41; Martha Derthick and Paul J. Quirk, *The Politics of Deregulation* (Washington D. C.: Brookings Institution, 1985), esp. ch. 7; and Robert B. Reich, ed., *The Power of Public Ideas* (Cambridge, Mass.: Ballinger, 1988). 国际关系专业的学生对观念的作用

特别感兴趣；参见 John S. Odell, *U. S. International Monetary Policy: Markets, Power, and Ideas as Sources of Change* (Princeton, N. J.: Princeton University Press, 1982) and Judith Goldstein, "The Impact of Ideas on Trade Policy: the Origins of U. S. Agricultural and Manufacturing Policies," *International Organization* 43 (Winter 1989): 31-71.

[4] 有关就业政策的概述性定义，参见 Isabel V. Sawhill, "Rethinking Employment Policy," pp. 9-36 in D. Lee Bawden and Felicity Skidmore, eds., *Rethinking Employment Policy* (Washington D. C.: The Urban Institute Press, 1989).

[5] 参见 Anthony King, "Ideas, Institutions and the Policies of Governments: a Comparative Analysis: Part III," *British Journal of Political Science* 3 (1973): 409-23; Lawrence J. R. Herson, *The Politics of Ideas: Political Theory and American Public Policy* (Homewood, I 11.: The Dorsey Press, 1984).

[6] 关于美国政治文化中的反国家主义和个人主义，参见 Louis Hartz, *The Liberal Tradition in America* (New York, Harcourt, Brace and World, 1955); 关于这些观念对政策的影响，参见 King, "Ideas, Institutions and the Policies of Governments," p. 419. 关于职业道德，参见 Daniel T. Rodgers, *The Work Ethic in Industrial America, 1850—1920* (Chicago: The University of Chicago Press, 1978) and David H. Freedman, "The Contemporary Work Ethic," pp. 119-35 in David H. Freedman, ed., *Employment Outlook and Insights* (Geneva: International Labour Office, 1979).

[7] 关于公众对各种"工作福利"计划的支持随时间变化的情况，参见 Robert Y. Shapiro, Kelly D. Patterson, Judith Russell, and John T. Young "The Polls-A Report: Employment and Social Welfare," *Public Opinion Quarterly* 51 (Summer 1987): 268-81.

[8] 有关讨论美国商业态度变化的分析，参见 Alan Barton, "Determinants of Economic Attitudes in the American Business Elite," *American Journal of Sociology* 91 (1985): 54-87.

[9] Peter Gourevitch, *Politics in Hard Times: Comparative Responses to International Economic Crises* (Ithaca, N. Y.: Cornell University Press, 1986); Thomas Ferguson, "From Normalcy to New Deal: Industrial Structure, Party Competition, and American Public Policy in the New Deal," *International Organization* 38 (Winter 1984): 41-93.

第七章　观念与有限创新的政治

[10] 彼得·古雷维奇（Peter Gourevitch）在《艰难时期的政治》（*Politics in Hard Times*）中对支持联盟的分析承认了这种调解制度的重要性，同时肯定了社会利益的中心地位。将他的分析与托马斯·弗格森（Thomas Ferguson）在"从常态到新政"中的分析进行对比，可以发现弗格森为不同部门利益的出现提出了一个复杂的理由，但很少关注这些利益如何转化为政策。

[11] John Kingdon, *Agendas, Alternatives, and Public Policies* (Boston: Little, Brown, 1984). 关于这些趋势的讨论见第20页和第92—94页，关于"第一原则"的讨论见第200—201页。

[12] Ibid., ch. 4；关于垃圾桶模型，参见 Michael Cohen, James March, and Johan Olsen, "A Garbage Can Model of Organizational Choice," *Administrative Science Quarterly* 17 (March 1972): 1-25.

[13] 有关决策中的类比推理，参见 Ernest R. May, *"Lessons" of the Past: The Use and Misuse of History in American Foreign Policy making* (New York: Oxford University Press, 1973); Richard E. Neustadt and Ernest R. May, *Thinking in Time: The Uses of History for Decision Makers* (New York: The Free Press, 1986).

[14] 关于序列的概念，参见 Sidney Verba, "Sequences and Development," pp. 283-316 in Leonard Binder et al., eds. *Crises and Sequences in Political Development* (Princeton, N. J.: Princeton University Press, 1971). 对于适用于住房情况的政策序列的讨论，参见 Bruce Headey, *Housing Policy in the Developed Economy* (New York: St. Martin's Press, 1978).

[15] See the discussion in Stephen D. Krasner, "Approaches to the State: Alternative Conceptions and Historical Dynamics," *Comparative Politics* 16 (Jan. 1984): 223-46; Stephen D. Krasner, "Sovereignty: An Institutionalist Perspective," pp. 69-96 in James Caporaso, ed., *The Elusive State: International and Comparative Perspectives* (Beverly Hills, Calif.: Sage Publications, 1989); Edward G. Carmines and James A. Stimson, *Issue Evolution: Race and the Transformation of American Politics* (Princeton N. J.: Princeton University Press, 1989). 关于路径依赖，参见 Paul A. David, "Clio and the Economics of QWERTY," *American Economic Review* 75 (May 1985): 332-7.

[16] 有关强调不同领域之间关系的社会问题的出现和定义的讨论，参见 Stephen Hilgartner and Charles L. Bosk, "The Rise and Fall of Social Problems: A

Public Arenas Model," *American Journal of Sociology* 94 (July 1988): 53-78.

[17] 这些碰撞类似于间断均衡理论所预见的急剧变化。该理论由生物学家斯蒂芬·J. 古尔德（Stephen J. Gould）和尼尔斯·埃尔德雷奇（Nils Eldredge）提出，吸引了随时间推移而解释变迁的政治科学者，以及对制度采取非功利性视角的人的兴趣。参见 Carmines and Stimson, *Issue Evolution*; and Krasner, "Sovereignty: An Institutionalist Perspective."

[18] See the essays in G. Calvin MacKenzie, ed., *The In-&-Outers: Presidential Appointees and Transient Government in Washington* (Baltimore: Johns Hopkins University Press, 1987).

[19] Fred I. Greenstein, "Change and Continuity in the Modern Presidency," in Anthony King, ed., *The New American Political System* (Washington D. C.: American Enterprise Institute, 1978), p. 65. 关于修辞的使用，参见 Jeffrey K. Tulis, *The Rhetorical Presidency* (Princeton, N.J.: Princeton University Press, 1987).

[20] 关于总统迅速采取行动（或"移动它或失去它"）的压力，参见 Paul Light, *The President's Agenda: Domestic Policy Choice from Kennedy to Carter with Notes on Ronald Reagan* (Baltimore: Johns Hopkins University Press, 1982).

[21] 关于调查偏好来源的必要性，参见 Aaron Wildavsky, "Choosing Preferences by Constructing Institutions: A Cultural Theory of Preference Formation," *American Political Science Review* 81 (March 1987): 3-21; James G. March and Johan P. Olsen, "The New Institutionalism: Organizational Factors in Political Life," *American Political Science Review* 78 (Sept. 1984): 734-49.

[22] 有关强调文化在利益建构中的作用的论点，参见 Wildavsky, "Choosing Preferences by Constructing Institutions."

[23] 关于此过程的讨论，参见 Gosta Esping-Andersen, *Politics against Markets* (Princeton, N. J.: Princeton University Press, 1986).

[24] 这一过程类似于艾伯特·赫希曼（Albert Hirschman）用来解释公共活动和私人活动之间转变的"失望"这一概念。See his discussion in *Shifting Involvements: Private Interest and Public Action* (Princeton, N.J.: Princeton University Press, 1982).

[25] Bradford A. Lee, "The Miscarriage of Necessity and Invention: Proto-

第七章 观念与有限创新的政治

Keynesianism and Democratic States in the 1930s," pp. 129-70 in Hall, *The Political Power of Economic Ideas*.

［26］Larry Berman, *The Office of Management and Budget and the Presidency, 1921—1979* (Princeton, N. J.: Princeton University Press, 1979), pp. 3-9; Gerhard Colm, "Fiscal Policy and the Federal Budget," in Max F. Millikan, ed., *Income Stabilization for a Developing Democracy: A Study in the Politics and Economics of High Employment Without Inflation* (New Haven, Conn.: Yale University Press, 1953), pp. 227-32.

［27］关于罗斯福在这方面的政治风格，参见 Richard E. Neustadt, *Presidential Power* (New York: Wiley, 1976), ch. 7.

［28］Richard Polenberg, *Reorganizing Roosevelt's Government* (Cambridge, Mass.: Harvard University Press, 1966), p. 22.

［29］May, *From New Deal to New Economics*, ch. 3.

［30］Ibid., pp. 45-6.

［31］Herbert Stein, *The Fiscal Revolution in America* (Chicago: University of Chicago Press, 1969), pp. 165-7; Alan Sweezy, "The Keynesians and Government Policy, 1933—1939," *American Economic Review* 62 (May 1972): 117-18; and John Kenneth Galbraith, "How Keynes Came to America," in Andrea D. Williams, ed., *Economics, Peace, and Laughter* (Boston: Houghton Mifflin, 1971), pp. 47-8. On Currie's work, See Carol Carson, "The History of the United States National Income and Product Accounts: The Development of an Analytic Tool," *Review of Income and Wealth* (1975): 165-6.

［32］参见 Theodore Lowi, "Party, Policy and Constitution in America," in William Nisbet Chambers and Walter Dean Burnham, eds., *The American Party Systems: Stages of Political Development* (New York: Oxford University Press, 1975), pp. 238-76; David Mayhew, *Placing Parties in American Politics* (Princeton, N. J.: Princeton University Press, 1986), pp. 244-56, 327-31.

［33］Peter A. Hall, "Policy Innovation and the Structure of the State: The Politics-Administration Nexus in France and Britain," *Annals* no. 466 (March 1983): 43-59; 关于总统与官僚的关系，参见 Richard Nathan, *The Administrative Presidency* (New York: John Wiley and Sons, 1983).

［34］参见 Stein, *The Fiscal Revolution in America*, p. 109; 另参见 Collins, pp. 67-71.

[35] 关于1938年提案的详细信息，参见 Stein, *The Fiscal Revolution in America*, pp. 109-14, and Collins, *The Business Response to Keynes*, pp. 69-71.

[36] 引自 Ester Fano, "A 'Wastage of Men': Technological Progress and Unemployment in the United States" *Technology and Culture* 32 no. 288. (1991): 288.

[37] 有关停滞论的描述，参见 *The Business Response to Keynes*, pp. 10-11, 51; 有关该理论的早期阐述，参见 Alvin Hansen, *Full Recovery or Stagnation?* (New York: Norton, 1938) and Hansen's 1938 presidential address before the American Economic Association, "Economic Progress and Declining Population Growth," *American Economic Review* 29 (1939): 1-15.

[38] Byrd L. Jones, "The Role of Keynesians in Wartime Policy and Postwar Planning, 1940-46," *American Economic Review* 62 (May 1972): 125-33; Carson, "The History of the United States National Income and Product Accounts," pp. 173-7.

[39] 有关该法案的发展情况，参见 Stephen Kemp Bailey, *Congress Makes a Law* (New York: Columbia University Press, 1950).

[40] 关于农场安全管理，参见 Sidney Baldwin, *Poverty and Politics: The Rise and Decline of the Farm Security Administration* (Chapel Hill: The University of North Carolina Press, 1968), esp. ch. 9; 关于农村对工程进度管理局的投诉，参见 James T. Patterson, *Congressional Conservatism and the New Deal* (Lexington: University of Kentucky Press, 1967), p. 297.

[41] 关于企业在经历了国家复苏管理局时期后对联邦政府的不满，See the discussion in Donald R. Brand, *Corporatism and the Rule of Law* (Ithaca, N. Y.: Cornell University Press 1988), chs. 5-8. 关于更一般的商业反国家主义，参见 David Vogel, "Why Businessmen Distrust Their State: The Political Consciousness of American Corporate Executives," *British Journal of Political Science* 8 (Jan. 1978): 45-78; 关于20世纪20年代的商业态度，参见 James Prothro, *Dollar Decade: Business Ideas in the 1920s* (Baton Rouge: Louisiana State University Press, 1954).

[42] 参见 V. O. Key, *Southern Politics in State and Nation* (New York: Knopf, 1949), esp. pp. 302-10.

[43] 参见 Patterson, *Congressional Conservatism and the New Deal*, p. 333.

[44] Sidney M. Milkis, "FDR and the Transcendence of Partisan Politics,"

Political Science Quarterly（Fall 1985）：493.

［45］关于《就业法案》的说明，参见 Bailey, *Congress Makes a Law*, ch. 11.

［46］关于智识贡献，参见 Walter Salant, "Some Intellectual Contributions of the Truman Council of Economic Advisers to Policy-Making," *History of Political Economy* 5（Spring 1973）：36-49. 更广泛地了解杜鲁门委员会，请参阅他的第一任经济顾问委员会主席埃德温·G. 诺斯（Edwin G. Nourse）的叙述，Economics in the Public Service（New York：Harcourt Brace, 1953）；Edward S. Flash, *Economic Advice and Presidential Leadership：The Council of Economic Advisers*（New York：Columbia University Press, 1965）, chs. 2, 3; see the introductory essay and interview with Leon Keyserling, the second head of the CEA under Truman, in Erwin C. Hargrove and Samuel A. Morley, *The President and the Council of Economic Advisers：Interviews with CEA Chairmen*（Boulder, Colo.：Westview Press, 1984）, ch. 1.

［47］除了［48］中的文献，参见 William J. Barber, "The United States：Economists in a Pluralistic Polity," *History of Political Economy* 13（1981）：513-24.

［48］关于国会在经济决策中的作用，参见 Victor Jones, "The Political Framework of Stabilization Policy," in Millikan, ed., *Income Stabilization for a Developing Democracy*, pp. 604-10; Alvin Hansen, "The Reports Prepared under the Employment Act," and Edwin Nourse, "Taking Root（First Decade of the Employment Act）," in Gerhard Colm, ed., *The Employment Act Past and Future：A Tenth Anniversary Symposium*, National Planning Association Special Report, no. 41（Washington D. C.：National Planning Association, 1956）, pp. 92-7 and 62-5.

［49］正是经济发展委员会的比尔兹利·拉姆尔（Beardsley Ruml）的工作才使减税路线成为可能。20 世纪 40 年代初，拉姆尔设计出了预扣计划，该计划成为美国税收制度的基础，使得税收政策用于稳定经济的目的。关于拉姆尔和经济发展委员会的政策，参见 Stein, *The Fiscal Revolution in America*, pp. 220-40; Collins, *The Business Response to Keynes*, chs. 5, 6.

［50］柯林斯（Collins）在《商业对凯恩斯的回应》（*The Business Response to Keynes*）的第六章中，很好地描述了经济发展委员会为教育企业和政府官员关于其对经济政策的看法而开展的广泛活动。

［51］Ibid., pp. 6-7；关于美国的经济学界和其对凯恩斯主义的接受情况，

参见 Marc Trachtenberg, "Keynes Triumphant: A Study in the Social History of Ideas," *Knowledge and Society: Studies in the Sociology of Culture Past and Present* 4 (1983): 17-86.

[52] See the discussionin Stein, *The Fiscal Revolution in America*, pp. 372-84. 根据保罗·塞缪尔森（Paul Samuelson）的说法，肯尼迪竞选团队的律师们并不清楚为什么他们首先需要经济学者，但是他们"想要确保自己没有遗漏任何有利因素"。See his remarks in the Oral History Interview with Walter Heller, Kermit Gordon, James Tobin, Gardner Ackley, Paul Samuelson by Joseph Pechman Aug. 1, 1964, Fort Ritchie, Md., John F. Kennedy Library, p. 35.

[53] Hargrove and Morley, *The President and the Council of Economic Advisers*, pp. 174, 181-2; Walter Heller, *New Dimensions of Political Economy* (Cambridge, Mass.: Harvard University Press, 1966), pp. 26-7.

[54] Hargrove and Morley, *The President and the Council of Economic Advisers*, p. 202.

[55] Walter Heller, "Memorandum for the President Re: The Economics of the Second Stage Recovery Program," March 17, 1961, President's Office Files, File: Council of Economic Advisers, 1/61-3/61, John F. Kennedy Library; "Minute on the President's Request for a Review of the Clark Community Facilities Bill and Allied Projects," June 15, 1961, File 6/1/61-6/15/61, Walter Heller Papers, John F. Kennedy Library. "Recap of Issues on Tax Cuts and the Expenditure Alternative," Dec. 16, 1962, File: "Council of Economic Advisers," Record Group 174, National Archives, p. 3; see also Hargrove and Morley, *The President and the Council of Economic Advisers*, pp. 196, 200-1.

[56] 关于肯尼迪与商界的关系，参见 Hobart Rowen, *The Free Enterprisers: Kennedy, Johnson, and the Business Establishment* (NewYork: G. P. Putnam, 1964), ch. 1; and Jim F. Heath, *John F. Kennedy and the Business Community* (Chicago: University of Chicago Press, 1969).

[57] 1962年的一项民意调查显示，如果减税意味着国债增加的话，72%的公众反对减税。参见 Heath, *John F. Kennedy and the Business Community*, p. 115.

[58] Hargrove and Morley, *The President and the Council of Economic Advisers*, pp. 205-10.

第七章　观念与有限创新的政治

［59］See the discussion in James D. Savage, *Balanced Budgets and American Politics* (Ithaca, N.Y.: Cornell University Press, 1988), pp. 175-9.

［60］Andrew Shonfield, *Modern Capitalism* (London: Oxford University Press, 1965), p. 333.

［61］James L. Sundquist, *Politics and Policy: The Eisenhower, Kennedy and Johnson Years* (Washington D. C.: Brookings Institution, 1968), p. 112.

［62］有关发起反贫困战争的一般说明，参见 Allen J. Matusow, *The Unraveling of America: A History of Liberalism in the 1960s* (New York: Harper & Row, 1984), ch. 4; Sundquist, *Politics and Policy*, ch. 4.

［63］Henry J. Aaron, *Politics and the Professors* (Washington D. C.: Brookings Institution, 1978), p. 20.

［64］Daniel P. Moynihan, *Maximum Feasible Misunderstanding: Community Action in the War on Poverty* (New York: Free Press, 1970).

［65］关于制定就业不足衡量标准的努力，参见 *The Manpower Report of the President*, 1967, 1968, pp. 73-8 and 34-6, respectively.

［66］Paul E. Peterson and J. David Greenstone, "Racial Change and Citizen Participation: The Mobilization of Low-Income Communities through Community Action," in Robert H. Haveman, ed., *A Decade of Federal Anti-Poverty Programs: Achievements, Failures and Lessons* (Madison: University of Wisconsin Press, 1977), pp. 248, 251-6.

［67］参见 Peter B. Doeringer and Michael J. Piore, *Internal Labor Markets and Manpower Analysis* (Armonk, N. Y.: M. E. Sharpe, 1985).

［68］关于非裔美国人的贫困和公共就业战争，参见 Michael K. Brown and Steven P. Erie, "Blacks and the Legacy of the Great Society: The Economic and Political Impact of Federal Social Policy," *Public Policy* 29 (Summer 1981): 299-330.

［69］关于平权行动的发展，参见 Hugh Davis Graham, *The Civil Rights Era: Origins and Development of National Policy* (New York: Oxford University Press, 1990), ch. 9.

［70］关于供给学派经济学的吸引力，参见 Herbert Stein, *Presidential Economics: The Making of Economic Policy from Roosevelt to Reagan and Beyond* (New York: Simon and Schuster, 1984), ch. 7.

［71］这一点在失业保险政策的变化和《就业培训合作法案》(Job Training

Partnership Act)创建的一个新的小型职业培训项目中都很明显。参见 W. Lee Hansen and James F. Byers, ed., *Unemployment Insurance: The Second Half Century* (Madison: The University of Wisconsin Press, 1990). 关于《就业培训合作法案》的讨论,参见 Donald C. Baumer and Carl E. Van Horn, *The Politics of Unemployment* (Washington D. C.: Congressional Quarterly Press, 1985), ch. 6.

[72] 关于公共哲学的讨论,参见 Samuel H. Beer, "In Search of a New Public Philosophy," pp. 5–44 in Anthony King, ed., *The New American Political System* (Washington D. C.: American Enterprise Institute, 1978).

[73] 这类观念通常是社会研究的产物。参见 Carol H. Weiss, "Improving the Linkage between Social Research and Public Policy," pp. 23–81 in Laurence E. Lynn, Jr., ed., *Knowledge and Policy: The Uncertain Connection* (Washington D. C.: National Academy of Sciences, 1978).

[74] 参见约翰·T. 邓洛普(John T. Dunlop)措辞强硬的批评,"Policy Decisions and Research in Economics and Industrial Relations," *Industrial and Labor Relations Review* 30 (April 1977): 275–82. 呼吁更多地关注制度一直是对凯恩斯主义和新古典经济学批评的核心。参见 Leon Lindberg, "The Problems of Economic Theory in Explaining Economic Performance," *Annals* 459 (Jan. 1982): 14–27 and Lester C. Thurow, *Dangerous Currents: The State of Economics* (New York: Vintage Books, 1983), esp. pp. 230–5.

[75] 参见 Tulis, *The Rhetorical Presidency*, p. 165.

[76] 参见 Beer, "In Search of a New Public Philosophy."

[77] 参见 Emma Rothschild, "The Real Reagan Economy," *The New York Review of Books* (June 30, 1988): 46–54; 另参见 Benjamin M. Friedman, *Day of Reckoning: The Consequences of American Economic Policy under Reagan and After* (New York: Random House, 1988).

[78] E. E. Schattschneider, "Party Government and Employment Policy," *American Political Science Review* 39 (Dec. 1945): 1154.

[79] 关于社会保障,参见 Martha Derthick, *Policymaking for Social Security* (Washington D. C.: Brookings Institution, 1979); 关于健康政策的发展,参见 Theodore Marmor, *The Politics of Medicare* (New York: Aldine, 1970).

[80] 关于税收政策,参见 David R. Beam, Timothy J. Conlan, and Margaret T. Wrightson, "Solving the Riddle of Tax Reform: Party Competition and the Pol-

itics of Ideas," *Political Science Quarterly* 105 （Summer 1990）: 193-217; 关于放松管制，参见 Derthick and Quirk, *The Politics of Deregulation*.

［81］参见 Beam, Conlan, and Wrightson, "Solving the Riddle of Tax Reform," and Derthick and Quirk, esp. ch. 7

［82］比姆（Beam）等人引用了约瑟夫·J. 米纳里克（Joseph J. Minarik）的观点，即税制改革要成为"世间的法律"似乎是无中生有的。参见 Beam, Conlan, and Wrightson, "Solving the Riddle of Tax Reform," p. 204.

第八章 美国和英国工作福利计划的建立：政治、观念与制度

戴斯蒙德·S. 金（Desmond S. King）

一、工作与福利的结合

在战后一段时期，非自愿性失业和贫困被认为是社会不能容忍的弊病。形成这种就业偏好的一个重要因素，是两次世界大战期间的大规模失业及其导致的社会与经济困难的记忆。罗斯福总统的经济安全委员会的报告为1935年的《社会保障法案》提供了依据，该委员会倡导的联邦计划为那些因失业、年老、工伤或疾病而失去收入的公民提供了"有保障的收入"（assured income）。[1]英国工党政府在1945年至1951年间制定的贝弗里奇计划旨在确立公民的基本社会权利，包括医疗保健、儿童津贴、失业福利和教育。[2]

直到最近，关于缓解贫困和失业的承诺的争议才趋于消散。自

本章报告的部分研究经费由纳菲尔德基金会和伦敦政治经济学院三得利-丰田国际经济及相关学科中心提供。

作者非常感谢以下学者对本章早期草稿的评论：霍尔、克里斯托弗·胡德（Christopher Hood）、卡岑斯坦、约翰·基勒（John Keeler）、兰格、劳伦斯·米德（Lawrence Mead）、朗斯特雷思、蓬图松、罗思坦、斯考切波、斯坦莫、韦尔、马克·威克姆·琼斯（Mark Wickham Jones）、乔尔·沃尔夫（Joel Wolfe）、哈尔·沃尔曼（Hal Wolman）。

第八章 美国和英国工作福利计划的建立：政治、观念与制度

20世纪70年代中期以来，经济压力（主要是削减政府支出和税收的压力）和政治观念（不断变化的关于福利政策目标的观念）的结合，在几个发达的工业国家引发了一些重要的辩论和改革。英国和美国是两个典型案例，这两个国家的福利传统虽然在一些重要方面有所不同，但还是有许多共同特征的。里根政府和撒切尔政府领导的对各自国家福利和失业救济体系的改革，以及这些改革所创造的工作福利计划，不仅是两个国家在20世纪80年代所取得的成就，也是本章的主题。

工作福利计划要求（美国的）福利金或（英国的）失业救济金的领取者，满足一项工作或培训要求以换取福利金。相关的立法有，美国1988年的《家庭支持法案》（Family Support Act）的第二章，以及英国1988年12月的就业培训计划（Employment and Training program，ET），该计划与社会保障法律〔1988年和1989年的《社会保障法案》（Social Security Acts）〕及就业法律〔1989年《就业法案》（Employment Act）〕的补充修正案相结合。根据这些规定，美国和英国采取了类似政策，都强调福利金或失业救济金领取者需满足工作或培训方面的要求。这些计划修正了公民福利权利的普遍假设（尽管在美国不那么普遍），承认掌握技能（无论多么有限）对进入劳动力市场至关重要。

在20世纪60年代的美国，约翰逊政府自由福利政策的失败和底层阶级的壮大引发了福利危机，1988年的法案则是对这一危机的回应。[3]福利是里根政府改革议程的重点。一些政治家特别是州长，将福利问题与美国劳动力中的技能短缺问题联系起来。[4]作为美国最雄心勃勃的工作福利计划，马萨诸塞州的就业培训计划就是根据这一趋势设计的。在英国，1979年后的失业率随着1980年至1981年的衰退进一步激增，对撒切尔政府提出政治挑战，政府最初以零敲碎打的方式做出回应，后来开始做出全面回应。撒切尔领导的保守党政府当选后，尽管承诺奉行自由市场原则，但失业率的上升仍迫使政府采取行动。作为回应，最初的短期培训措施被扩展为一个全面的工作福利

计划。

正如研究美国政治体系的学生所承认的那样，立法的努力通常以失败而不是成功告终。在尼克松和卡特担任总统期间，[5]改革1935年《社会保障法案》（Social Security Act）建立的福利国家的尝试被证明是失败的，政策制定者未能建立足够强大的联盟来实施改革。然而，在《社会保障法案》颁布53年后，国会发起并由里根总统签署了《家庭支持法案》，这是一项被其主要设计师、参议员丹尼尔·帕特里克·莫伊尼汉（Daniel Patrick Moynihan）誉为福利制度重大改革的立法。[6]对福利领取者的强制性工作要求（有各种豁免）是一项重要的发展。尽管第二章（就业计划）只是该法案的一部分，但它对法律的颁布至关重要，并推动了福利建设以及福利同劳动力市场结合的诸多转变。一篇题为"终于实现真正的福利改革"（Real Welfare Reform, at Last）的社论总结道，《家庭支持法案》"相当于修订了国家与贫困者之间的社会契约。政府将提供财政支持以及教育和培训，帮助人们从福利转向工作，而不是让贫困儿童和他们的父母免于挨饿并形成依赖……以就业为导向的教育和职业培训是福利改革的核心"。[7]上述社论反映了《家庭支持法案》的设计者对福利体系的修改意图。

在英国，人民普遍认同公民享有普遍的社会权利，以及福利机构与劳动力市场政策的分离，这使得在工作福利方面把它们联系在一起成为一种创新之举。然而，普遍福利总是伴随着一些经济情况调查，特别是那些长期失业的民众所领取的福利。1988年的就业培训计划不仅引入了一项综合培训计划，而且对社会保障法案进行了修改，特别是年轻人必须参与该计划。为了实现这一变革，政府必须从根本上改变负责培训的国家机构，即1973年作为三方机构成立的人力服务委员会［Manpower Services Commission，MSC，现称为培训机构（Training Agency）］。政府削弱并废除了人力服务委员会的三方成员资格，将其置于政府的直接控制之下，同时收紧了领取社会保障福利的资格标准。

二、制度和政策遗产

新制度主义理论家为跨国政策差异和内部政策稳定提供了强有力的解释;用霍尔的话来说:"在不同国家政策模式持续存在的背后,可能存在着结构上的一致性。"[8]在我看来,新制度主义理论关于内部政策稳定的假设大体上是正确的,在英国和美国的案例中,工作福利立法都以一种同现存制度和政策遗产保持一致的方式被稀释了。然而,还是有必要密切关注贯穿这些政策的观念,因为这些政策的制定过程与内容在很大程度上反映了每个政体的制度特点;此外,英国政策制定者对美国政策某些方面的效仿,也使得他们必须修正这些根深蒂固的假设。新制度主义分析通常并不认为会出现跨国政策趋同的情况,而本章将阐释一个呈现出这种模式的实例。在两个政府中,政治家都受到新右派[9]观念的影响。对里根和撒切尔政府如何在政策中采纳与推行这些观念的分析,为理解观念在政策中的作用提供了一种途径。新右派观念的倡导者收集经济和政治论据,主张对那些接受福利的人实行更严苛的制度,[10]但是实现这些主张在美国需要淡化其激进性,在英国则需进行行政体系重组。

(一)政策制定

美国和英国的政策制定过程有所不同。在美国,松散的联邦体系主要通过纵向(例如州)和横向(例如在国会游说的利益集团)的两个点获取政策观念。达成共识联盟的困难,使得政策提案必须与现有意识形态和既有认知相兼容。此外,国会中规模较小的联盟支持的政策容易受到总统否决。相比之下,在英国,中央集权的国家限制了获取影响力的渠道,除非变革的行动者和观念的推动者成功地影响了政府,他们才会更加重视这些观念。影响力的获取意味着要在每次选举的政党竞争中取得成功,因为是政党组成政府并实施政策的。

不同于英国,尽管美国的政党制度是两党制,但权力分散和党内政治家的独立性,使得他们难以在变革中发挥作用。总统任期不得超过两届,因此尽管否决权仍然存在,但他们的影响力可能会在第二届

220

结构化的政治：比较分析中的历史制度主义

任期内下降。相反，现任众议院与参议院议员的高连任率一定程度上缓和了选举压力，尽管并没有完全消除它。在这个体系中，包括联邦以下各级行动者在内的利益集团可以独立于政党直接接触决策者（国会、行政部门和官僚机构），尽管此类群体的多样性会削弱他们的影响力。[11]

在这两个国家，政策由不同的行动者发起。在美国，总统和国会必须或多或少地合作，尽管合作关系经常是紧张的。行政部门和立法部门之间的讨价还价，也是所有联邦决策的典型特征。在英国，政府在议会多数的基础上制定政策。这些安排展示了每个政体的制度如何影响政策观念的吸收和传播。在英国，政府通过其议会多数而拥有权力，特别是保守党在1983年和1987年选举后所享有的权力，这使得其在追求政策时赢得其他行动者的同意变得不再那么重要了。

在美国，各州在政策制定中发挥了主导作用，所以必须将它们与包括国会、行政部门以及在较小程度上的联邦官僚机构等在内的其他政策行动者一道考量。通过全国州长协会，各州被动员起来影响联邦决策。在里根的"新联邦主义"倡议（削减联邦拨款）和1970年后的州政府专业化[12]建议的综合作用下，政府通过州长使各州成为民族国家的重要组成部分。同早期相比，州长和州政府的政策角色有所不同。这一时期，州政府与地方政府未能解决集中在其管辖范围内的问题，是刺激罗斯福新政立法和联邦政府积极作为的一个重要因素。根据韦尔和斯考切波的说法，"到了1932年，地方政府和州政府都在恳求联邦政府接手处理他们陷入困境的选民的问题。"[13]到了20世纪80年代，州政府和地方政府已经习惯联邦政府在财政、司法与政治上的强势介入。然而，里根政府在1981年推行大范围削减联邦拨款时，其中许多内容在《综合预算调节法案》（Omnibus Budget Reconciliation Act）中就已确立。随后几年，进一步的削减措施，迫使州政府如果希望维持或扩大计划的话，就必须成为主要的政策制定者。

第八章　美国和英国工作福利计划的建立：政治、观念与制度

在撒切尔夫人的治理下，1979年后的保守党政府与近期的美国政府形成鲜明对比。英国的中央集权程度更高，政府中存在一个由首相领导的中央管理机构，政府在议会中的多数席位赋予其制定法律的巨大权力。在其权力最大的时候，撒切尔首相强化了政府的立法效能。从制度上来说，英国政府是中央集权的，[14]议会中的党派忠诚保证了政府拥有的多数席位。保守党长达11年的连续执政给了他们修改国家公共政策参数的机会。保守党还改造了官僚机构，通过将部分公共部门私营化的方式，逐步瓦解了传统行政体系。

（二）福利遗产

《家庭支持法案》的工作福利计划并非一项重大的政策突破。[15]美国的联邦福利政策始终寻求规避这些政策对劳动力市场的不利影响。[16]这种政策取向自罗斯福新政立法以来便长盛不衰，并且也是1965年前"抚养未成年儿童家庭援助"（Aid to Families with Dependent Children，AFDC）计划实施过程中的一个特点。《家庭支持法案》第二章就继承了这一传统，它是在1981年《综合预算调节法案》中设立的"工作激励示范项目"（Win Demonstration，WIN demo）的基础上确立的。[17]

罗斯福之后，美国福利体系的主要修正发生在20世纪60年代，当时肯尼迪总统和约翰逊总统发起的一系列项目，扩大了福利体系的规模与范围。这些项目中有许多是在约翰逊的反贫困战争和旨在消除贫困的"伟大社会"计划下实施的。这些项目绝大部分都扩大了非缴费性的、通常需要进行经济情况调查的计划，包括扩大医疗保险、儿童保健和教育计划，如"启智计划"（Headstart）。到20世纪80年代初，共和党人和保守派人士一致认为，这些项目中有许多已经失败，这一观点与新右派对里根政府的看法一致。[18]人们不满的主要对象是需进行经济情况调查的公共援助计划，特别是食品券计划和"抚养未成年儿童家庭援助"计划。表8-1展示了1960—1987年美国社会福利支出情况，表8-2记录了1970—1988年"抚养未成年儿童家庭援助"的注册量。

263

表 8-1　1960—1987 年美国社会福利支出（人均 1 987 美元不变）

年份	社会保险[a]	公共援助	教育
1960	383	82	350
1970	729	221	681
1980	1 373	430	726
1985	1 633	432	757
1986	1 660	446	807
1987	1 671	447	826

a 包括老年、遗属、残疾（社会保障），健康保险（如医疗保险），公共雇员退休，铁路雇员退休，失业保险，其他铁路雇员保险，州临时残疾保险和工人补偿。前两组，即社会保障和医疗保险构成了这一类别的绝大多数。

资料来源：*Statistical Abstract of the United States 1990*（Washington, D. C.: Bureau of the Census, 1991），p. 350.

表 8-2　1970—1988 年 AFDC 注册量（以千为单位）

财政年度	平均每月人数			
	家庭	受领者	儿童	父母失业的家庭
1960	—	3 100	—	—
1965	—	4 300	—	—
1969	—	6 100	—	—
1970	1 909	7 429	5 494	78
1972	2 918	10 632	7 698	134
1974	3 170	10 845	7 824	95
1976	3 561	11 339	8 156	135
1978	3 528	10 663	7 475	127
1980	3 642	10 597	7 320	141
1982	3 569	10 431	6 975	232
1984	3 725	10 866	7 153	287
1986	3 747	10 995	7 294	253
1988	3 748	10 920	7 326	210

资料来源：Adapted from *Background Material and Data on Programs within the Jurisdiction of the Committee on Ways and Means*, Committee on Ways and Means, U. S. House of Representatives (Washington, D. C.: Government Printing Office, March 15, 1989), p. 559. Figures for 1960, 1965 and 1969: J. T. Patterson, *America's Struggle against Poverty* (Cambridge, Mass.: Harvard University Press, 1981), p. 171.

如果将社会保障计算在内,公共援助和"抚养未成年儿童家庭援助"的支出,在联邦政府的福利服务总支出中的占比相对较小,然而公众的讨论却反常地集中在它们身上。这种注意力的倾斜,蕴含着一定的制度和文化因素。从制度上来说,社会保障、医疗保险和失业保险等缴费计划的普遍性,使它们不必遭受过多的政治攻击,而公共援助和"抚养未成年儿童家庭援助"计划的选择性和非缴费性,则不利于它们获取相应的政治支持。[19]此外,这种制度上的二分法还体现出,针对弱势群体的合法公共援助同福利是否值得之间存在的普遍区别。休·赫克罗(Hugh Heclo)将福利区分为自给自足和相互依赖两种。根据赫克罗的说法,前者是一个。

> 极度个人主义的幸福概念,因为它与个人走自己的路、享受自己劳动成果的能力有关……用里根总统最近在7月4日的讲话中的话来说,我们美国人不会聚在一起庆祝独立日。
>
> ……第二个[概念]与社会或群体导向的理性有关。……它的问题不是要求我们在理性的个人主义和所有其他非理性的行为之间做出选择。它……要求我们以群体中的自我而非孤立中的自我,作为应用理性标准的参考点。[20]

众所周知,关于美国社会福利援助合法基础的假设与赫克罗所划分的第一类是一致的。这种观点限制着美国人对不幸者的责任,导致他们不愿意帮助那些他们认为具有自助能力的人。工作福利计划的发展轨迹与现有的联邦福利措施有关,正如最近两位评论家所说,"在美国……尽管有'新政'和'伟大社会',但人们对国家福利的支持总是因对其副作用与影响的怀疑而有所保留。对市场机制和自助的信心依然存在……"。[21]

在几项民意调查的分析中,埃里克松(Erikson)、卢特贝格(Luttbeg)和特丁(Tedin)证实了这一解释。他们发现,民众一致支持帮助不太富裕的人,但这种共识存在一定的限制范围,其中包括他们不愿意"支持创新的社会福利计划":

随着创新建议转向保障每个家庭最低收入等问题，大众舆论显然落后于改革者和政府领导人的思想。抵制这种政策观念的一个原因是，人们普遍认为接受经济援助的人应该为他们的收入而工作，即使他们所做的工作用处不大。此外，当政府计划被认为只惠及最低收入群体时，很少有人认为自己是这些政策的受益者。结果就是，大多数人经常会在社会福利争议中表现出保守的一面。[22]

结合美国福利国家与美国政体的制度结构，这些态度削弱了尼克松和卡特政府时期的改革举措。尼克松的家庭援助计划旨在为单亲和双亲家庭提供福利，并且建立全国统一的援助标准。该计划未能获得右翼［国会反对派由路易斯安那州参议员拉塞尔·朗（Russell Long）领导］和左翼（大多数福利权利团体反对该计划）的政治支持。它在国会被驳回两次。

1945年至1951年克莱门特·理查德·艾德礼（Clement Richard Attlee）领导的工党政府在英国实施了贝弗里奇计划，建立起战后福利国家。[23] 1945年，一项家庭津贴计划与国家工伤保险一起推出。1946年，为病人、失业者、寡妇、孤儿、退休人员和产妇提供的国家保险相继改革，成立了国家卫生服务机构（National Health Service）。1948年实施了一项国家援助计划。这些计划属于战前计划的扩展，创造了一个普惠性福利国家，在这个国家中，"权利型福利"与"裁量型福利"之间的区别虽然没有被消除，但却被削弱了。威廉·贝弗里奇（William Beveridge）强调要建立一种制度：让那些有贡献的人在不经过任何经济状况调查或承受道德评判的情况下获得福利，但那些因残疾或照顾他人而无法完全参与基于劳动力市场的缴费计划的个人，依然需要经过一些必要的经济状况调查。这一提议并没有违背1911年颁布的第一部国家保险法的初衷。这无疑是一个以家庭为基础的计划，其前提是传统的家庭分工。然而，无论是家庭福利还是保险福利，都没有像贝弗里奇所希望的那样，达到足以消除贫困的程度。

第八章 美国和英国工作福利计划的建立：政治、观念与制度

1944年的《就业政策白皮书》（White Paper on Employment Policy）确立了战后历届政府将通过凯恩斯主义宏观经济政策组合实现充分就业的施政纲领。[24]为了实现这一目标，建设培训计划等微观经济机制更多地停留在口头上，也有部分原因是直到最近就业率依然居高不下（见表8-3）。[25]帮助失业者的保险制度是通过20世纪40年代后期颁布的社会保障法来管理的。在它们颁布时，人们将失业视为典型的短期现象。在工作期间向国家保险体系缴费的失业人员可以领取失业救济金（unemployment benefits，UBs），这是一种可领取52周的应纳税津贴。那些没有足够的国家保险金来领取失业救济金的人，可以申请经过经济状况调查的补充救济金（supplementary benefit，SB），这些补充救济金是20世纪80年代失业急剧增加时失业者最重要的福利来源。[26]因此，根据美国中央统计局1985年的数据，62%的失业者仅领取补充救济金，而18%的人领取失业救济金，8%的人同时领取[27]（见表8-4和表8-5）。福利金的发放标准保持在工资水平以下，以避免产生任何抑制工作积极性的效果。针对青年和长期失业人员的政府培训计划（下文将讨论其扩展情况）同样将其补贴额度与工资挂钩，并接近福利给付标准。贝弗里奇在1942年的报告中主张对缴费型但无须调查经济情况的保险、无须缴费但需要调查经济情况的援助进行区分，这种区分仍然是英国福利国家的一个决定性特征。持续至20世纪70年代的高就业率，使得第二类援助的重要性微乎其微。

表8-3　1955—1991年英国的失业率

年份	失业人数（千）	失业人口占工作人数的百分比
1955	213.2	1.0
1960	345.8	1.5
1965	317.0	1.4
1969	543.8	2.4
1970	582.2	2.5
1971	751.3	3.3

续表

年份		失业人数（千）	失业人口占工作人数的百分比
1972		837.4	3.7
1973		595.6	2.6
1974		599.5	2.6
1975		940.9	4.0
1976		1 301.7	5.5
1977		1 402.7	5.8
1978		1 382.9	5.7
1979		1 295.7	5.4
1980		1 664.9	6.9
1981		2 520.4	10.7
1982		2 916.0	12.1
1983		3 104.7	11.7
1984		3 159.8	11.7
1985		3 271.2	11.8
1986		3 289.1	11.8
1987 年	1 月	3 297.2	11.9
	9 月	2 870.2	10.3
1988 年	1 月	2 722.2	9.5
	12 月	2 046.8	8.2
1989 年 3 月		1 960.2	6.9
1990 年	1 月 11 日	1 687.0	5.9
	4 月 12 日	1 626.6	5.7
	7 月 12 日	1 623.6	5.7
	10 月 11 日	1 670.6	5.9
1991 年 1 月 10 日		1 959.7	6.9

资料来源：*Department of Employment Gazette various issues*.

表8-4 社会保障福利的支出趋势

年份	缴费福利支出总额（百万英镑）	非缴费福利支出总额（百万英镑）
1982—1983	18 593	12 476
1983—1984	19 709	13 902

续表

年份	缴费福利支出总额（百万英镑）	非缴费福利支出总额（百万英镑）
1984—1985	20 777	15 613
1985—1986	22 356	18 496
1986—1987	23 983	19 231
1987—1988	24 939	20 405
1988—1989	25 693	21 600
1989—1990	27 100	22 700

资料来源：*The Government's Expenditure Plans 1988-89 to 1990-91*, Vol II (London: Her Majesty's Stationery Office, Cmd. 288-11, 1991), table 15.1.

表8-5 社会保障实际支出

年份	卫生和社会事务部社会保障（百万）
1978—1979	32.0
1979—1980	32.3
1980—1981	33.0
1981—1982	36.5
1982—1983	38.7
1983—1984	40.1
1984—1985	41.6
1985—1986	42.7
1986—1987	44.4
1987—1988	44.5
1988—1989	44.5
1989—1990	45.3
1990—1991	46.1

资料来源：*The Government's Expenditure Plans 1988-89 to 1990-91*, Vol I (London: Her Majesty's Stationery Office, Cmd. 288-1, 1991), table 5.7.

随着20世纪80年代失业率的增长，政府希望解决这一问题并且担心那些装病逃避工作的人获得福利，这表现在对"福利寄生虫"的经常性抨击上，这也促使政府强迫失业者参加培训计划否则将之排除在福利之外，相应的发展也体现在工作福利计划中。据一位观察家说，"对'福利寄生虫'的担忧，对人们可能'定居'在福利上的恐惧，催生了各种各样的控制措施（金融和其他），这使失业成为……社会保险领取者中待遇最差的。"[28]这种模式符合英国福利国家的早期做法。随着20世纪二三十年代失业保险体系的扩大，政府越来越热衷于剔除那些"福利寄生虫"。负责分配失业救济金的就业服务中心的管理人员不得不同时实施一项工作测试，以确定领取者是否"真的在寻找工作，却无法获得合适的工作。"[29]这一禁令将就业服务和失业救济彻底政治化了："在1921年3月到1932年3月之间，将近300万份失业救济申请被拒绝，因为申请人没有满足这一条件。"[30]1930年3月，"真正寻找工作"的测试被废除，取而代之的是一种经过经济情况调查的福利，它仍然要求管理者证明失业是非自愿的。因此，即使在大规模失业时期如20世纪30年代，政府也认为针对"福利寄生虫"的排斥态度，足以要求对救济金申领者进行严格监管。这一立场反映在公众对福利国家的卫生、养老金、残疾和教育方面的大力支持上，然而，针对失业人员特别是被认为有能力找到工作的年轻人和健康人的支持相对较弱。[31]

本章通过对20世纪80年代以前美国和英国福利国家制度与政策特征的回顾，揭示出三点内容：

第一，福利国家的建立法案（美国在1935年，英国在1945年至1951年）都发生在危机时期，当时的困难程度（20世纪30年代）或潜在的未来风险（战后时期）刺激了重大政策的实施。在美国，大萧条的失业危机足以产生政策政治联盟。选举授权和议会控制构成了采取行动的机会窗口，而在战争期间制订的贝弗里奇计划提供了详细的政策建议。

第二，福利国家建立法案的制度特征延续至今。在美国，1935年《社会保障法案》中固有的缴费和非缴费计划之间的二分法，已经成为讨论福利问题的框架，迄今为止，第二种类型的计划要薄弱得多。在英国，战后福利计划建立了一个得到大众广泛政治支持的普惠型制度，但它们保留着对劳动力市场中弱势成员的选择性收入测试。两个国家的工作福利计划主要集中在经济状况调查范围内的申请人。

第三，每个国家的公众舆论都呈现出特定的形式。在美国，民众对非缴费计划的支持弱于缴费型养老金、医疗和失业保险计划。"身体健全的受益人"的形象主导了人们对福利计划的抨击。在英国，对福利国家的教育、健康、残疾和老年方面的广泛支持总是被"福利寄生虫"更喜欢福利而不是工作的常态化恐惧所稀释。

这些制度、政策与态度的遗产，构成了20世纪80年代美国和英国改革工作福利的新权利观念的框架。虽然这些改革的重要特征与现有模式一致，但它们的成功需要对流行的做法和正统观念进行一些修正。对这种修正如何发生的解释，为理解英国和美国工作福利计划的趋同化提供了基础。此外，要解释这些改革，就必须解释每个国家是如何实现政策观念动员的。一些理念之所以受到青睐，是因为它们经过了推动变革的行为主体（比如美国的各州州长以及英国的保守党）的筛选，同时也受到了现有项目以及政策制定者态度的影响。

三、工作福利改革

（一）美国[32]

从制度上看，美国政体没有提供明确的政策发起或领导切入点。政策提案的来源存在相互竞争，这一特征可以引发创新，但更常见的是阻碍立法。在《家庭支持法案》改革过程中，有三个关键角色发挥了重要作用。

首先，白宫里作为全国民意代表的里根总统在1986年和1987年的国情咨文中表示，支持以1981年《综合预算调节法案》创造的国家创新机会为基础，对福利制度进行全面改革。在1986年的演讲中，里根利用罗斯福的言论来支持他自己的福利改革概念："罗斯福说福利是'一种麻醉剂，一种人类精神的微妙破坏者'。我们现在必须逃离依赖的蜘蛛网。今晚，我要求白宫国内事务委员会在1986年12月1日之前提交……一套即时行动方案，解决贫困家庭的经济、教育、社会和安全问题。"[33]

总统的倡议映射出关于福利的政治辩论，这些辩论包括查尔斯·

默里（Charles Murray）颇具影响的著作《失去阵地》（*Losing Ground*）中提到的"福利依赖"（welfare dependence）[34]以及劳动力市场的抑制因素。[35]里根的声明得到媒体的广泛报道，此即表明福利改革成为当务之急。他对福利依赖和劳动力市场抑制因素的强调，主导了这场福利辩论的方向。里根在每周广播讲话中重申了他的理念："福利悲剧已经持续太久了。是时候重塑我们的福利体系了，这样就可以通过让多少美国人脱离福利来评判它。……1964年，著名的反贫困战争实施，一件有趣的事情发生了。以依赖程度为标准来看，贫困并没有减少，反而开始恶化。我想可以说是贫穷赢得了战争。"[36]里根总统把福利改革作为其政府议程中不可分割的一部分，使人们认为这个问题很严重。这为他提供了一个机会，提出并推进他所青睐的补救办法。

其次，推动立法改革的第二股力量是州长们，他们通过全国州长协会（National Governors' Association，NGA）这一两党游说团体组织起来。作为一项配套计划，各州承担了管理福利体系的一半成本，各州州长急于减轻这一负担。他们想要一个全国性的公共福利体系。几位州长制定了各自的改革措施，根据现有的最佳证据〔由人力资源示范研究公司（Manpower Demonstration Research Corporation）提供〕，这些改革被认为有效减少了福利人数，成为国家改革的典范。

总统和州长的目标差异必须在立法草案中得到协调，这一过程说明观念如何受到政治制度的影响。里根总统支持对福利接受者提出工作要求，这种偏好影响了整个立法过程，但他不愿为州长认为有效的计划所需的过渡成本投入额外资金。

最后，第三种力量来自国会议员的行动。作为对里根总统和州长们的回应，众议院公共援助和失业补偿小组委员会就福利改革举行了听证会，参议员莫伊尼汉领导的社会保障和家庭政策小组委员会也举行了听证会。"为福利而工作"是两场听证会上的核心主题。对于这一主题，人们从不同角度展开了讨论：从宽和的角度看，它是一种提供工作机会的途径；从严苛的角度讲，它又是一种对福利领取者实施工作要求的强制机制。"为福利而工作"通常被冠以模糊的"工作福利"术语，这个术语也以不同的方式被使用着。[37]

在第 100 届国会中，参议院里推行福利改革的关键人物是纽约州参议员莫伊尼汉。改革福利制度成为莫伊尼汉一心一意追求的目标，他此前就参与过相关的福利改革行动。作为小组委员会主席，他决心以个人能力在这项任务上取得进展。莫伊尼汉对福利问题的长期关注，为这项改革倡议提供了独特的公信力。[38]

在众议院，来自加利福尼亚的众议院议员格斯·霍金斯（Gus Hawkins）十多年来一直都是福利制度改革的主要推动者。然而，他的目标类似于欧洲社会民主党人，在 20 世纪 80 年代里根政府时期很少受到关注。作为众议院教育和劳工委员会主席的霍金斯，其改革路径与最初由田纳西州众议员哈罗德·福特（Harold Ford）担任主席的筹款委员会下属的公共援助与失业补偿小组委员会形成鲜明对比，同参议员莫伊尼汉的倡议基本一致。在大陪审团以银行欺诈和税务欺诈指控起诉福特之后，能干且雄心勃勃的七届国会议员、来自纽约的托马斯·唐尼（Thomas Downey）取代了福特。

里根、各州州长和国会的改革目标是遏制日益庞大的福利依赖群体——特别是那些依靠"抚养未成年儿童家庭援助"的单身母亲。正是这一群体，同时引发了如默里等福利制度批评者与里根总统的担忧，也引起了支持欧洲式自由主义福利制度人士的关注。莫伊尼汉认为 1988 年之前的福利体系是一种收入维持体系，其中包含少量的工作培训计划。旧体系的设计目的不是帮助人们从福利名册上除名，这也导致"抚养未成年儿童家庭援助"的接受人数不断增加。[39]这些改革者因此寻求具有收入保障要素的就业计划。从制度上讲，倘若这些行动者中只有一个发起改革，就不太可能取得成功。之前的两次重大改革是由尼克松和卡特领导的，但因并未在国会或联邦以下的行动者中获得同样的支持而失败。行政部门和立法机构之间的权力分立（通过总统否决权得以维系）确保了两者都能影响政策。

（1）新的工作福利政策。

众议院和参议院的委员会分别制定并推行了各自的福利改革法

案。众议院法案率先提出，经委员会充分辩论后顺利提交全院表决。而莫伊尼汉在参议院需要克服的主要障碍是让他的法案在财政委员会顺利通过。该法案是以两党合作的形式提交的。这个阶段没有参与率要求，换句话说，没有出现任何按规定的福利比例参与工作或培训计划的要求。该法案于1988年4月提出，6月拟定；随着辩论的开始，白宫很快表达了愿意就该法案进行谈判的想法。考虑到参议院的投票不足以推翻总统的否决权，莫伊尼汉同意了谈判要求。就规定而言，政策领导权由行政部门和立法部门共享。如果没有前者的同意或支持，后者很难继续推行，而总统的否决权又是对立法的重大限制。因此，两个部门的积极态度对该法案的前景都很重要。白宫和财政委员会成员［帕卡德（Packard）、多尔（Dole）、洛克菲勒（Rockefeller）和莫伊尼汉］达成了一项包括参与率在内的协议，即每个州满足福利接受者参与工作或培训计划的特定比例。如果参与率未能达到要求，将导致联邦资金削减。福利接受者参与的这些工作或培训要求可以采取四种不同形式中的任意一种。[40]最后，该法案在全院表决时几乎未遭实质性质疑便获得通过。

众议院的法案和参议院的法案有所不同。众议院的法案强调教育和培训，主要针对那些需要补习教育的人，计划5年内耗资72亿美元。参议院的法案则是惩罚性的，资金较少，耗资27亿美元，以州为基础推行，这些都更加接近于白宫的想法。会议期间的主要分歧在于是否强制推行工作福利制度。里根总统的代表们坚持要纳入这项措施，并威胁说如果排除强制性规则，总统将行使否决权。最终如代表们所期望的那样，它被纳入立法。

会议委员会通过的法案更接近于参议院的法案而非众议院的法案。这一结果一定程度上反映了总统可能签署参议院的法案。此外，同众议院的法案相比，参议院的法案在其议院内得到了更大的支持。会议法案的通过反映出众议员唐尼的工作和参议员莫伊尼汉的决心，后者决心避免让这一改革机会像之前尝试的那样再次归于失败。自始至终，莫伊尼汉和唐尼都得到了州长们的支持，这种支持加上娴熟的

第八章 美国和英国工作福利计划的建立：政治、观念与制度

谈判策略，成功推动了《家庭支持法案》的通过。然而，尽管遭到国会议员和州长们的明确反对，该法案还是包含了强制性的工作福利制度，这也证明了白宫的影响力。

（2）改革的观念。

美国政治体制的分散性为观念的推广提供了无数的切入点。在政治体制内，观念可以被"实验"，首先在州或地方政府中应用，然后再上升为联邦法律。各州的先行项目为《家庭支持法案》提供了一个思路来源。另一个观念来源则是福利利益集团，特别是该领域专家的建议。

全国州长协会在州实验的基础上提出的想法，对包括莫伊尼汉和后来的里根总统在内的国会主要成员具有深远影响。这样的州实验有20多项，包括马萨诸塞州的就业培训选择计划、加利福尼亚州的通向自立大道（Greater Avenues to Independence，GAIN）计划、佐治亚州的积极就业和社区帮助计划（Positive Employment and Community Help Program，PEACH），以及纽约州、康涅狄格州、西弗吉尼亚州和伊利诺伊州的计划，这些计划都有着颇为吸睛的首字母缩写。这些计划也都提供了一种与"伟大社会"决裂的方法，致力于让美国的政策回归到自助的以及经过经济状况调查的轨道。这些项目的成功得益于州长的推动，并得到了福利专家的认可（尽管并非不加批判的）。这些创新的州实验为联邦计划提供了模型，可以对其进行修改以满足白宫新右派的惩戒性政治诉求。

州长们关于联邦改革的想法是由全国州长协会的一个执行委员会提出的，该委员会由阿肯色州的比尔·克林顿（Bill Clinton）担任主席。1987年2月，该委员会在他们每年两次的例会中的第一次会议上提出了联邦福利改革方案。副标题为"以就业为导向的福利改革"的提案，寻求为福利接受人提供工作或培训机会。[41]州长的目标是通过向福利接受人提供脱离福利救济和参加工作所需的技能培训，据此降低对福利的依赖性，"政府在福利合同中的主要责任是向所有可以就业的接受人提供教育、工作培训和工作安置服务。这些服务必须

精心安排,以适应个人参与者的就业需求"。[42]从福利到工作的转换需要提供包括儿童保健设施、医疗保健福利以及一些交通补贴在内的"过渡服务"。[43]

全国州长协会认为,如果没有联邦政府的参与,以就业为导向的福利策略将难以成功实施。[44]州长们反对强制性的工作福利体系。[45]里根总统尽管最初反对州长的计划,认为他们的提议过于自由,但还是在2月23日的白宫会议上批准了他们的福利改革计划。然而,他强调要纳入工作要求以换取儿童、医疗保险和其他援助。[46]在国会审议过程中,莫伊尼汉经常将州长的提议作为其法案的主要依据。州长们没有明确宣传强制性工作或培训要求这些新右派观念,并且各州在其计划中提供了一系列不同的做法。因此,联邦政府的政策制定者可以在例如自愿的马萨诸塞州体系或强制性的加州体系之间进行选择。强制计划受到青睐反映了国家决策者的特殊权重。最终通过的法案对教育和培训的重视并不符合州长们的预期。

外部专家的意见对福利改革进程也很重要。几位关于福利的学术专家在国会听证会上作证,他们关于福利依赖和公民义务的论点,在福利改革辩论和提案中占有重要地位。

总部位于纽约的人力资源示范研究公司提供了一系列至关重要的专业评估。他们对马萨诸塞州的就业培训计划以及纽约州、新泽西州和加利福尼亚州计划的评估证明,工作福利计划从长远来看能成功地减少福利依赖人口。[47]这一证据在国会听证会之前提交,证明了工作福利计划在财政上的有效性,这是所有改革者的共同关切,并强调在联邦法律中存在可作为扩展工作福利计划的范本的各州政策比较。人力资源示范研究公司的证据被用来支持新右派(但不是州长)提出的关于严格的工作福利制度的主张和否定"伟大社会"福利自由主义。这一证据的说服力也许揭示了观念在决策中的力量,尤其是在美国,立法过程中的广泛听证会相当普遍,专家们有机会展示他们的调查结果。因此,这些观念被美国的政治机构筛选,并被白宫和保守派赋予支持工作福利制度的作用,而研究州级项目的评估人员可能不会

第八章 美国和英国工作福利计划的建立：政治、观念与制度

认同这种作用。

福利利益集团，因其成员的利益受到拟议改革的影响，所以他们试图保护自己的利益。例如美国劳工联合会-产业工会联合会，美国州、县、市雇员联合会等工会担心，根据新法案开展的社区工作经验计划（community work experience program，CWEP）会导致其工会成员失去固定工作。美国州、县、市雇员联合会与美国劳工联合会-产业工会联合会合作，成功游说在该法案中加入强有力的防止岗位替代的相关条款。[48]

代表国家福利管理人员的美国公共福利协会（American Public Welfare Association，APWA）广泛支持《家庭支持法案》。该协会于1986年11月发布的改革建议影响了州长颁布的提案。美国公共福利协会对《家庭支持法案》第二章中的强制性要素持保留意见。该协会对联邦政府计划分配给工作机会和基本技能培训计划的资金充足性以及州计划的可能性表达了质疑。儿童保护基金（Children's Defense Fund）反对《家庭支持法案》，因为它对儿童的保护力度不足。它的观点被纳入由女性发展机会组织（Wider Opportunities for Women，WOW）主导的伞形联盟——全美妇女、工作与福利改革联盟的政策主张中。该联盟希望在福利政策中加入工作部分，但前提是将其作为综合培训政策的一部分。该联盟反对强制性工作。该联盟提出了四点策略，其中"教育、就业和培训"是一个关键要素。[49]他们的观点未能影响政策，他们的提议被那些并不准备按所需规模分配资源的政策制定者所拒绝。

全国商业联盟（National Alliance for Business，NAB）支持工作福利计划，因为这有助于缓解劳动力短缺问题，几位州长也持有相似意见，尤其是新泽西州的托马斯·基恩（Thomas Kean）。全国制造商协会（National Association of Manufacturers，NAM）和美国商会（U. S. Chamber of Commerce）同样支持工作福利计划，希望更多受过培训的人（他们的意思是在适当的情况下提供补救教育技能）进入劳动力市场。[50]

277

结构化的政治：比较分析中的历史制度主义

总之，美国1988年的《家庭支持法案》确立了联邦工作福利计划。该法案修订了1935年《社会保障法案》第四章，引入了领取福利的条件。这一变化改变了1935年法案中规定的穷人享有公共收入保障的权利。现在，领取福利的条件是所有领取福利的家长必须参加工作或者提供的培训项目。每个州都必须建立（从1990年10月开始，到1992年10月覆盖全州）并维持某种形式的工作机会和基本技能培训计划。各州有义务与本州的《就业培训合作法案》（Job Training Partnership Act，JTPA）计划管理员协调，从而在主要的联邦就业培训和联邦福利计划之间建立联系。这项改革的主要依据是各州进行的实验，并且经过人力资源示范研究公司验证。然而，福利权利团体与全国州长协会对强制制度的异议被白宫置之不理。

（二）英国

英国国家的特性增强了撒切尔政府应对失业危机的能力。从宪法和制度上来说，政策领导权集中在政府部门。这种集中并不意味着政治判断和官僚专业知识对政策内容或制定时机没有重要影响，也不意味着现有政策可以自动终止。而这恰恰表明了这些因素需服从政治家的优先议程，而且公务员在政策制定中的作用会被削弱。在20世纪80年代以前，人们经常认为英国的文官制度在公共政策制定方面占优势；许多工党政治家也引用了这一主张。[51]自1979年以来，政治家承担了领导角色，同事务官相比，他们对建立工作福利计划更为重要。一届政府的漫长任期、其在议会中占有的多数席位、有意缩减公务员人数、一些公共部门活动的市场化，已经成功降低了公务员的影响力。[52]1979年当选的保守党政府将其许多行动视为对公务员权力的直接挑战，通过"下一步行动"计划（Next Steps Program），将政府活动拆解或剥离给私营部门。[53]

政府对负责培训的组织人力服务委员会的态度转变体现出政治家的力量，该组织的计划随着失业率的增长而扩大。组织人力服务委员会在1973年的《就业和培训法案》（Employment and Training Act）中获得授权，[54]该法案于1974年生效[55]。虽然成立组织人力服务

第八章　美国和英国工作福利计划的建立：政治、观念与制度

委员会的决定部分反映了学术和国际影响，但关键动机是1972年至1973年关于薪酬的短期谈判。它被设计成一个三方的社团主义机构。英国工业联合会（Confederation of British Industry，CBI）和工会理事会（Trades Union Council，TUC）分别提名了三名来自雇主与工会的成员、两名地方当局代表和一名学者以及一名主席。1973年法案第二条指示组织人力服务委员会"做出其认为适当的安排，以帮助人们选择、培训、获得和保留适合其年龄与能力的工作，并雇用合适的员工"。[56]委员会有权安排通过分包提供培训，并在收取费用的情况下将其设施和计划提供给其他人使用。

组织人力服务委员会的成立并未被设想为一项重大的政策创新，直到1979年它仍然是一个小型组织。尽管组织人力服务委员会的官员雄心勃勃，但它的活动并未受到部长的关注，也没有在国家政策中发挥关键作用。[57]然而，处理失业问题很快主导了组织人力服务委员会的工作。1981年，首相任命戴维·扬（David Young）为组织人力服务委员会主席，这一信号表明，该组织要在政府政策中发挥更大的作用。扬上任的第一年恰逢诺曼·特比特（Norman Tebbit）入职就业部。扬推出了针对年轻人、长期失业者和中年失业工人的新培训计划。他在任期内的成功使组织人力服务委员会的政策成为政府遏制失业的核心举措。其中许多计划都陷入了争议，例如青年培训计划（Youth Training Scheme，YTS）是在提供培训还是在提供廉价或强制劳动力，以及政府与福利权利倡导者、工会之间的冲突。[58]1988年后，要求年轻人参加青年培训计划的要求加剧了工会的敌意，这成为政府的一大困扰，而1988年的组织人力服务委员会仍然是保守党领导下的社团主义三方合作体制的最后遗存。1988年，废除的时机已经成熟，该委员会更名为训练委员会（Training Commission）。

由于其三方合作体制，保守党对组织人力服务委员会持怀疑态度。但他们需要组织人力服务委员会来实施工作福利计划。英国工业联合会支持1988年的就业培训计划，但遭到工会理事会的反对。尽管组织人力服务委员会和工会理事会领导人尝试以更务实的理由为新

的就业培训计划赢得支持,但在 1988 年的年会上工会理事会仍决定反对参与该计划。[59]在工会大会作出决定后不久,政府对训练委员会进行改组,将其更名为培训局(Training Agency),且其董事会中不再有工会代表。这一决定结束了三方合作体制。新右派的支持者反对以三方为基础的机构干预市场。三方合作体制的废除成为结束工会理事会在政府政策方面施加影响的借口,也是政府巩固对培训计划和政策的控制权的必要步骤。根据政府创建工作福利计划的政策,重组该组织是最后一步。委员会成员对最后一项主要培训计划,即新工作培训计划提出了质疑,这也使得就业中心和重新启动咨询计划的责任从委员会转移到了就业部。

1979 年至 1989 年,政府对社会保障体系进行改革,包括给予失业人员福利。改革动机源于失业人数不断增加所带来的政治问题,以及当局缩小福利覆盖范围的意识形态愿望。收入支助体系分为两类,与战后采用的体系一致。一类是基于在工作期间每周向国家保险基金缴费的缴费型福利。在这一类别中,收款人有权在失业 3 天后领取失业救济金,即便满足复杂的缴费条件,救济金的领取也至多持续 52 周。重新获得救济金的领取资格,还需要再工作 13 周。这些严格的监管法律适用于失业救济金申请人,包括证明自己非自愿失业、有工作能力、不拒绝接受适当的职位空缺且非因自身过错而失去工作。这些规定最近已经被逐渐收紧(见下文)。另一类是收入支持计划。收入支持计划已经取代经济状况调查下的补充性福利,成为长期失业成年人维持收入的主要来源。这些补充性福利按照复杂的经济调查标准进行分配。尽管分配的比率和条件在 20 世纪 80 年代已经修改,但贝弗里奇提出的失业人员缴费和非缴费(以及经过经济状况调查)福利之间的区别仍然存在。[60]

通过非自愿地参加培训计划,那些领取失业和社会保障福利的人逐渐同政府的培训政策建立联系。在此之前,领取救济金的人没有被强制要求参加培训计划,尽管他们必须登记为失业者并在重新开始面试时证明他们"有工作能力"。1985 年的《社会保障法案》授权就业

第八章 美国和英国工作福利计划的建立：政治、观念与制度

部部长将培训计划指定为"经批准的培训计划"，根据该法案，受训人员拒绝接受经批准的培训计划的合理安排，会失去6个月的失业福利。[61]

（1）新的工作福利政策。

工作福利计划是通过实施并衔接培训与失业政策方面的改革而得以确立的。1988年2月，政府发布了题为"就业培训"的白皮书，提出了一系列措施，旨在解决失业人员所面临的问题。[62]技能、动机和激励这三个问题是白皮书的核心，并影响着政府有关培训的政策提案。这些问题既反映了经济问题[63]，也包含着对一些申请人没有积极履行寻找工作的法律义务的指控[64]（这反映了激励制度的不足[65]）。[66]"雄心勃勃"的就业培训计划于1988年9月启动，结合了组织人力服务委员会（现在称为培训局）的现有计划，打算创造60万个为期12个月的培训名额，平均参与时间为6个月。[67]

政府在白皮书（1988年2月）中提议建立一个体系，在该体系中，顾问将为所有失业者制定"个人行动计划"（这是美国同行的想法）。这项任务将由进行"重启计划"面谈的就业中心负责。自1986年以来，每个在失业登记册上登记超过6个月的民众都被要求参加面谈，并给出有关政府培训计划的建议。这些面谈旨在确定申请人是否可以工作。不参加面试可能会导致失去福利。如果申请人未能参加全部或部分（通常持续一周）重启课程，他或她的申请人顾问有权将其收入补助金减少40%。[68]

新的工作福利政策在1988年的《就业法案》和《社会保障法案》以及1989年的《社会保障法案》中得到充分体现。在每项法案中，一些重要条款的反复出现（政府的批评者在立法过程中反复提到这一点）表明了政策的连贯性。1987年至1988年议会会议期间审议的1988年《社会保障法案》，包括一项必须参加青年培训计划的条款；拒绝参加（或早退）将导致违规者享有的福利被收回。由1988年《社会保障法案》引入的向强制参加青年培训计划的转变，在1988年《就业法案》的第二部分得到了补充。该部分规定，如果没有"正当

理由"退出培训计划或因行为不端而被取消资格或拒绝参加该计划，则没有资格领取失业救济金。这些进步在1989年的《社会保障法案》中得到加强。众议院委员会在讨论该法案时，在第七条（后来成为该法案的第十条）上花费了大量的时间。为了根据这一条款领取失业救济金，失业者必须出示证据证明他们正在"积极寻找工作"。

（2）改革的观念。

撒切尔政府是如何确定工作福利计划的目标的？简要地说，它吸纳了新右派压力集团提出的方案，并效仿了美国的计划。

那些认为1979年上任的保守党对他们希望实施的工作福利计划持有一贯构想的看法并不准确。保守党确实有明确的新右派原则并指导其政策制定，这些原则与偶尔出现的政治优先事项相互作用。然而，在考虑重大改革时，政治家们必须有详细的想法和提案以供他们使用。在英国，这些由政府体系之外的智库提供，包括亚当·斯密研究所、经济事务研究所、政策研究中心和社会事务部（在美国，传统基金会、胡佛研究所和美国企业研究所等团体发挥了类似的作用）。[69]它们为推进新右派提案而开展活动，并成功赢得了与领袖撒切尔关系密切的保守党主要成员的支持。[70]（本书第四章，霍尔解释了这些团体如何影响保守党的经济政策。）这些团体批评福利体系的普享性，认为美国的模式更为可取，并宣扬美国学者的观点。他们主张缩小福利领取资格范围，要求福利领取者进行一些活动，并扩大经济状况调查范围。[71]

新右派的观念和美国实践的影响可以从法案颁布期间政府与其反对党工党间的议会辩论中得到说明。

新右派的拥护者希望降低福利体系的吸引力，并从享受福利的人那里得到一些活动来换取他们的福利，这一目标首先在1988年《社会保障法案》中实现。领取失业救济金的人不仅要能找到工作，而是还应积极地寻找工作。[72]年轻人必须参加培训计划。反对派将1988年《社会保障法案》中的这一要求定性为"强制性的"，卫生和社会保障副国务秘书迈克尔·波蒂略（Michael Portillo）在法案颁布过程

第八章 美国和英国工作福利计划的建立：政治、观念与制度

中驳斥了这一说法：

> 我完全反对……关于强迫的反复指控。的确，我们正在取消对16岁和17岁的年轻人的收入支持，他们离开了学校，没有工作，也没有参加青年技术学校，但是年轻人的选择仍然存在。他们可以待在学校。他们可以上大学。如果幸运的话，他们可以找到一份工作。或者他们可以接受青年培训计划提供给他们的工作。因此，我坚持说，没有强迫。我们谈论的是青年培训计划中的一个有保证的选择，以及政府和纳税人对这种新情况的反应。[73]

在之前提交给委员会讨论的一份文件中，来自德比南部的工党议员玛格丽特·贝克特（Margaret Beckett）指出，"早在1982年，组织人力服务委员会就对强迫人们参加青年培训计划的做法表达强烈质疑……一旦年轻人仅仅因为经济原因而被迫接受教育，那么提高教育质量的所有动机都将不复存在"。[74]组织人力服务委员会内部反对强制参与，因此有必要改变该组织的地位，使其成为保守党实现工作福利制度目标的有效制度资源。

在上议院的第二次宣读期间，政府大臣斯凯默斯代尔（Skelmersdale）勋爵驳斥了批评者的观点："青年培训计划为所有18岁以下的年轻人提供了一个高质量的培训场所。有了针对身体健康者的这种保障和对那些无法获得工作群体的安全网，就没有必要继续向18岁以下的人提供收入支持。"[75]因此，到1987年保守党第三次选举成功时，他们的立法举措已逐步且不可逆转地创造了一个工作福利计划。

针对1988年《就业法案》对强制参与的调整，在议会宣读和委员会听证会上也出现了激烈辩论。[76]工党议员迈克尔·米彻（Michael Meacher）认为："如果计划如此之好，提供的培训质量如此之高和有价值，为什么不允许人们选择它们呢？政府忽视了这一共识。他们已经提出了强制实施青年培训计划的立法。年轻人除了加入青年培训计划还能做什么？"[77]作为对这些批评的回应，就业大臣诺

283

曼·福勒（Norman Fowler）坚持认为，只有在"一系列证据的基础上才会取消救济金。例如，（索赔人）可能拒绝了三到四份工作和三到四个培训计划的名额。这就是培训计划论点适用的地方……新的方案并不像人们所说的那样是强制性的"。[78]该大臣驳斥了重启计划面谈是一种强迫形式的说法。[79]

社会保障大臣尼古拉斯·斯科特（Nicholas Scott）在常设委员会上提及1989年《社会保障法案》时，对新右派影响政策制定做了最为清楚的说明。斯科特借助美国人熟悉的契约和义务的语言，赢得了新右派的支持："国家……负责建议和指导人们寻找工作。但是，作为承诺的一部分，失业者有义务避免消极地坐等工作的出现，而是采取积极的行动去寻找工作。这是该条款的精髓，是一个完全合理的主张。"[80]斯科特在后来的辩论中强调了这一点：

> 该条款的核心原则是，国家适宜地承担起根据保险计划为失业者提供福利的义务；如果他们的失业时间超过保险期限，国家应向没有其他经济来源的人提供收入支持；并且为失业者提供建议、指导和鼓励。虽然国家在与更广泛的经济目标相适应的情况下，承担着创造企业和创造就业环境的责任，但作为回报，国家有权期望个人积极地寻找工作。这不是……强加给失业者的骇人听闻的事。这是一种真正的努力，它提供了一条从失业的痛苦走向自尊和个人养活自己与家人的能力的道路。[81]

这一陈述是对新右派关于国家与公民在工作福利方面契约构思的延续说明。它与《家庭支持法案》引发的辩论有相似之处，尽管英国的条约比美国的更具法律性：在英国它指的是国家的义务，在美国却指的是社会的义务。保守党转向美国模式，因为它强调接受福利的公民的契约义务，这符合他们的意识形态和政策目标。

斯科特的议会声明说明了新右派的争论对保守党政府成员具有深远影响。这些观念并没有为政府立法提供蓝图，但它们确实影响了法令的内容，尼克·威克利（Nick Wikeley）同意这一观点："强调申请人积极寻找工作可以……被视为经济新自由主义对劳动力市场紧缩

第八章　美国和英国工作福利计划的建立：政治、观念与制度

的回应。这反映了关于失业救济金的所谓抑制作用的'道德风险'论点。"[82]这种"道德风险"观点由1981年成立的社会事务组（Social Affairs Unit）提出，并在经济事务研究所（Institute of Economic Affairs）的出版物中有所提及。[83]通过首相的唐宁街政策部门等接触点，新右派利益集团能够提出和宣传他们关于福利政策的激进提案，特别是削弱福利权利体系。在撒切尔于1990年11月落选前，他们一直保持着这种影响力。因思想诉求和立法意愿，保守党渴望听到这些建议。

就业培训计划的实施借鉴了美国的做法。主要责任被移交给当地培训和就业委员会（Training and Employment Councils，TEC），在苏格兰，地方企业委员会（Local Enterprise Councils，LEC）是由当地商业人士组成的组织。这些培训和就业委员会以美国《职业培训合作法案》（Job Training Partnership Act）计划中使用的私营工业委员会（Private Industry Councils，PICs）体系为蓝本。将培训和就业委员会作为一种政策工具，意味着终止工会与企业和国家的平等代表角色。[84]

撒切尔政府向美国"取经"：官员参观州项目，并且据此设计他们的长期工作福利计划。里根和撒切尔在意识形态上的共鸣为保守党决意效仿美国的做法提供了理由。英国官员参观并研究了西德和瑞典的项目，但还是选择了美国的模式。就业部官员与就业国务秘书详细考察了马萨诸塞州和加利福尼亚州的计划。美国的影响体现在就业部聘请马萨诸塞州前工作福利培训主任秘书担任"特别顾问"。[85]英国和美国工作福利计划在针对长期失业者、福利依赖者的措施和权力下放的行政结构中最为相似。英国长期工作福利计划对设计"个人行动计划"和提供咨询的重视，契合马萨诸塞州计划[86]与《家庭支持法案》第二章的要求。尽管这两个国家的工作福利起源不同，但英国的政策制定者大量借鉴了美国的模式。

总之，1988年英国《就业和社会保障法案》与1989年《社会保障法案》对年轻人与长期失业者获得社会保障福利和参加培训计划的资

格进行了重大调整。这些调整同 1988 年引进的就业培训计划相吻合。自 1990 年 7 月以来，失业人员必须参加两年或两年以上的培训课程，一旦失业人员拒绝参加重启计划面试，政府就可以拒绝向他们提供帮助。[87] 无论这些变化是否属于一种强制性体系，有一点毋庸置疑，它们成为政府在失业者参与某种工作福利计划方面的一个新的重点。

四、结论

回到本章前面介绍的制度、政策和态度遗产，值得注意的是，美国和英国的改革在很大程度上都同流行模式相一致。美国的改革在福利金的领取中引入了惩罚性因素，但这一创举与对福利接受者的态度以及 1935 年建立的缴费和非缴费受益人之间的制度二分法相吻合。在英国，工作福利计划的实施最初侧重于那些接受经济状况调查失业援助的人，现在这个范围已扩大到包括相对短期的失业救济金接受人。两国的政策制定者围绕福利体系中的弱势成员设计了这些政策，但至少在英国，这个领域正在扩大。福利制度的遗产影响了每个国家采用的工作福利计划的性质。这些政策对劳动力市场的影响各不相同。在美国，《家庭支持法案》改革具有社会意义，它改变了贫困家庭（在许多情况下是黑人家庭）的情况，而在英国却无关紧要。在最具包容性的解释中，它旨在为这些家庭提供社会和经济一体化的途径。在英国，工作福利计划与传统的劳动力市场规律有着更为密切的联系，这在 20 世纪 20 年代的一句格言"真正寻找工作"的现时态"积极寻找工作"中得到生动体现。尽管美国和英国之间的政策趋同，但这些计划仍然反映了各自的制度特点。

在美国和英国，同样的新右派观念在政策结果中都取得了胜利，但这种成功以不同的方式发生，这反映出每个政体的政治制度特点。政治制度能淡化并改变政策建议。在美国，工作福利计划成为联邦政策的实际基础，因为它们在许多州的实验中取得了成功。州长们提出并检验了这些观念，这种模式反映出各州作为政策创新者的当代角色。然而，当全国州长协会推动相关事宜且国会采取行动为联邦项目

第八章　美国和英国工作福利计划的建立：政治、观念与制度

立法时，他们的工作也因国会-总统的关系和总统否决权的限制而受阻。这种限制很重要，因为总统支持严格的工作福利制度，并坚持最终立法应包含强制性参与条款。因此，尽管受到州长和许多国会议员的反对，新右派观念在美国还是取得了成功，因为在这项立法中，关键人物拥有足够的力量推进自身偏好。美国制度上的权力分散最终塑造了独具特色的工作福利制度。这些观念并非一成不变的，而是由起草立法的政治制度所塑造。

在英国，保守党政府通过双重策略实施工作福利计划。首先，尽管组织人力服务委员会的预算有所增加，但政府弱化了组织人力服务委员会的培训职能，以便适应受新右派启发确定的保守目标。这项任务需要调整组织人力服务委员会并结束工会对政策的影响。对保守党而言，组织人力服务委员会是一种制度资源，他们为了自己的政策目的而谋取这一资源，并重塑为他们想要的非三方合作体制。其次，政府收紧了社会保障福利的发放标准，改革最初仅限于那些政治上弱势的非缴费型、接受经济状况调查福利的人，但随后这一制度扩大到涵盖所有失业救济金的接受者。

在英国，新右派观念因其对保守党的影响而获得成功。保守党与新右派团体的关系始于20世纪70年代后期他们还是反对党的时候。该党在公共政策中推进新右派原则的作用（包括制定的工作福利版本）表明了英国政党制度是如何促进变革的。以两党制为主的政党体系产生的激励机制鼓励反对党制定批评执政党的政策。这种激励被20世纪70年代中期的滞胀加剧，使得凯恩斯主义名誉扫地。霍尔在本书第四章中指出了一个类似的过程，"一方面，两党制给予在野党强烈的动力来提出创新的政策路线，从而在选民眼中形成鲜明的形象，并以此为基础对现任执政党进行有效批评。另一方面，一旦执政，负责任的内阁政府体系就会有效地集中权力，足以允许新政府推行特色鲜明的政策模式"。[88]

保守党颇具成效地利用失业带来的危机，从议会多数席位、长期任职和被削弱的组织人力服务委员会中获益，从而制订他们的工作福

利计划。1979年的选举与1945年的工党选举相当,因为这种情况有利于新政策的出台。多次当选和明显的问题使保守党通过将失业救济金与培训计划挂钩来重塑失业救济金的分配机制。这些因素对于理解新右派观念是如何被整合到工作福利政策中的以及保守党在推动政治变革方面如何发挥重要作用尤为关键。工党政府不太可能选择类似的工作福利计划,尽管该党并未忽视失业问题。[89]保守党充当了选择新右派观念并将其转化为政策的渠道。这些观念相当于用于战后福利体系的贝弗里奇计划。保守党抓住失业危机带来的机会推进新右派原则,这些原则对1983年和1987年的竞选活动都有影响。[90]

政党和政治家将观念、政治制度与政策联系在一起。观念被转译成适合政治决策的语言和口号,这个过程通常会导致原始观念的变形。政党、利益集团和政治家在这种"转译"过程中扮演着至关重要的角色。制度安排无疑以霍尔颇有影响力的分析所建议的方式构建决策,[91]但要解释以工作福利计划为代表的意识形态创新如何成为英国的政策,还需要关注观念和政治。[92]

【注释】

[1] Committee on Economic Security, "Report to the President," Jan. 1935, Franklin D. Roosevelt Library Official File 1086, Folder: Committee on Economic Security 1935-40, p. 7.

[2] Sir William Beveridge, *Social Insurance and Allied Services* (London: Her Majesty's Stationery Office, Cmd. 6404, 1942). 关于公民身份的社会权利,参见 T. H. Marshall, *Class, Citizenship and Social Development* (New York: Doubleday, 1984) and D. S. King and J. Waldron, "Citizenship, Social Citizenship and the Defence of Welfare Provision," *British Journal of Political Science* (1988): 415-43.

[3] 参见 R. Segalman and D. Marsland, *Cradle to Grave* (London: Macmillan in association with the Social Affairs Unit, 1989).

[4] 一些评论员强调缺乏工作纪律而不是工作技能。1987年受政府委托进行的研究"劳动力2000"强调了美国工人即将面临的技能危机,这些工人习惯

第八章 美国和英国工作福利计划的建立：政治、观念与制度

于执行需要最低限度识字和算术的常规任务。Hudson Institute，*Workforce* 2000（Indianapolis：Hudson Institute，1987）。

[5] 改革福利的重大举措出现在尼克松总统和卡特总统任期内。有关详细信息，参见 L. Mead，*Beyond Entitlement*（New York：Free Press；London：Collier Macmillan，1985），ch. 5.

[6] 这一判断并未得到所有改革观察家的认同。参见 Sanford F. Schram，"Reinforcing the Work Ethic by Negative Example：A Critical Analysis of the Family Support Act of 1988," paper presented to the annual meetings of the American Political Science Association，Aug. 30-Sept. 2，1990.

[7] *The New York Times*，October 1，1988，p. 1. See also D. S. King，"Citizenship as Obligation in the United States：the 1988 Welfare Reform," in M. Moran and U. Vogel，*The Frontiers of Citizenship*（London：Macmillan，1991）.

[8] Peter Hall，*Governing the Economy*（New York：Oxford University Press，1986），p. 18. See also P. Langeand G. Garrett，"The Politics of Growth：Strategic Interaction and Economic Performance in the Advanced Industrial Democracies，1974—1980," *Journal of Politics* 47（1985）：792-827，M. Weir and T. Skocpol，"State Structures and the Possibilities for 'Keynesian' Responses to the Great Depression in Sweden，Britain and the United States," in Peter B. Evans，Dietrich Rueschemeyer，and Theda Skocpol，eds.，*Bringing the State Back In*（Cambridge：Cambridge University Press，1985），and Sven Steinmo，"Political Institutions and Tax Policy in the United States，Sweden and Britain," *World Politics*（July 1989）：500-35.

[9] 在英国，"新右派"一词指的是与里根和撒切尔政府相关的新自由主义意识形态。有关讨论和定义，参见 D. Green，*The New Right*（Brighton：Wheatsheaf，1987；published in the United States as The New Conservatism），K. Hoover and R. Plant，*Conservative Capitalism*（London：Routledge，1988），D. S. King，*The New Right：Politics，Markets and Citizenship*（Chicago：Dorsey；London：Macmillan，1987）and G. Peele，*Revival and Reaction*（Oxford：Clarendon Press，1984）.

[10] 参见 R. Segalman and D. Marsland，*Cradle to Grave*（London：Macmillan，in association with the Social Affairs Unit，1989），p. 118 for an account of "welfare dependency."

[11] 参见 Robert H. Salisbury, "The Paradox of Interest Groups in Washington-More Groups, Less Clout," in A. King, ed., *The New American Political System*, 2d version (Washington D. C.: American Enterprise Institute, 1990).

[12] 有关 1980 年以来各州和州长的作用，参见 D. S. King, "The Changing Federal Balance," in G. Peele, B. Cain, and C. Bailey, eds., *Developments in U. S. Politics* (London: Macmillan, 1992) and P. R. Piccigallo, "Taking the Lead: The States' Expanding Role in Domestic Policymaking," *Journal of American Studies* (1988): 417-42. 1979—1988 年，州立法机关的全职专业人员从 8 346 人增加到 13 755 人，增长了 64.8%。

[13] Weir and Skocpol, "State Structures …" p. 134. and M. Weir, "Ideas and Politics: The Acceptance of Keynesianism in Britain and the United States," in Peter Hall, ed., *The Political Power of Economic Ideas* (Princeton, N. J.: Princeton University Press, 1989), pp. 53-86.

[14] 作为首相，撒切尔广泛利用了特设的内阁委员会，在内阁全体讨论之前审查和起草政策提案。这一过程巩固了她的地位，削弱了内阁在政策制定过程中的作用。

[15] 关于美国福利国家的起源，参见 Theda Skocpol and John Ikenberry, "The Political Formation of the American Welfare State in Historical and Comparative Perspective," *Comparative Social Research* 6 (1983): 87-148, and E. Amenta and T. Skocpol, "Taking Exception: Explaining the Distinctiveness of American Public Policies in the Last Century," in F. G. Castles, ed., *The Comparative History of Public Policy* (Oxford: Polity Press, 1989), pp. 292-333.

[16] 这一观点体现在 Frances Fox Piven and Richard A. Cloward, *Regulating the Poor: The Functions of Public Welfare* (New York: Random House, 1971).

[17]《综合预算调节法案》等工作福利计划从 20 世纪 60 年代中期就已存在，但资金不足限制了它们的实施。

[18] 参见 20 世纪 70 年代和 80 年代新保守主义者对公共利益的贡献；see also N. Glazer, *The Limits of Social Policy* (Cambridge, Mass.: Harvard University Press, 1988). "伟大社会"计划的失败是共和党人与保守派决策者的共识，其他学者和政治家对此有争议。不幸的是，后一类人未能成功推广他们的观点。

[19] 缴费型计划和非缴费型计划的区别的重要性是众所周知的，许多分析

家也注意到了这一点。例如,参见"Political Formation of the American Welfare State," p. 141,斯考切波和伊肯伯里写道,社会保障"已经在政治上固定在一个广泛的投票选区,可能是任何美国公共计划存在的最广泛的选区,并且受到国会代表的保护,'保守派'和'自由派'都一样,急于为组织良好的选民的需求服务"。

[20] Hugh Heclo, "General Welfare and Two American Political Traditions," *Political Science Quarterly* 101 (1986): 182, 183. See also J. Donald Moon, "The Moral Basis of the Democratic Welfare State," in Amy Gutmann, ed., *Democracy and the Welfare State* (Princeton, N. J.: Princeton University Press, 1988).

[21] Segalman and Marsland, *Cradle to Grave*, p. 116. See also D. S. King "Citizenship as Obligation in the U. S.," in M. Moran and U. Vogel, eds., *The Frontiers of Citizenship* (London: Macmillan, 1991). 关于工作福利计划如何符合英国和美国国家福利和工作纪律之间联系的保守观念的分析,参见 D. S. King and Hugh Ward, "Working for Benefits: Rational Choice and the Rise of Work-Welfare Programmes," *Political Studies* 40 (Sept. 1992).

[22] Robert S. Erikson, Norman R. Luttbeg, and Kent L. Tedin, *American Public Opinion* (New York: Macmillan, 1988), p. 59.

[23] W. Beveridge, *Social Insurance and Allied Services* (London: Her Majesty's Stationery Office, Cmd. 6404, 194).

[24] Cmd. 6527, 1944 White Paper on Employment Policy. Parliamentary Papers 1943-4, vol. VIII.

[25] 对此的讨论,参见 D. S. King and B. Rothstein, "Institutional Choices and Labour Market Policy: A British-Swedish Comparison," *Comparative Political Studies* 26 (in press).

[26] 20 世纪 80 年代,失业的衡量标准已经改变了无数次,政府的批评者认为,标准的衡量尺度现在不能代表准确的情况。

[27] Central Statistical Office, *Social Trends 1987* (London: Her Majesty's Stationery Office, 1987).

[28] Jane Keithley, "United Kingdom," in John Dixon and Robert P. Scheurell, *Social Welfare in Developed Market Countries* (London: Routledge, 1989), p. 336.

[29] Unemployment Insurance (no. 2) Act of 1924.

[30] Alan Deacon, *In Search of the Scrounger*, Occasional Papers on Social Administration no. 60 (London: G. Bell & Sons, 1976), p. 9.

[31] 参见 R. Jowell and S. Witherspoon, *British Social Attitudes: the 1985 Report* (Alder-shot: Gower, 1985); N. Bosanquet, "Interim Report: Public Spending and the Welfare State," in R. Jowell, S. Witherspoon, and L. Brook, eds., *British Social Attitudes: The 1986 Report* (Aldershot: Gower, 1986) and P. Taylor-Gooby, *Public Opinion, Ideology and State Welfare* (London: Routledge, 1985). 对这些民意测验的批评和其他观点，参见 R. Harris and A. Seldon, *Welfare without the State: A Quarter-Century of Suppressed Choice*, Hobart Paperback No. 26 (London: Institute of Economic Affairs, 1987).

[32] 本节的讨论基于《家庭支持法案》通过后在华盛顿特区进行的 50 多次访谈。受访者包括主要决策者的国会助手、利益集团代表和联邦官员。

[33] *Public Papers of the Presidents of the United States: Ronald Reagan Book 1*, Jan. – June 1986 (Washington, D. C: U. S. Government Printing Office, 1988), p. 1281. 里根这样说："我说的是真正持久的解放，因为福利的成功应该由有多少独立的福利来判断。"

[34] C. Murray, *Losing Ground* (New York: Basic Books, 1984).

[35] 米德关于公民义务的观点也是保守的。Lawrence Mead, *Beyond Entitlement* (New York: Basic Books, 1985).

[36] *The New York Times*, Feb. 16, 1986, p. 1.

[37] 这些听证会的代表是 1986 年 4 月联合经济委员会下属的贸易、生产率和经济增长小组委员会的听证会，题为"工作福利与福利"。关于工作福利的证词既有正面的，也有负面的（指的是强制性工作要求，通常是社区工作经验计划，针对"抚养未成年儿童家庭援助"接受者）。"工作观察"的前主任莫顿·斯克拉（Morton Sklar）认为，"工作福利是公共服务工作的变体，有一个重要的区别：它远没有那么好，因为它不是一份工作；这是基于利益的"。米德提出了相反的证词，他认为："仅仅是自愿的培训项目对长期贫困人口没有足够的影响，不足以真正解决他们给美国社会带来的问题。虽然我们必须提供培训和人力资本投资，但必须有明确的义务参与其中。" Hearing before the Subcommittee on Trade, Productivity, and Economic Growth of the Joint Economic Committee, Congress (99th Cong., 2d Sess. April 23, 1986), pp. 4, 37.

第八章　美国和英国工作福利计划的建立：政治、观念与制度

[38] 关于莫伊尼汉在各种福利改革中的作用的详细讨论，参见 N. Lemann, *The Promised Land*（New York：Alfred Knopf，1991）．

[39] 参见 *Background Material and Data on Programs within the Jurisdiction of the Committee on Ways and Means*, Committee on Ways and Means, U. S. House of Representatives, March 15, 1989 (Washington D. C：U. S. Government Printing Office, 1989.)．

[40] 关于《家庭支持法案》的细节，参见 King, "Citizenship as Obligation in the United States."

[41] "公共援助计划必须……为个人提供激励和机会，让他们获得所需的培训并找到工作。我们的目标是创建一个体制，让工作总是比接受公共援助更好……州长们建议所有可就业的福利领取者必须参加教育、职业培训或安置计划，并在提供合适的工作时接受该工作。" National Governors' Association, "Job-Oriented Welfare Reform" (Washington, D. C.：NGA, Feb. 1987), pp. 1–2.

同一份文件还指出，"州长们提出福利改革计划的目的是要把现在主要是一个工作成分很少的支付体系变成一个首先是就业的体系，收入援助作为补充。在我们提出的公共援助契约中，个人的主要义务是准备、寻求、接受和保留一份工作"。

[42] NGA, "Job-Oriented Welfare Reform," p. 2.

[43] 必须在工作的最初阶段（6~12 个月）提供儿童和医疗保健设施，否则参与的动力不足："如果医疗补助的损失危及其家庭获得医疗保健的机会，就不能指望父母放弃福利。一旦参与者找到工作，应在过渡期内提供支持服务。" NGA, "Job-Oriented Welfare Reform," p. 3.

[44] 州长们并不主张统一的联邦制度："我们反对告诉我们如何实施与工作相关的服务的联邦要求。就业能力和工作安置的挑战没有单一的解决方案"（NGA, "Job-Oriented Welfare Reform," p. 4）。州长们在实施工作福利计划时倾向于地方政府有更多的灵活性，这反映了他们小心翼翼地捍卫州独立的愿望。这也说明了各州是如何在联邦制度中发挥创新作用的。

[45] 州长们对福利问题和改革方案的分析的核心是福利依赖与工作机会之间相互关系的概念。这种感觉上的联系对福利辩论来说是新颖的，参见 National Governors' Association, *Making America Work：Bringing Down the Barriers* (Washington, D. C.：NGA, 1987), p. vi.

[46] 州长们的提案于 2 月 24 日正式启动，得到了全国范围的广泛报道，

《芝加哥论坛报》《波士顿环球报》《洛杉矶时报》《纽约时报》等印刷媒体发表了社论。这些评论强调了改革中关于工作要求这一要素并提出这一要素的社会契约方面的表述。这些观点的典型代表是《华盛顿邮报》的社论（1986年2月26日）："州长们的提议以合同的形式出现。福利领取者承诺寻找工作，政府承诺为他们提供必要的支持。总统喜欢第一部分，但不喜欢第二部分，因为这需要钱。在工作问题上，自由党人已经完全接受了保守派的言论。作为政府在新协议中的一方，州长和其他改革者提议大幅提高教育水平，为福利母亲、日托、健康保险的延续提供培训资金。"

[47] 例如，参见 J. Quint and C. Guy, *Interim Findings from the Illinois Win Demonstration Program in Cook County* (New York: MDRC, June 1986) and D. Freidlander et al., *West Virginia: Final Report of the Community Work Experience Program* (New York: MDRC, 1986). 关于人力资源示范研究公司报告的讨论，参见 F. Block and J. Noakes, "The Politics of New-Style Workfare," *Socialist Review* (1988): 31-58. 虽然是积极的，但人力资源示范研究公司的结果表明成功的概率相当低，这是该公司的报告所强调的结果。

[48] 禁止州和地方政府用工作福利工人替换正式雇员，并建立了申诉程序，以确保相关方遵守相关规定。

[49] 该联盟寻求传授有用（适销）技能的培训计划，针对的是最低工资水平以上的已知劳动力市场需求。*Changing Welfare: An Investment in Women and Children in Poverty: The Proposal of the National Coalition on Women, Work and Welfare Reform* (Washington D. C.: Wider Opportunities for Women, April 1987).

[50] 双方都没有就《家庭支持法案》游说国会，但美国商会在20世纪80年代发布了许多出版物，强调美国劳动力的教育和培训存在不足。参见 U. S. Chamber of Commerce publications including *Business and Education: Partners for the Future* (Washington, D. C.: U. S. Chamber of Commerce, 1985).

[51] 参见 P. Hennessy, *Whitehall* (London: Seeker and Warburg, 1989), B. Castle, *The Castle Diaries 1984-70* (London: Weidenfeld, 1984), and R. Crossman, *The Diaries of a Cabinet Minister* (London: Hamish Hamilton, 1976).

[52] 参见 P. Dunleavy, "Explaining the Privatisation Boom: Public Choice versus Radical Approaches," *Public Administration* 64 (1986): 13-34, and "Government at the Centre," in P. Dunleavy, A. Gamble, and G. Peele, eds.,

Developments in British Politics, 3 (London: Macmillan, 1990).

[53] 有关下一步计划的说明，请参阅下议院财政部和公务员委员会第 5 次报告，"Developments in the Next Steps Programme 1988–89," July 19, 1989，和第 8 次报告 "Civil Service Management Reform: The Next Steps," Vol. 1, July 25, 1988. 长期任职当然也有不利之处：政府可能会失去方向感。然而，在 1979 年至 1989 年，保守党没有遇到过这个问题。正如 1945 年至 1951 年工党政府的记录所表明的那样，激进变革并不总是需要长期任职。

[54] 在人力服务委员会成立之前，唯一的培训组织是根据 1964 年《工业培训法案》成立的 24 个工业培训委员会（Industrial Training Boards, ITBs）。要了解英国工业培训的概况，请参阅 A. Brown and D. S. King, "Economic Change and Labour Market Policy: Corporatist and Dualist Tendencies in Britain and Sweden," *West European Politics* 11 (1988): 75–91. 1972 年发表了一份题为"未来培训"的咨询文件，同年 11 月决定成立一个培训政策委员会。

[55] 该委员会是在富尔顿调查委员会对公务员制度进行审查之后成立的。富尔顿委员会表示倾向于从部门中分离出来的单位。Fulton Committee, *Report of the Committee on the Civil Service 1966–68* (London: Her Majesty's Stationery Office, Cmd. 3638, 1968), ch. 5, paras. 147 and 150.

[56] *Employment and Training Act 1973*, p. 3.

[57] *Manpower Services Commission*, *Annual Report 1975*, p. 3：人力服务委员会设想在国家经济政策中发挥类似于瑞典劳动力市场委员会的作用。然而，对失业的短期担忧占据了主导地位。1975 年 4 月，财政大臣丹尼斯·希利（Denis Healey）向人力服务委员会追加拨款 2 000 万英镑，并在 1976 年至 1977 年再拨款 3 000 万英镑，用于扩大对失业者的培训。多余的工人、学徒和残疾人是这笔额外资金的目标受益人群。人力服务委员会的第一份年度报告主张将培训项目和就业服务纳入国家经济战略。*Department of Employment Gazette*, April 1975, p. 328.

[58] 参见 D. Lee, "The transformation of training and the transformation of work in Britain," in S. Wood, ed., *The Transformation of Work* (London: Unwin Hyman, 1989); D. Finn, *Training without Jobs* (London: Macmillan, 1987); and D. S. King, "The Conservatives and Training Policy: From Tripartitism to Neoliberalism," *Political Studies* 41 (March, 1993).

[59] 由罗恩·托德（Ron Todd）领导的最大的工会——运输和普通工人工

会（Transport and General Workers' Union，TGWU）于1988年3月决定反对新的培训计划（*Financial Times*，March 11，1988）。运输和普通工人工会为给予支持设定了四个条件包括：员工保护、工会的参与、该计划是自愿的、支付给信息技术人员相应的工资。托德说，"就业培训计划就是缺乏选择。它是将失业者安置在低技能、低收入的岗位上"（*Financial Times*，Sept. 8，1988）。苏格兰职工大会、通用汽车联合会以及地方当局工会——全国政府与地方政府公务员协会（National and Local Government Officers Association，NALGO）和全国公共事业雇员工会（National Union of Public Employees，NUPE）也加入了运输和普通工人工会的反对行列（*Financial Times*，June 11，1988）。

[60] 有关这些和其他变化的技术讨论，如住房、残疾和家庭信贷，参见M. Hill，*Social Security Policy in Britain*（Aldershot：Edward Elgar，1990），chs. 5, 6, Albert Weale, "Social Policy," in Dunleavy, Gamble, and Peele, eds., *Developments in British Politics*, 3, and N. Wikeley, "Unemployment Benefit, the State, and the Labour Market," *Journal of Law and Society* 16（1989）。

[61] 工会运动早期关注的就业培训将被如此指定的情况并没有成为现实。

[62] White Paper, "Training for Employment"（London：Her Majesty's Stationery Office, Cmd. 316, Feb. 1988）。

[63] 根据白皮书，"人力资源现在是国际竞争成功的关键之一。英国必须发展失业人员的技能和能力，并将其重新用于生产"。Ibid., p. 18.

[64] "我们必须确保资源不被浪费，特别是不被用于那些无权享受失业福利的人，他们实际上有工作，但却像失业者一样要求福利。所有政府都有义务采取一切必要措施，确保社会保障制度不被滥用。"Ibid., p. 33.

[65] "政府将努力确保失业者意识到，他们就业后经济状况会更好。"Ibid., p. 38.

[66] 工党议员比尔·克莱（Bill Clay）决心实现全民参与，他将这些变化描述为"工作福利"。Parliamentary Debates（Hansard）Official Report Standing Committee F, Jan. 21, 1988, cols. 624-5.

[67] 这种新技术的成功或失败是有争议的，许多评论家认为，预期的每月名额尚未满员，设立82个技术教育委员会过于雄心勃勃。到1989年2月，由于需求不足和中途退出，政府削减了10%的就业培训名额（*Financial Times*，Feb. 14, 1989）；只有137 000名受训人员签字，而不是1988年9月计划的60万人（每月45 000人）。在伦敦，就业培训的数量已经减少了1/3（"ET in Lon-

don"and"ET：There Are Alternatives,"Centre for Alternative Industrial and Technological Systems，London，May 1989)。与青年培训计划中的 135 家相比，只有 13 家大公司以国家为基础参与培训计划（*Financial Times*，June 20，1989)。工党声称"就业培训被大公司唾弃"以及企业不支持就业培训的说法被福勒在下议院驳回。福勒将就业培训描述为"一项巨大的成就"。在批评中，工党影子内阁就业发言人米彻说，就业培训"注定要崩溃"，它只招收了 45 万个目标名额中的 18.7 万个，中途退出率从 1 月份的 36% 上升到 4 月份的 75%"（*Financial Times*，July 6，1989)。1989 年 10 月 25 日，就业大臣宣布已收到 40 份建立培训和就业委员会的申请，其中 31 份处于开发阶段（*Financial Times*，Oct. 26，1989)。经过缓慢的启动，到 1990 年 7 月已经建立了 76 个过渡时期行政委员会，比计划的少了 6 个。然而，英国商会协会对过渡时期行政委员会实现政府目标的能力表示怀疑。最严厉的批评来自下议院就业委员会的一份报告（1990 年 6 月)，该报告的结论是，如果教育培训要实现其目标，其预算就需要大幅度增加。

[68] 自 1990 年 12 月 17 日起生效的 1987 年《收入支助（一般）条例》第 22 条修正案。

[69] 参见 Hoover and Plant，*Conservative Capitalism*；King，*The New Right*；and Peele，*Revival and Reaction*.

[70] 参见 William Keegan，*Mrs Thatcher's Economic Experiment* (Harmondsworth：Penguin，1984).

[71] 参见 D. Anderson, D. Marsland, and J. Lait, *Breaking the Spell of the Welfare State* (London：Social Affairs Unit，1981) and G. Gilder, *Wealth and Poverty* (London：Buchan and Enright，1981).

[72] 工党议员保罗·弗林（Paul Flynn）提出的 1988 年《社会保障法案》第 7 条的第一修正案要求就业大臣就 1924 年至 1930 年期间实施的"真正寻找工作"的情况编写一份报告，这是随后辩论的特点及其历史内涵的标志。弗林这样解释修正案的目的："试图说服政府接受历史的明确教训，以及从 20 世纪 20 年代到 20 世纪 30 年代的动荡、混乱、不快、屈辱和类似条款在那个不幸与令人困惑的 10 年中的徒劳无功。"Parliamentary Debates（Hansard）Official Report House of Commons Standing Committee F "Social Security Bill," Jan. 31, 1989, col. 159. 关于早期法律的讨论，参见 TUC, "Administering Unemployment Insurance"(London：TUC，1929).

[73] Parliamentary Debates（Hansard）Official Report House of Commons Standing Committee E, Dec. 1, 1987, col. 313 就业大臣福勒也否认强制部分（*Financial Times*, March. 24, 1988）。海事安全委员会反对强制推行任何计划，其工作小组的报告总结说："该计划必须是自愿的。该方案必须以其所提供的东西来吸引参与者，而最好的吸引力表现在高质量的结果上，并为尽可能多的参与者提供一份工作"（*Financial Times*, Jan. 6, 1988）。1988年10月任命的培训委员会（兼职）主席布赖恩·沃尔夫森（Bryan Wolfson）不同意这一观点，他认为"工作福利"是一种政策选择（*The Independent*, Aug. 24, 1988）。

[74] Parliamentary Debates（Hansard）Official Report House of Commons Standing Committee E, Nov. 26, 1987, col. 239.

[75] Parliamentary Debates（Hansard）Official Report House of Lords, Jan. 25, 1988, vol. 492, col. 460.

[76] 议员克莱指出："我们知道将会有一场关于强制的辩论，政府将会否认存在强制。因为重启计划，甚至在政府新的工作福利计划之前，就有相当程度的强制性。" Parliamentary Debates（Hansard）Official Report House of Commons Standing Committee F, Jan. 21, 1988, col. 628.

[77] Parliamentary Debates（Hansard）Official Report House of Commons Standing Committee F, Jan. 21, 1988, cols. 632, 633, 634. 克莱尔·肖特（Clare Short）女士重申了米彻的观点："新工作的可用性测试……询问期望的工资水平，并不能与一个人以前的工资水平进行比较，而是应与该地区的当前工资水平进行比较。" Ibid., col. 638.

[78] Parliamentary Debates（Hansard）Official Report House of Commons Standing Committee F, Jan. 21, 1988, col. 639.

[79] 米彻对此的评论，参见 Parliamentary Debates（Hansard）Official Report House of Commons Standing Committee F, Jan. 21, 1988, col. 643.

[80] Parliamentary Debates（Hansard）Official Report House of Commons, Jan. 26, 1989, col. 134. 一位国会议员贝克特夫人（Mrs. Beckett）在大臣的讲话中发表了以下意见："历史和修正案的教训是，无论面谈的目的是什么，在实践中，无论是原始形式还是新形式，该面谈确实羞辱了人们并将继续羞辱人们且造成巨大的困难。……该面谈与是否有工作无关。该面谈旨在检查人们的努力，而不考虑这些努力是否完全没有意义。这导致20世纪20年代的屈辱和怨恨，到20世纪90年代又再次上演。"（col. 134）

第八章　美国和英国工作福利计划的建立：政治、观念与制度

[81] Parliamentary Debates (Hansard) Official Report House of Commons, Jan. 31, 1989, col. 164.

[82] N. Wikeley, "Unemployment Benefit, the State, and the Labor Market," *Journal of Law and Society* 16 (1989): 291-309, on p. 304.

[83] 参见 H. Parker, *The Moral Hazards of Social Benefits* (London: IEA, 1982) and A. Seldon, Whither the Welfare State (London: IEA, 1981).

[84] D. S. King, "The Conservatives and Training Policy: From Tripartitism to Neoliberalism," *Political Studies* 41 (March 1993).

[85] 凯·斯特拉顿（Cay Stratton）是马萨诸塞州负责就业和培训的经济事务助理部长（作者于1988年11月23日采访）。

[86] 应该指出的是，马萨诸塞州的计划是自愿性的。

[87] 参见 *Working Brief* (London: Unemployment Unit), July 1990.

[88] 霍尔，"从凯恩斯主义到货币主义的运动：制度分析与20世纪70年代英国的经济政策"（未出版的手稿，第40页）。霍尔的观点应该立即加上两条警告。首先，尽管在野超过10年，但工党未能按照预期的方式行事即制定新的计划，即使它确实努力过。其次，战后英国的特点是，两党在公共政策上相对一致，双方都没有在对立状态下提出创新的方案。

[89] 1976年，在国际货币基金组织的压力下，工党政府首次推出货币主义政策，并成功向该组织申请了一笔贷款。这一决定表明，当时任何政府的决策范围都是有限的。类似的限制可能也适用于失业政策。

[90] 《星期日独立报》（*The Independent on Sunday*）（1990年7月8日）最近的一篇文章概述了下一个可能的保守党宣言将如何被新右派智库的观念所影响。该报道称，"首相与两个智囊团的代表共进午餐，这两个智囊团在形成20世纪80年代的自由市场撒切尔主义中发挥了重要作用：亚当·斯密研究所和经济事务研究所。……5天后，撒切尔让白厅大吃一惊，她将伦敦的保守党妇女大会视为第四任期政策的'意识流'议程"。

[91] P. Hall, *Governing the Economy*.

[92] 相关讨论参见，Joel Wolfe, "State Power and Ideology in Britain: Mrs Thatcher's Privatization Programme," *Political Studies* 39 (1991): 237-52.

索 引

Aaron, Henry, 204
access points, vertical, horizontal, 220, *see also* veto points, opportunities
Adam Smith Institute, U.K., 237
African Americans, 205, 206
AFSCME, U.S., 233
Agrarian Party, Sweden, 47, 79, 80
Aid to Families with Dependent Children (AFDC), U.S., 221–3, 230
"alarmed capital" argument against state regulation, 133, 136–7
Alford, Robert, 8
Almond, Gabriel, 26
American Enterprises Institute, 237
American Federation of Labor (AFL), 155–6, 157; and business unionism, 165–6; Denver Convention, 163–4
American Federation of Labor-Congress of Industrial Organizations (AFL-CIO), 233
American Medical Association, 77
American Public Welfare Association (APWA), 233
Aristotle, 34
Ashford, Douglas, 6
Attlee, Clement, government, 224
Attwood, Thomas, 175

Bagehot, Walter, 103
Baltimore, Maryland, 121
Baltimore and Ohio Railroad, 121, 129
Baltimore and Susquehanna Railroad, 121
Bank of England, 101, 108
Barrett, Judge, 159–61
Bates, Robert, 7, 51
Beckett, Margaret, 238
"behavioral revolution," 3–4
Bendix, Richard, 3, 4
Bendor, Jonathan, 51
Berger, Suzanne, 1, 6, 7
Berlin, 131, 132

Beveridge plan, U.K., 217, 224, 242
Bianco, William, 51
Birmingham Political Union, U.K., 174
Board of Trade, U.K., 45
Boston, Massachusetts, 136
Boston and Lowell Railroad, 137
Boston and Worcester Railroad, 137
bourgeois nobles (*bürgerliche Rittergutbesitzer*), Prussia, 131
bourgeois parties, Sweden, 47, 50, *see also* Agrarian Party, Sweden; Conservative Party, Sweden; Liberal Party, parties, Sweden
British Economy, The (Vickers da Costa), 102
Bundesrat, Switzerland, 74
Bureau of the Budget, U.S., 195, 201

caisse unique (France), 70
Callaghan, James, 93
Cambridge Economic Policy Group, U.K., 104
Carter administration, 207, 223, 230
Catholic Conservatives, Switzerland, 61
Catholic Left (MRP), France, 61, 70, 71
Centre for Economic Forecasting, U.K., 104
Centre for Policy Studies, U.K., 104, 105, 237
Chamber of Commerce, U.S., 233
Chartist Party, Chartists, U.K., 172, 174–5
Children's Defense Fund, U.S., 233
City, the, U.K., 94; and role in shift to monetarism, 100–3; support for Keynesianism in, 97, 105
Civil War, English, 169
Civil War, U.S., 117, 122, 158, 163, 172, 174, 175–7
Clark, Myron H., 123
Clinton, Bill, 231
Coleridge, Lord, U.K., 168–9
Combination Laws, U.K., 156

300

索 引

Committee for Economic Development (CED), U.S., 201–3
Committee for Economic Security, U.S., 217
Communist Party, Communists, France, 61
Communist Party, Communists, Sweden, 49
Competition and Credit Control, White Paper on (CCC), 101, 108
Complete Suffrage Union, U.K., 174
Confédération Française des Travailleurs Chrétiens (CFTC), 73
Confédération Générale du Travail (CGT), 71
Confédération Générale du Travail-Force Ouvrière (CGT-FO), 73
Confederation of British Industry (CBI), 234, 235
Conference of Amalgamated Trades Unions, U.K., 158, 166
Congress, U.S., 119, 138, 199, 200, 203, 241; House of Representatives, 164; Senate Finance Committee, 231; Ways and Means Committee, Public Assistance and Unemployment Compensation Subcommittee, 229–30
Conseil National de la Résistance, 70
Conservative Party, Conservatives, U.K., in government, 24; and development of work-welfare program, 217–19, 221, 234–42; and shift from Keynesianism to monetarism outlined, 90–3, policy under Heath, 97–8, consolidation of, under Thatcher, 95, 100, 103–6, and role of ideology and party system, 107–8
Conservative Party, Sweden, 47, 52, 79, 80, 81
Conspiracy and Protection of Property Act (U.K.), 1875, 167–71
Constitution, 1958, France, 72
Constitutional Council, France, 72
corporatism, corporatists, 6, 39
Council of Economic Advisors (CEA), U.S., 200–6
Council of Ministers (Staatsministerium), Prussia, 118
Council of State (Staatsrat), Prussia, 118, 131
Court of Queen's Bench, U.K., 167–9
courts, U.K., and labor, 156–7; and anticonspiracy laws, 166–71; relative power, 178–9
courts, U.S., and labor, 156–7; and anticonspiracy laws, 159–66; contrast with U.K., 178–9
Criminal Law Amendment Act (U.K.), 1871, 166–7
Curran, Pete, 167–8
Curran v. Treleaven, 167–8

Daily Telegraph, The, 105

de Gaulle, Charles, 10, 61; government of, 72, 82
Debs, Eugene, 165
Democratic Party, Democrats, U.S., 155, 197, 201; and southern Democrats, 199
Department of Social Insurance, Switzerland, 76
DiMaggio, Paul, 8
Discussion Papers (Capel), 102
Downey, Thomas, 230
Downing Street Policy Unit, U.K., 239
dual system of labor relations, Germany, 17
Dulavy, Colleen, 14, 18, 19–20

Eastern Railroad, Prussia, 131
Eccles, Mariner, 196
Eckstein, Harry, 3, 4
Economic Bill of Rights, Roosevelt's 1944, 208
Economic Forecasts (Philips and Drew), 102
economic liberalism, liberals, 120, 126, 128, 133
Economist, The, 105
Eichholtz, Dietrich, 127
Eisenhower, Dwight D., 200
Elberfeld banking family, 132
Employment, Department of, U.K., 235
Employment Act, 1946 (U.S.), 199–200, 201, 203
Employment Act 1988 (U.K.), 236–7
Employment Act 1989 (U.K.), 218
Employment and Training Act of 1973 (U.K.), 234
employment policy, U.K., U.S., *see* Keynesianism, Keynesian policies; work–welfare programs, U.K., U.S.
Employment Policy White Paper, 1944 (U.K.), 224
Employment Service, U.S., 205
Employment Training programme (ET), U.K., 218, 235, 236–7, 239–40
Enkling, Josef, 126
Erie Canal, 123, 136
European Court of Justice, 16

Family Support Act of 1988, U.S., 218; Title II, Jobs Opportunities and Basic Skills Training Program (JOBS), 218–19, 220, 228–33, 239, 241
Farm Security Administration, U.S., 198
farmers, Massachusetts, opposition to railroads, 127
Farmers' Party, Swedish, 47, 79, 80
Federal Office of Social Insurance, Switzerland, 74, 76, 77
Federal Reserve Bank, U.S., 196
Fédération des Médecins de France, 73

301

Federation of Organized Trades and Labor Unions (FOTLU), U.S., 158
Fifth Republic, France, 70, 72-3, 83
financial community, finance, Britain, *see* City, the, U.K.
Financial Times, The, 105
Ford, Harold, Representative, 229
Fordism, 17
Fourth Republic, France, 67, 68-71, 83
Franey, John, 162-3
Frederick William IV, 122, 126, 131
free riders, riding, 36-7, 50
Fremdling, Rainer, 123
French Medical Association, 72, 73
Friedland, Roger, 8
Friedrich Wilhelm IV, *see* Frederick William IV
Full Employment bill (U.S.) 198-9
functionalist theory, 11, 28

Gaines, Edmund P., 125
Gallatin, Albert, 125
game theory, *see* rational choice theories
"garbage can" model of decision-making, 191
Gauche Démocratique, France, 72
Gaullists, 61, 72, 81
Georgia railroad policy, 121
Gerschenkron, Alexander, 114, 130
Ghent system (of unemployment insurance), 21; defined, 40-3; in Denmark, 45-6; in France, 44; historical comparison of, 43-6; introduction of, in Sweden, 46-51; in Netherlands, 45; in Norway, 45, 46
Gibson v. Lawson, 167-9
Gompers, Samuel, 162-6
Goodrich, Carter, 122, 131
Granger cases, 137
Great Leap Forward, China, 1
Great Society programs, U.S., 221, 223, 231

Hall, Peter, 1, 2, 3, 6, 7, 13, 14, 22-4, 68, 115, 196, 219
Hansemann, David, 128
Hansen, Alvin, 197, 208
Harrisburg, Pennsylvania, 129
Hartz, Louis, 189
Hattam, Victoria, 18-19, 20, 115
Hawkins, Gus, 229
Hayward, William, 165
health policy-making and enactment of national health insurance: alternative explanations of, 59-63; in France, 22, 67-73, 83-4; institutional dynamics of, 64-8; and political institutions, 82-5; as political problem, 57-9; in Sweden, 22, 58-63, 67, 78-84; in Switzerland, 22, 58-63, 67, 73-8, 83-4
Heath, Edward, 92; government, 97-8, 101, 108
Heclo, Hugh, 28, 222
Heller, Walter, 202
Henderson, W. O., 122
Heritage Foundation, U.S., 237
Heydt, August von der, 132
historical institutionalism, institutionalists, 1; frontiers of, 13-26; relation to comparative politics and comparative political economy, 26-8; relation to new economic institutionalism, 115 (*see also* new economic institutionalism; new institutionalism, institutionalists; rational choice theories); relation to political science, 3-7; relation to rational choice, 7-10; and shift from Keynesianism to monetarism in U.K., 90-1; theoretical discussions of, definition, 2-3; and theoretical project, 10-13
Höjer reform, Sweden, 80-1
Hoover Institute, U.S., 237
Hopkins, Harry, 196, 197
Hopkinson, Thomas, 137
House of Lords (Herrenhaus), Prussia, 131
House of Lords, U.K., 238
Huntington, Samuel, 14

Ikenberry, John, 2, 6, 14
Illinois, 121
Immergut, Ellen, 6, 20, 21, 115
Indiana, 121
Industrial Workers of the World (IWW, Wobblies), 165
Institute of Economic Affairs, U.K., 237, 239
institutional analysis, 57, *see also* historical institutionalism, institutionalists
institutional breakdown, 15
institutional determinism, 14
institutional dynamism, 15-18
interest group theories, 5, 28
International Monetary Fund (IMF), 100
Interstate Commerce Act (1887), 138

Job Training Partnership Act (JTPA), U.S., 239
Johnson, Lyndon B., 25, 205, 221; administration of, 203-6, 218
Joint Committee on the Economic Report of the President, *see* Joint Economic Committee (JEC)
Joint Economic Committee (JEC), U.S., 200, 201
Joseph, Sir Keith, 105
Junkers, Prussian, opposition of, to railroads, 127

索 引

Katzenstein, Peter, 1, 3, 6, 7
Kennedy, John F., 203, 204; administration of, 202-3
Keynes, John Maynard, 188
Keynesian era, 90
Keynesianism, Keynesian policies, and shift from, to monetarism, U.K., 23; analysis of role of institutions; 106-9; consolidation under Thatcher, 103-6; under Heath government, 97-8; and institutional factors, 96-7; under Labour, 1974-5, 98-9; outlined, 90-2; in relation to economic developments, 94; and role of economic interests, 94-5; and role of ideas, 95-6; and years of transition, 1976-7, 99-103
Keynesianism and employment policy, U.S.: barriers to institutionalization, 198-9; and bounded innovation in postwar period, 199-203; limits to innovation in 1960s, 203-6; outlined, 188-9; and politics, ideas, and shift to pro-market policies in 1970s, 1980s, 206-9; and political institutions and policy innovation, 210-11; and problem of positive government, 209-10; proto-Keynesianism, social Keynesianism during New Deal, 195-8; theoretical explanations for, 189-95
King, Desmond, 22, 24-5, 68, 196
Kingdon, John, 191
Klee, Wolfgang, 128, 132
Knights of Labor, U.S., 177
Kocka, Jürgen, 117
Königsberg, 131
Konkordat, Switzerland, 77
Krassner, Stephen, 15

Labor Department, U.S., 204
labor movement, *see* trade unions
Labour Party, government, U.K., 92, 98-103, 106, 155, 156, 170, 217, 224, 227, 234, 242
laissez-faire, 117, *see also* economic liberalism, liberals
Landtag (Prussia), 131
Le Chaplelier laws, 156
Levi, Margaret, 7
Liberal Party, Britain, in government, 45
Liberal Party, Denmark, in government, 45
Liberal Party, parties, Sweden, in government, 47-51
liberalism, 120, *see also* economic liberalism, liberals; political liberalism, liberals
Liberation period, France, 70, 83
Local Enterprise Councils (LECs), U.K., 239
Locke, John, 120

Logic of Comparative Social Inquiry, The (Przeworski and Teune), 26
Long, Russell, 224

Madison, John, 125
Main line system of public works and canals, Pennsylvania, 121, 123
Manpower Demonstration Research Corporation (MDRC), U.S., 229, 232, 233
Manpower Services Commission (MSC), U.K., 25, 218, 234-6, 241-2
March, James, 6, 22
Market Report (Rowe and Pitman), 102
Marxism, Marxist theory(ists), 3, 4, 5, 10, 11, 12, 13, 28, 33-4, 36, 51
Medical Union of the Seine, 73
Meacher, Michael, 238
Massachusetts, 121
Mendelssohn, Joseph, 122
Michigan, 121
Miller, George H., 126, 133, 134-5, 137
Möller, Gustav, 21, 48-50
monetarism, 23; *see also* Keynesianism, Keynesian policies, and shift from, to monetarism, U.K.
Monetary Bulletin (Greenwell), 102
money supply (M3), U.K., 102, 104
Monthly Monitor (Messel), 102
Mookherjee, Dilip, 51
Mouzelis, Nicos, 36
Moynihan, Daniel Patrick, 218, 229-31, 232
Murray, Charles, 228, 230

Nagler, Postmaster General von, 124
Napoleonic Wars, 127
National Alliance for Business (NAB), U.S., 233
National Association of Manufacturers (NAM), U.S., 233
National Bank, U.S., 174
National Board of Social Affairs, Sweden, 48
National Coalition on Women, Work and Welfare Reform, U.S., 233
National Debt Law of 1820, Prussia, 127
National Governors' Association (NGA), U.S., 220, 229, 231-2, 233
National Health Service, Sweden, 80
National Health Service, U.K., 224
National Miners' Association, U.S., 161
National Recovery Administration (NRA), U.S., 198
Nationalrat, Switzerland, 76
New Deal: employment policy, during, 188, 205 (*see also* Keynesianism and employment policy, U.S.); legislation of, 220; liberalism of, 208; welfare policy of, 222

303

new economic institutionalism, 114–15, *see also* historical institutionalism, institutionalists
New Federalism, 24, 220
New Hampshire; courts of, 137; legislature of, 137
new institutionalism, institutionalists, 1, 34–5, *see also* historical institutionalism, institutionalists, rational choice theories
New Job Training Scheme, U.K., 235
New Right and influence on work–welfare reforms, 24, 219, 221, 228, 237–40, 241–2
New York: Assembly of, 164; courts, anticonspiracy laws of 1870, 1881, 1882, and 1887 in, 159–66, 178–9; and investment in canals, 123; Supreme Court, Circuit Court of Appeals of, 165; unions in, 158
New York Loco-foco (Equal Rights) Party, 172, 174
New York Working Men's Party, 173–5
New York Workingmen's Assembly, 158, 162, 164, 177
"night train affair" (*Nachtzugangelegenheit*), 132
Nipperdey, Thomas, 129
Nixon Richard: administration of, 218; Family Assistance Plan of, 223–4
North, Douglas, 7, 127
Nyman, Olle, 79

O'Connor, Fergus, 175
Office of Economic Opportunity, U.S., 205
"old" institutionalism, 3
Olsen, Johan, 6, 22
Olson, Mancur, 36–7, 51
Omnibus Budget Reconciliation Act of 1981, U.S., 221, 228
Osborne judgment, U.K., 169

Parliament, U.K. and sovereignty in relation to courts, 156–7, 166–71
Pennsylvania: courts, anticonspiracy laws of 1869, 1872, 1876, and 1891 in, 161–2; early railroad policy of, 121; and investment in canals, 123; tonnage tax in, 136; unions in, 158
Pennsylvania legislature, 129
Pennsylvania Railroad, 124, 129, 136
People v. Wilzig, 159–61, 162
Philadelphia and Columbia Railroad, 121
Philadelphia interests, 129
Philadelphia Working Men's Party, 172–5
Pittsburg, Pennsylvania, 129
Polanyi, Karl, 3, 11, 114
policy alliances, coalitions, 193–4
policy paradigms, 22, 91–2, 95

policy sequence. 192
political liberalism, liberals, 120, 128, 129, 130, 132, 133, 139, 140
Pollock, James, 136
Portillo, Michael, 238
Powell, Walter, 8
Private Industry Councils (PICs), U.S., 239
Prussian Assembly, 131
Przeworski, Adam, 26
Public Sector Borrowing Requirement (PSBR), U.K., 102

Quinn v. Leatham, 169

Radical Democrats, Switzerland, 61
Radicals, France, 70
railroad policy, Belgium, 128
railroad policy, Prussia: and early railroad policy-making, 19–20; and political structures and divergence from United States, 124–30; and policy reversal in 1850s, 130–3, 136; and political structures and state regulation, 138–40, and rationale for comparison with United States, 116–20; and state centralization and economic liberalism, 120–4
railroad policy, United States: and early railroad policy-making, 19–20; and policy reversal in 1850s, 130–1, 133–8; and political structures and "American exceptionalism," 138–40, and political structures and divergence from Prussia, 124–30; and rationale for comparison with Prussia, 116–20; and state regulation and federalism, 120–4
rational choice theories, 5; and decision-making logics, 64; and labor-market institutions, 35–9; relation to historical institutionalism, 7–10, 12
Reagan, Ronald, 24, 207, 208–9; administration of, 188, 207, 209, 217, 218
Réforme Debré, Switzerland, 72
Reg. v. Bunn, 168
Reg. v. Druitt, 168
relations of production, 36
Republican Party, Republicans, U.S.: midwestern, 199
Rhenish Railroad, 128
Rhode Island railroad regulation, 136
Ritner, Joseph, 123
Roosevelt, Franklin D., 25, 195, 197, 199, 203, 208, 220, 228; administration of, 195–9
Rothstein, Bo, 9, 10, 21, 22
Royal Commissions, Sweden, 79, 82

索 引

Schattschneider, E. E., 209
Scheiber, Harry, 120, 135, 137
Scott, Nicholas, 238
Second World War, 74, 75, 91, 197
Seven Crowns reform, 81–2
Shepsle, Kenneth, 5, 7
Shonfield, Andrew, 14, 203
Simpson, Stephen, 173
Single European Act, 16
Skelmersdale, Lord, 238
Skidmore, Thomas, 175
Skocpol, Theda, 3, 6, 7, 38, 220
Skowronek, Stephen, 6, 14
Smith, Adam, 120
Social Affairs Unit, U.K., 237, 239
Social Contract, U.K., 99
Social Democratic Party, Socialists, Socialist Government, Sweden, 47–51, 52, 61, 79–82
Social Security Act of 1935, U.S., 217, 218, 227; Title IV, 233
Social Security Act of 1985, U.K., 236
Social Security Acts, 1988, 1989 (U.K.), 218, 236–40
Social Security Ordinances, 70
Socialist Party, Socialist (SFIO), France, 61, 70
Socialist Party, U.S., 165
society centered analysis, social interests, 190; see also interest group theories
Ständerat, Switzerland, 76
state-centered analysis, theory of, 171–2
"state in, state out," pattern of economic policy, 131
Stein-Hardenburg reforms, 119
Steinmo, Sven, 14
Strasser, Adolph, 163–4
Supreme Court, Germany, 39
Supreme Court, U.S., 138
Svenska Dagbladet, 80
Swedish Medical Association, 80
Swiss Farmers' Association, 76
Swiss Medical Association, 76, 77
Swiss Small Business Association, 76
systems theory, 11, 28

Taff Vale decision, 1901, U.K., 169–71
tax policy, Sweden, U.S., U.K., 14
TB law, Switzerland, 75, 76
TB referendum, Switzerland, 76
Tebbit, Norman, 235
Tennessee, 121
Teune, Henry, 26
Thatcher, Margaret, 22, 90, 96, 97, 104–6, 234, 237; development of work–welfare program under, 217–9, 234–42; government of, 91, 93; shift to monetarism under, 103–6
Theiss, George, musical club on East Fourteenth Street, N.Y., 160
Thelen, Kathy, 17
Third Republic, France, 69
Tilly, Richard, 123, 132
Times, The, 105
Toqueville, Alexis de, 34, 189
Trade Union Act of, 1871, U.K., 166
trade unions, U.K. (*see also* working-class organizational strength): and divergent development from U.S., outlined, 155–6, relation to state structure, ideology, 156–7, and role of state structure, courts, 157–9, 166–71, and producers and republican ideology, 171–8, and state structures and institutional salience, 178–9; and incomes policy, 106; organizational features of, 107; power of, under Labour government, 99, 100; support for Keynesianism by, 94–5
trade unions, U.S. (*see also* working-class organizational strength): and divergent development from U.K., outlined, 18–19, 155–6, relation to state structure, ideology, 156–7, role of state structure, courts, 157–66, and producers and republican ideology, 171–8, and state structures and institutional salience, 178–9
Trades Disputes Act, 1905 (U.K.), 170–1
Trades Union Congress (TUC), U.K. (*see also* trade unions, U.K.), 155, 167, 234, 235; Parliamentary Committee, 45, 158, 166
Training Agency, U.K., 234–6, *see also* Manpower Services Commission (MSC), U.K.
Training and Employment Councils (TECs), U.K., 239
Training Commission, U.S., 235, *see also* Manpower Services Commission (MSC), U.K.
"Training for Employment" White Paper, U.K., 236
Treasury, U.K., 99, 103, 104, 108
Treasury, U.S., 201
Trebilcock, Clive, 117
Treleaven, George, 167–8
Truman, Harry, President, 200; administration of, 200–1
Tsebelis, George, 35

Unemployment Commission, Sweden, 46
United Diet, Prussia, 131
Upper House, Prussia, 131
Upper Silesia, 132

305

Veblen, Thorstein, 3, 7
veto groups, *see* veto points, opportunities
veto points, opportunities, 6–7, 20, 63–8, 83, 139–40, *see also* access points
Virginia, 121

Wabash v. Illinois, 138
War on Poverty, U.S., 25, 203–6, 208, 221
Weber, Max, 3, 188
Weberianism, 6
Wedderburn, Lord, 171
Weingast, Barry, 127
Weir, Margaret, 8, 22, 25–6, 68, 220
Western Railroad, Massachusetts, 121
Whitehall, 105
Wilson, Harold, 93, 98; government of, 98–9, 108
Wilzig, Paul, 160–1
"winter of discontent," U.K., 38
work–welfare programs, U.K., U.S., 24–5; institutional, policy legacies outlined, 219–22; and integration of work, welfare, 217–19; and relation to institutional, policy, attitude legacies, 240–2; and welfare legacies, 221–8; and work–welfare reforms, U.S., 228–34; and work–welfare reforms, U.K., 234–40
working-class organizational strength (*see also* Ghent system), 33; and explanations of unionization, 36–9; relation to institutional factors, 34–6; relation to Marxism and institutional theory, 51–2; and significance of public employment schemas, 39–43; and variability in Sweden, France, U.S., Japan, Belgium, Netherlands, Norway, 34
Works Progress Administration (WPA), 198
World War II, 74, 75, 91, 197

Young, David (Lord), 234–5
Youth Training Scheme (YTS), U.K., 235, 237–8, *see also* Employment Training programme (ET), U.K.

Zysman, John, 14

This is a Simplified-Chinese translation of the following title published by Cambridge University Press:

Structuring Politics: Historical Institutionalism in Comparative Analysis, 9780521428309
© Cambridge University Press 1992

This Simplified-Chinese translation for the People's Republic of China (excluding Hong Kong, Macau and Taiwan) is published by arrangement with the Press Syndicate of the University of Cambridge, Cambridge, United Kingdom.

© China Renmin University Press 2025

This Simplified-Chinese translation is authorized for sale in the People's Republic of China (excluding Hong Kong, Macau and Taiwan) only. Unauthorized export of this Simplified-Chinese translation is a violation of the Copyright Act. No part of this publication may be reproduced or distributed by any means, or stored in a database or retrieval system, without the prior written permission of Cambridge University Press and China Renmin University Press.

Copies of this book sold without a Cambridge University Press sticker on the cover are unauthorized and illegal.

本书封面贴有Cambridge University Press防伪标签，无标签者不得销售。

图书在版编目(CIP)数据

结构化的政治：比较分析中的历史制度主义/(美)斯文·斯坦莫(Sven Steinmo)，(美)凯瑟琳·西伦(Kathleen Thelen)，(英)弗兰克·朗斯特雷思(Frank Longstreth)编；马雪松译.--北京：中国人民大学出版社，2025.5.--ISBN 978-7-300-33656-5

Ⅰ.D0

中国国家版本馆CIP数据核字第2025UB2865号

结构化的政治：比较分析中的历史制度主义
[美] 斯文·斯坦莫（Sven Steinmo）
[美] 凯瑟琳·西伦（Kathleen Thelen）　　编
[英] 弗兰克·朗斯特雷思（Frank Longstreth）
马雪松　译
Jiegouhua de Zhengzhi: Bijiao Fenxi zhong de Lishi Zhidu Zhuyi

出版发行	中国人民大学出版社		
社　　址	北京中关村大街31号	邮政编码	100080
电　　话	010-62511242（总编室）	010-62511770（质管部）	
	010-82501766（邮购部）	010-62514148（门市部）	
	010-62511173（发行公司）	010-62515275（盗版举报）	
网　　址	http://www.crup.com.cn		
经　　销	新华书店		
印　　刷	北京宏伟双华印刷有限公司		
开　　本	720 mm×1000 mm　1/16	版　次	2025年5月第1版
印　　张	20.5	印　次	2025年5月第1次印刷
字　　数	278 000	定　价	108.00元

版权所有　侵权必究　　印装差错　负责调换